Die EU – eine politische Gemeinschaft im Werden

D1726779

Forschungen zur Europäischen Integration

Band 7

Ingeborg Tömmel
Chryssoula Kambas
Patricia Bauer (Hrsg.)

Die EU – eine politische Gemeinschaft im Werden

Leske + Budrich, Opladen 2002

Gedruckt auf säurefreiem und alterungsbeständigem Papier.

Die Deutsche Bibliothek – CIP-Einheitsaufnahme
Ein Titeldatensatz für die Publikation ist bei Der Deutschen Bibliothek erhältlich

ISBN 3-8100-3589-0

© 2002 Leske + Budrich, Opladen

Druck: DruckPartner Rübelmann, Hemsbach
Printed in Germany

Inhaltsverzeichnis

Einführung 7

Die EU: Eine politische Gemeinschaft im Werden? 9
Ingeborg Tömmel, Chryssoula Kambas, Patricia Bauer

**I. System-Entwicklung und Politikgestaltung: Die Interaktion
zwischen europäischer, nationaler und regionaler Ebene** 21

Europäisierung und die Transformation des Nationalstaates:
Ergebnisse empirischer Fallstudien 23
Maria Green Cowles / Thomas Risse

Die Rolle supranationaler Institutionen bei der Weiterentwicklung des
europäischen Integrationsprozesses:
Policy entrepreneurs oder Logistik-Dienstleister? 47
Anne Faber

Europäische Mehrebenen-Demokratie?
Dezentrale Steuerung und demokratische Legitimation am Beispiel
europäischer Beschäftigungspolitik 63
Holger Huget

Geschlechterpolitik in Europa: Supranationale Gestaltungsimpulse
und mitgliedstaatliche Systemtraditionen 95
Nora Fuhrmann

**II. System-Entwicklung und Außenbeziehungen:
Die Interaktion zwischen EU und Drittstaaten** 105

Regional Integration as Response to External Challenge 107
Walter Mattli

Die politischen Strukturen der EU in der Osterweiterungspolitik 139
Patricia Bauer

Grenzregionen Mittel- und Osteuropas im Vorfeld der
EU-Osterweiterung 163
Kai Rabenschlag

III. Konzeptionen europäischer Identität 175

Nationale und europäische Identität in historischer Perspektive 177
Wilfried Loth

Annäherung und Abgrenzung im Europa der Aufklärung:
Sprachenlernen, nationale Identität, Verstehen des Anderen 189
Wiebke Röben de Alencar Xavier

Pluralisierung der Zivilgesellschaft, Individualisierung der Identitäten:
Europa zwischen nationaler Schließung und globaler Öffnung 207
Richard Münch

Demokratie, Identität und Konstitutionalismus in Europa:
Ein Kommentar zu Richard Münch 229
Jenny Carl

Europa voraussagen 235
Nils Plath

Autorinnen und Autoren 249

Einführung

Die EU: Eine politische Gemeinschaft im Werden?

Ingeborg Tömmel, Chryssoula Kambas, Patricia Bauer

1. Einleitung: Die EU als System „sui generis"

In der aktuellen politikwissenschaftlichen Debatte herrscht weitgehend Konsens darüber, dass das politische System der EU als System „sui generis", also ganz eigener Art, zu charakterisieren ist. Auch wenn Vergleiche mit nationalen Staaten, Föderationen, internationalen Organisationen oder Regimen, ja sogar mit mittelalterlichen politischen Strukturen oder dem Römischen Imperium nach wie vor beliebt sind, werden sie doch kaum mit dem Anspruch lanciert, die EU als eines dieser Systeme charakterisieren zu wollen. Vielmehr sollen solche Vergleiche primär der Erhellung bestimmter Aspekte des EU-Systems oder der Herausarbeitung gewisser Analogien und weniger seiner erklärenden Erfassung dienen.

Wenn der vorliegende Band die EU als eine „politische Gemeinschaft im Werden" thematisiert, so ist damit ebenfalls nicht der Anspruch verbunden, „the nature of the beast" (Puchala 1972) definitiv erfassen oder gar erklären zu können. Vielmehr soll an die Debatte um das System „sui generis" und die dabei lancierten Konzepte zur Charakterisierung dieses Systems angeknüpft werden. Dabei geht es jedoch nicht darum, diese Charakterisierungen zu bestätigen oder zu widerlegen, etwa Charakterisierungen der EU als Verhandlungssystem, als Mehrebenensystem, als System multipler Policy-Netzwerke (vgl. beispielsweise Scharpf 1994a; 1994b; Jachtenfuchs/Kohler-Koch 1996; Kohler-Koch/Eising 1999; Grande/Jachtenfuchs 2000). Vielmehr soll zum einen mit dem Verweis auf die „politische Gemeinschaft" betont werden, dass die EU nicht mehr länger als eine rein intergouvernementale Veranstaltung zu werten ist, bei der die Mitgliedstaaten das Ob, Was und Wie und damit auch das Tempo der Integration bestimmen. Zum Zweiten, und wichtiger, soll verdeutlicht werden, dass sich jenseits der nationalen Staaten eine neue politische Ordnung, eine Polity, herausbildet, die – wenngleich nicht als supranationaler Staat konzipiert oder konstruiert – dennoch in ihrer Wirkung als den nationalen Staaten übergeordnet zu werten ist.

Ist damit das EU-System in seinen Grundzügen zwischen intergouverne- mentalem System und supranationalem Staat verortet, so soll jedoch im Fol- genden nicht der Versuch gemacht werden, eine irgendwie geartete Synthese aus diesen beiden Sichtweisen zu konstruieren. Vielmehr richten sich die Analysen des vorliegenden Bandes auf die *Prozesse*, die das EU-System kon- stituieren, reproduzieren, transformieren und konkret ausprägen, und die auch die theoretische Debatte auf den Intergouvernementalismus sowie Supranati- onalismus ausgerichtet haben. Es geht also nicht primär um die Erfassung der konkreten Merkmale der politischen Gemeinschaft bzw. des Systems „sui generis", als vielmehr um das „im Werden", also um Dynamiken, die dieses System hervorbringen und strukturieren. Ausgangsthese ist dabei, dass das EU-System nicht Produkt eines planmäßigen oder intentionalen Prozesses der Übertragung von Kompetenzen oder gar der Systemkonstruktion auf der eu- ropäischen Ebene ist, als vielmehr die Resultante komplexer, vielfältig auf- einander einwirkender Prozesse, die teilweise von konvergenten, aber auch ebenso vielen divergenten Visionen, Planungen, Strategien und Handlungs- weisen einer Vielzahl von institutionellen Akteuren gesteuert bzw. beeinflusst werden. Erst über komplexe Aushandlungs- und Konsensfindungsprozesse zwischen diesen Akteuren bzw. den entsprechenden Institutionen kommt es zur Bündelung, Selektion und Modifikation von Integrationskonzepten und demzufolge zum schrittweisen Ausbau der Systemstrukturen. Mit anderen Worten: Das EU-System wird als Resultante von komplexen und wider- sprüchlichen Wirkungsfaktoren, Entwicklungsprozessen und -dynamiken ge- sehen, die sich weder in vorgegebenen Bahnen bewegen, noch einer definier- ten oder definierbaren Finalität zustreben; vielmehr sind es das Kräftespiel und die Wechselwirkungen zwischen den beteiligten Akteuren und Institutionen, die ihr konkretes Movens bilden (Tömmel i.E.).

2. Prozessdynamiken der europäischen Integration

Wenn im Vorgehenden die Herausbildung des EU-Systems als Resultante komplexer Wirkungsfaktoren, die über die Strategien und Handlungen insti- tutioneller Akteure in konkrete Integrationsschritte umgesetzt werden, her- vorgehoben wurde, so lassen sich drei Prozessdynamiken herausschälen, die in besonderem Maße als konstitutiv für die Herausbildung bzw. Weiterent- wicklung des EU-Systems zu werten sind, und die dementsprechend auch die Struktur des vorliegenden Bandes bestimmen, nämlich:

1. die Wechselwirkungen zwischen europäischer, nationaler und regionaler Politik- und Verwaltungsebene bzw., einfacher, zwischen EU-System und seinen konstitutiven Elementen, den Mitgliedstaaten, oder, noch einfacher, die Wechselwirkungen im Innern des EU-Systems;

2. die Wechselwirkungen zwischen dem EU-System und externen politischen Systemen, also Drittstaaten, Staatengruppen oder Internationalen Organisationen oder, kürzer, die Wechselwirkungen zwischen dem EU-System und seinem internationalen Umfeld;

3. die Wechselwirkungen im Bereich der Bildung kollektiver Identitäten unter dem Dach der EU, konkret: zwischen einerseits der Herausbildung transnationaler Identitäten und andererseits der Persistenz nationaler oder auch subnational geprägter Kulturen.

Diese drei Prozessdynamiken umschreiben allerdings jeweils ein sehr weites und vielschichtiges Feld, so dass es weiterer Eingrenzungen und Präzisierungen bedarf, sollen sie als Brennpunkt für die Bündelung konkreter Analysen fungieren.

Bezogen auf die erstgenannte Prozessdynamik, die Wechselwirkung zwischen EU-System und Mitgliedstaaten, ergibt sich diese Eingrenzung über den Prozess des Policy-Making bzw. die Politikgestaltung und -implementation im Rahmen der EU. Indem die europäische Ebene bei der konkreten Ausgestaltung und Umsetzung europäischer Politik immer auf die konstruktive Mitarbeit der nationalen und teilweise auch der regionalen Politik- und Verwaltungsebenen angewiesen ist, ergibt sich überhaupt erst eine strukturierte Interaktion zwischen den beteiligten Institutionen und Akteuren, über die sich in der Folge nicht nur neue Formen der politischen Steuerung herausbilden, sondern durch die auch die Systemstruktur der EU eine Ausdifferenzierung und Konsolidierung erfährt. Dabei ist hervorzuheben, dass sich die Ebenen übergreifende Interaktion nicht auf staatliche bzw. öffentliche Akteure beschränkt; vielmehr werden in zunehmendem Maße auch nicht-staatliche bzw. private Akteure, Institutionen und Organisationen in diesen Prozess einbezogen, was seinerseits zu einer weiteren Ausdifferenzierung und zugleich Komplexitätserhöhung des EU-Systems führt. Denn im Rahmen europäischer Politikgestaltung und -implementation ist es nicht nur die EU, die den Mitgliedstaaten, den Regionen oder den nicht-staatlichen Akteuren neue Verfahrensweisen auferlegt, womit sie sie zur Erbringung von systemischen Anpassungsleistungen zwingt; vielmehr sind es auch umgekehrt die dezentralen Institutionen und Akteure, die gestaltend oder sogar strukturbestimmend auf die Entfaltung des EU-Systems und seine konkrete Ausprägung einwirken.

Zur zweitgenannten Prozessdynamik ist eingrenzend zu bemerken, dass es einerseits allgemeinere Herausforderungen sind, etwa veränderte globale Konstellationen, Prozesse der ökonomischen Modernisierung und Internationalisierung, der intensivierten Konkurrenz zwischen Großregionen und Machtblöcken, die der „logic of integration" (Mattli) auch im Innern der EU Richtung geben, sie in bestimmte Bahnen lenken und auf der Akteursebene entsprechende Problemperzeptionen und Reaktionen hervorrufen oder begünstigen. Auf der anderen Seite sind es auf einer konkreteren Ebene neue Problemkonstellationen, insbesondere in den an die EU angrenzenden Regionen, die es zu bewältigen oder zumindest zu bearbeiten gilt bzw. auf die das EU-System reagieren muss. In diesem Kontext ist an erster Stelle auf die He - rausforderungen zu verweisen, die sich aus dem Zerfall der sozialistischen Systeme in den Staaten Mittel- und Osteuropas und der Transformation dieser Systeme in Marktökonomien und demokratisch verfasste Staaten ergeben. Auch hier wird über das Policy-Making, jetzt in Form einer außenpolitischen Strategie, einerseits von Seiten der EU handelnd und verändernd auf die Systeme der Transformationsstaaten eingewirkt; andererseits lösen diese Herausforderungen bzw. die Art und Weise ihrer Bearbeitung aber auch tiefgreifende Umwälzungen in den politischen Strategien und Verfahrensmodi sowie im institutionellen Gefüge der EU aus, also langfristig systembildende und -transformierende Wirkungen.

Zur drittgenannten Prozessdynamik ist zu erläutern, dass es sich hier um sehr komplexe Wechselwirkungen zwischen Kulturen handelt, die unter dem Dach der EU intensivierten Austausch- bzw. Transferbeziehungen unterliegen und somit bestehende kollektive Identitäten transformieren. Damit soll nicht gesagt werden, dass sich im Rahmen der EU eine europäische Identität herausbildet; vielmehr ist eher davon auszugehen, dass es zu einer zunehmenden Hybridisierung von kulturellen Ausprägungen bei gleichzeitig verstärkter Hervorhebung und Ausprägung von Differenzen kommt. Auch über diese Prozesse wird das EU-System als eine politische Gemeinschaft konstituiert; eine Gemeinschaft allerdings, die sich weniger über gemeinsame Werte als vielmehr über das gleichberechtigte Nebeneinander oder gar die vielschichtige Verflechtung und Durchdringung von Differentem definiert.

Im Folgenden sollen die Beiträge des vorliegenden Bandes unter der Perspektive der drei skizzierten Prozessdynamiken vorgestellt werden.

3. Die Interaktion zwischen europäischer, nationaler und regionaler Politik- und Verwaltungsebene

Der erste Teil des Buches wird eingeleitet mit einem Beitrag von Maria Green Cowles und Thomas Risse, in dem sie den Einfluss europäischer Politikgestaltung auf nationale Politik- und Gesellschaftsstrukturen untersuchen und dabei den auftretenden Varianzen und den Faktoren zu ihrer Erklärung nachgehen. Anhand einer Fülle von empirischen Fallstudien zu sechs EU-Staaten werden nicht nur eine Reihe allzu einfacher Annahmen zu den Einflussfaktoren und Folgewirkungen der europäischen Integration überzeugend widerlegt; vielmehr weisen die Autoren auch mit einer differenzierten Argumentation nach, dass die Gründe für die auftretenden Varianzen in einem vielfältigen Spektrum von Faktoren zu suchen sind. Zwar ist zunächst die Diskrepanz zwischen europäischen Politikstilen und Regelungsmustern und denen der Mitgliedstaaten ausschlaggebend für den resultierenden Anpassungsdruck; der Grad und vor allem der Modus der Anpassung wird dann aber bestimmt von nationalen Konstellationen, die nicht nur die dominanten politischen Kulturen und Organisationsstrukturen umfassen, sondern auch die Macht- und Ressourcenverteilung zwischen den Akteuren sowie deren Lernfähigkeit oder -bereitschaft. Im Ergebnis kommen Cowles und Risse zu dem Schluss, dass Europäisierungsprozesse entscheidende Transformationen in den Mitgliedstaaten zur Folge haben, die aber nicht einfach auf Konvergenz hinauslaufen, sondern vielfache Varianzen generieren.

Anne Faber untersucht in ihrem Beitrag die Theoriebildung zur europäischen Integration in der Phase der Verabschiedung der Einheitlichen Europäischen Akte und des Vertrags von Maastricht. Dabei geht es um die Analyse der Neuauflage der „alten" Theoriedebatte, die die Anfangsjahre der europäischen Integration begleitet hatte, und die sich um die Dichotomie zwischen Intergouvernementalismus und Neo-Funktionalismus bzw. um den Gegensatz zwischen einer eher von den Mitgliedstaaten oder von den im Wesen supranationalen Organen der EG gesteuerten Systembildung und -transformation entsponnen hatte. Anhand ihrer Analyse zeigt Faber auf, dass die „alten" Debatten angesichts des neuerlichen Integrationsaufschwungs ab Mitte der 80er Jahre zwar wieder aufgeflammt sind, aber mit dem Fortschreiten der Integration immer weniger heftig geführt wurden bzw. einer eher vermittelnden Sichtweise, die beide Seiten der europäischen Integration berücksichtigt oder gar zu integrieren versucht, Platz machten. Mit anderen Worten: Die Theoriedebatte, wie wohl zum Teil unter anderem Vorzeichen geführt, läuft nolens volens zum einen auf die These vom System „sui generis" hinaus; zum anderen auf ein vertieftes Verständnis der Verschränkung von nationaler und europäischer Politik- und Verwaltungsebene sowohl in der Struktur als auch in den Entscheidungsverfahren des EU-Systems.

Holger Huget untersucht demgegenüber in seinem Beitrag ein neues Politikfeld der EU, die Beschäftigungspolitik, in ihrer Bedeutung für das Problem demokratischer Legitimation im EU-System. Eine europäische Beschäftigungspolitik ist vertraglich lediglich auf koordinative Funktionen gegenüber den Politiken der Mitgliedstaaten beschränkt; konkrete Beschäftigungsinitiativen können somit nur auf dem Umweg über die Strukturpolitik der EU lanciert werden. Dies impliziert zugleich, dass der Schwerpunkt der Politik auf der regionalen und lokalen Ebene liegt; dass eine Vielzahl nicht-staatlicher Akteure in die Politikimplementation einbezogen und dass ein relevanter Teil von Politikentscheidungen auf die Implementationsebene verlagert werden muss. Huget schließt aus dieser Konstellation nicht nur auf die Herausbildung neuer Formen staatlicher Steuerung im europäischen Mehrebenensystem, sondern zugleich auch auf erweiterte Partizipationspotentiale auf der regionalen und lokalen Ebene und damit auch auf Spielräume zum Ausbau demokratischer Legitimation des EU-Systems. Vor dem Hintergrund dieser Situation entwickelt Huget eine theoretische und normative Fundierung eines Demokratiekonzepts für die EU, das seine Legitimation nicht nur über europäische Entscheidungsverfahren, sondern auch über dezentrale Formen politischer Partizipation, nicht nur über formalisierte Mehrheitsentscheidungen, sondern auch über deliberative Prozesse der Problemlösung und Konsensfindung, und schließlich nicht nur über Entscheidungen im Rahmen der Politikformulierung, sondern auch der -implementation findet. Vorausgesetzt es gelänge, auf diese Weise demokratisch legitimierte Verfahren des Policy-Makings auf der regionalen und lokalen Ebene zu etablieren – was Huget nicht für gesichert hält –, dann entwickelte sich die EU nicht nur im Bereich des Policy-Making, sondern auch im Bereich demokratischer Entscheidungs- und Partizipationsverfahren zu einem Mehrebenen-System.

Nora Fuhrmann geht in ihrem Beitrag der Frage nach, in welcher Weise die europäische und die nationale Politik- und Verwaltungsebene im Bereich der Geschlechterpolitik aufeinander einwirken. Während sich auf der europäischen Ebene insbesondere seit dem Amsterdamer Vertrag mit dem „Gender Mainstreaming" eine vergleichsweise progressive und enthierarchisierende Geschlechterpolitik durchsetzen konnte, verharren die meisten Mitgliedstaaten mit Ausnahme der skandinavischen Länder nach wie vor auf dem Niveau einer hierarchisierenden Geschlechterpolitik. Fuhrmann schließt daraus, dass der „Misfit" zwischen europäischer und nationaler Politik offenbar nicht ausreicht, um einen verstärkten Anpassungsdruck oder gar Veränderungen auf der nationalen Ebene zu erzeugen. Als Erklärung für die progressive Politik der EU zieht sie die offeneren Entscheidungsverfahren und die herausgehobenere Rolle, die Frauen dabei spielen, sowie die schwache Verrechtlichung einzelner Politikfelder heran. Demgegenüber werden die starken Beharrungstendenzen in den meisten Mitgliedstaaten der EU den tief verankerten sozialstaatlichen und bürgerrechtlichen Institutionen und Traditionen und nicht zuletzt auch den damit verbundenen spezifischen Hierarchien und Rollenmustern zwischen Männern und Frauen zugeschrieben.

Versucht man nun, Schlussfolgerungen aus diesen im Einzelnen sehr unterschiedlichen Beiträgen zu ziehen, dann lässt sich folgendes konstatieren: Sowohl im Bereich der System-Entwicklung (Faber; Huget) wie auch beim Policy-Making (Cowles/Risse; Fuhrmann) der EU ist die Interaktion zwischen europäischer, nationaler und teilweise auch regionaler Politik- und Verwaltungsebene konstitutiv für die Hervorbringung innovativer Politikkonzepte (Huget; Fuhrmann), für die Transformation bestehender Politiken und Praktiken (Cowles/Risse; Fuhrmann) und insgesamt für die weitere Ausgestaltung und Konsolidierung des EU-Systems (Faber; Huget). Dabei sind jedoch weder Automatismen noch der Tendenz nach einheitliche Trends auszumachen; vielmehr bleiben Differenzen erhalten oder werden neu geschaffen bzw. verstärkt hervorgehoben; darüber hinaus werden sie wirksam als Ressourcen der Innovation eingesetzt.

4. Die Interaktion zwischen EU und Drittstaaten

Zu Beginn des zweiten Teils des Buches geht Walter Mattli in seinem Beitrag der Frage nach, welche Erwägungen und Kalküle hinter der Entscheidung der politischen Elite eines Landes für den Beitritt zu Integrationssystemen stehen. Er bedient sich dabei des Instrumentariums der Neuen Politischen Ökonomie, die politische Entscheidungen als Kosten-Nutzen-Kalküle behandelt. Mattli zieht als historisches Beispiel die Entstehung und Ausweitung des deutschen Zollvereins heran, an dem er die Trade-offs zwischen Prosperität einerseits und formal unabhängiger nationalstaatlicher Entscheidung andererseits aufzeigt. Im zweiten Schritt analysiert er die bisherigen EG- bzw. EU-Erweiterungen, für die er zeigt, dass ihnen eine ähnliche Integrationslogik wie die des deutschen Zollvereins zu Grunde lag: Ökonomische Schwierigkeiten wie die Umlenkung von Kapital, diskriminierende Zollpolitik und Wettbewerbsnachteile waren in der Vergangenheit der Auslöser für Nichtmitglieder, entweder der Gemeinschaft beizutreten oder als Anpassungsstrategie ein institutionelles Mimikry zu verfolgen. Schließlich wendet Mattli sein Konzept auf die Osterweiterung der EU an. Auch hier lassen sich für die jetzigen Beitrittskandidaten Kosten durch die Umsetzung der Kopenhagener Kriterien und Nutzen aus den Hilfeleistungen der EU sowie künftiger Mitentscheidungsbefugnisse in der Gemeinschaft (insbesondere über Richtung und Umfang der Finanzströme) einander gegenüberstellen. Mattli zeigt, dass einerseits kein Trade-off beim Beitritt zu einer Integration dem anderen gleicht, dass aber andererseits das Bestehen einer Integration auf deren Umfeld strukturierend wirkt und starke Anreize zum Beitritt von Nicht-Mitgliedern auslöst.

Der Beitrag von Patricia Bauer geht dem Prozess der Erweiterung der EU um die mittel- und osteuropäischen Transformationsstaaten (MOEL) nach. Im Mittelpunkt steht dabei die Verarbeitung der externen Herausforderung der Transformation in den MOEL in der Ost- bzw. Osterweiterungspolitik der EU. Diese Politik wird als weiterer Prozess der Vergemeinschaftung aufgefasst, der sich in ähnliche historische Vergemeinschaftungsprozesse innerhalb und außerhalb der EU einreihe. Ihre besondere Brisanz ziehe die Ost- bzw. Osterweiterungspolitik der Union aus der Art und dem Umfang des zu bearbeitenden Problems. Die institutionell-organisatorische Prädisposition des EU-Systems erzeuge durch die Anwendung verschiedener Politikinstrumente und das Zusammenspiel der zentralen Akteure in der Osterweiterungspolitik eine Dynamik, die über die Grenzen der EU hinaus auf den Aufbau gemeinschaftlicher Politikarenen ziele und innerhalb der EU einen weiteren Sektor – hier den der „Ostpolitik" – in das System der Vergemeinschaftung integriere. Die Wirkungen der EU auf Grenzen und über ihre Grenzen hinaus sind der Gegenstand des Beitrags von Kai Rabenschlag. Er arbeitet die Schwierigkeiten und Widersprüche, die durch die Anforderungen der EU an die Beitrittskandidaten in Mittel- und Osteuropa entstehen, heraus. Die Konsistenz, die EU-interne Regelungen besitzen, wird durch regionale und kommunale Gegebenheiten in den Transformationsländern dahingehend aufgelöst, dass sie in der Implementationspraxis Widersprüche in bezug auf grundlegende Kernbestände der westeuropäischen Integration erzeugen. So führen die Auflagen der Schengen-Implementation zum Zwang zur Grenzsicherung und Visapflicht für Nicht-EU-Bürger, etwa von Staaten wie Russland und Ukraine. Gleichzeitig regt die EU durch ihre Erweiterungsstrategie den Minderheitenschutz und die grenzüberschreitende Kooperation an, wodurch die Frage der Behandlung des Grenzübertritts etwa von russischen Bürgern in den baltischen Staaten ein bisher ungelöstes Problem wurde. Auch die durch die EU-Programme angeregten grenzüberschreitenden Kooperationen zwischen Beitrittskandidaten und nicht beitretenden Transformationsstaaten gehen einer ungewissen Zukunft mit möglicherweise fatalen Folgen für die regionale Entwicklung entgegen. Insgesamt zeigt Rabenschlag, dass die europäische Integration einerseits Grenzen aufhebt oder doch permeabel macht, andererseits aber auch neue Grenzziehungen im Transformationsraum anregt und verstärkt.

Die drei Beiträge auf unterschiedlichen Konkretisierungsniveaus zeigen Facetten der Beziehungen zwischen der EU und ihrem internationalen Umfeld, die verknüpft sind mit der Vernormung des EU-Systems im Inneren. Mattlis Überlegungen knüpfen an die Vernormung ökonomischer Freizügigkeit an und sehen diese als den Hauptmotor für den auf Drittstaaten ausgreifenden Integrationsprozess. Damit werden tendenzielle Aussagen zur Korrelation zwischen ökonomischer Disposition eines Staates und seiner Integrationswilligkeit möglich. Bauer untersucht, inwiefern der institutionelle Kontext und die Systemregeln des EU-Systems bestimmend für die Ausbildung der Ost- bzw. Osterweiterungspolitik waren und sind, womit die Art der Reaktion der Union auf externe Probleme genauer charakterisiert wird. Rabenschlag schließlich geht auf die – wörtlich wie übertragen zu verstehenden – Grenzen der Integration ein, die durch materielle Grenzen wie durch die unterschiedliche Rechtsqualität von Insidern und Outsidern sowie Beitrittskandidaten und nicht beitretenden Transformationsstaaten geschaffen werden.

Alle Facetten der Interaktion der EU mit Drittstaaten können durch die Spezifität des Policy-Making genauer erklärt werden: Dieses bestimmt den Grad der Attraktivität der Zugehörigkeit zum Integrationsraum auf der Ebene allgemeiner Überlegungen zum Beitritt. Bei der sukzessiven Ausarbeitung der Erweiterungsstrategie kommen grundlegende Verfahrensweisen und Interaktionsformen zwischen den Akteuren des EU-Systems zum Tragen. Das Policy-Making ist schließlich die Quelle der Implementationsprobleme in Nicht-EU-Staaten, die in konkreten Widersprüchen zu den Intentionen der EU-Politik selbst resultieren können. Die Beiträge zeigen also das Spektrum möglicher Interaktionsprozesse der EU mit ihrer Systemumwelt auf und verweisen auf Chancen und Probleme, die mit diesen Interaktionen verbunden sind.

5. Konzeptionen europäischer Identität

Die im dritten Teil versammelten Beiträge versuchen eine nähere Konzeptualisierung von europäischer Identität. Der Begriff Identität selbst wird nicht im Sinne einer Entität vorausgesetzt; Funktionsanalogien zur nationalen Identität oder diese als Modellcharakter werden gleichfalls nicht vorab unterstellt. Vielmehr geht es allen Verfassern um Entwürfe, in denen für die Staatsbürger in der EU ein politisches und kulturelles Zusammengehörigkeitsbewusstsein denkbar wird. Das Problem der kulturellen Vielfalt und deren Erhalt wird dabei in dem vorliegenden Band weitgehend ausgespart. Die Beiträge wählen je verschiedene Ausgangspunkte, die zum Teil, ebenso wie die Zielvorstellungen, auf die hin europäische Identität thematisiert wird, disziplinär eingebunden sind.

Wilfried Loth diskutiert Identität historisch im Hinblick auf die Entwicklung einer europäischen Zivilgesellschaft nach der Erschütterung des Blockbewusstseins im Jahre 1989. Die ältere Wirtschaftsgemeinschaft souveräner Nationalstaaten wurde spätestens damals herausgefordert, Eigenständigkeit in einem politischen Raum mit Hilfe eigener Werte zu definieren. Loth konzeptionalisiert einen europäischen Staatsbürger, der sich in seiner Verantwortlichkeit im Rahmen eines Staates im Weiteren zur Politikgestaltung des größeren Raumes herausgefordert sieht. Hierbei, unterstellt er, würden die historisch gewachsenen Nationen für die Staatsbürger der EU-Staaten als wichtige Größe erhalten bleiben. Eine weitergehende Verantwortlichkeit – sei es kulturell als Europäer, sei es politisch als cives – ergebe sich bereits mit der ökonomischen und kulturellen Aushöhlung des Nationalstaates, den gemeinsamen Produktions- und Kommunikationsräumen und nicht zuletzt über die institutionellen Verdichtungen der europäischen Ebene. Herausgefordert vom „gesellschaftlichen Projekt Europa", sehe sich der einzelne gleichsam an einen Scheideweg gestellt. Nation werde wohl weiterhin gebraucht als ein „mentales Orientierungsangebot" und „in ihren sozialstaatlichen Rückversicherungsfunktionen". Doch als Konsequenz der Integration würden erweiterte demokratische Rechte, nun auf der europäischen Ebene, angestrebt. Parallel dazu denkt der Verfasser an eine „Neujustierung" der Funktionen des National-staates.

Auf den Zeitpunkt der Konstruktion von Nation unmittelbar vor der Fran-zösischen Revolution geht Wiebke Röben de Alencar Xavier in ihrem Beitrag zurück. Ihr geht es um eine mit der Aufklärung erreichte doppelwertige kultu-relle Selbstsicht in Bezeichnungen bzw. Namen der Nationen. Sie arbeitet die alte, mit den Namen verbundene Stereotypenbildung und die darüber hinaus-gehende neue, mögliche Anerkennung des Anderen heraus. In der Untersu-chung des literarischen Transfers weist sie auf das Problem der Bewertung in stereotypgenerierenden Diskursen hin: Die eigene kulturelle Identität bildet sich aus, indem die fremde wenn auch vielleicht nicht begriffen, so doch zumindest anerkannt wird. Beispiel dafür ist das Sprachenlernen selber. Sprachenlernen – und darauf lässt sich bis heute zurückgreifen – ist eine nachhaltige ästhetische Erziehung. Sie ermöglicht Bewusstmachung, unvor-eingenommene Akzentuierung und schließlich Wahrung kultureller Differen-zen. Wechselseitigkeit und Dialogizität erweisen sich als für die Anerkennung des Anderen wesentlich. Sie widerstreiten dabei keineswegs eigenkultureller Selbstbehauptung. Dem hat zwar nicht der weitere Weg der Nationen im 19. und 20. Jahrhundert entsprochen, doch die Forderung nach wechselseitiger achtender Anerkennung nationaler Identitäten lässt sich als kultureller Entwurf der europäischen Aufklärung freilegen. Darüber hinaus gibt der Vorgang Stoff zum Nachdenken über innerkulturelle Differenzen in Europa sowie über die zwischen europäischen und nicht-europäischen Kulturen.

Sein Konzept europäischer Identität stellt Richard Münch in den Rahmen einer Soziologie der Globalisierung. Er sieht die maßgebliche Entwicklungs-perspektive für Europa zwischen der Aushöhlung des nationalkulturellen Zu-sammengehörigkeitsgefühls und einem wachsenden „Kult der Weltgemein-schaft". Die klassischen sozialen Kollektividentitäten nach Schicht, Gruppe, Generation usw. befinden sich diesem Modell zufolge in der Auflösung zu-gunsten eines weltweiten Individualismus, der sich nach zivilgesellschaftli-cher Verantwortlichkeit neu gruppiere. Darüber hinaus stellt Münch fest: „Die Nationen gleichen sich durch ihre innere Pluralisierung an." Ein quasi auto-matischer Auflösungsvorgang der Nationen gehe mit zunehmender „zivilge-sellschaftlicher Selbstorganisation" einher. Ohne an Europas Grenzen halt zu machen, führe diese zur weltweiten „transnationalen Integration". Dennoch unterstellt Münch auch eine „Unionsbürger"-Identität, in der Konstruktion etwa analog dem nationalen Staatsbürgerbewusstsein. Doch auch sie ist ein-gebettet in das Leitbild der friedlichen globalen Weltgesellschaft. Der egoisti-schen global-winner-Wirtschaft stellt Münch menschenrechtsorientierte Nichtregierungsorganisationen entgegen. Sie sollen ein ethisch und sozial motiviertes Korrektiv zu den global-winner-Akteuren bilden, das der Verfas-ser von einer europäischen Bürgeridentität herleitet, die in diesem globalen Vorgang die Innensicht „der Schwächeren" teile.

In Antwort auf Münchs Beitrag wirft Jenny Carl eine Frage auf, die in seinem Konzept als quantité negligeable übersprungen wird: Wie finden Akteure heute überhaupt zum zivilgesellschaftlichen Handeln? Und, da sie stets noch einzelnen Staaten zugehörige Rechtssubjekte sind, wie überwinden sie die Schranke der Nation? Jenny Carl geht es, wenn sie den Begriff europäische Identität benutzt, um engagierte Teilnahme an demokratischen Prozessen jenseits des Nationalstaates bei weiterer Integration. Hierzu stellt sie ein Modell vor, nach dem der Europäische Gerichtshof sukzessiv über die nationalen Verfassungen eine europäische Verfassung auf den Weg bringt. Von diesem Modell aus denkt sie Identität als Aktivierung eines europäischen Staatsbürgerbewusstseins, ergänzt um sozialpsychologische Energien, die passives Rechtsbewusstsein in aktive Interessenwahrnehmung umwandeln.

Nils Plath untersucht ebenfalls den Weg zu einer europäischen Verfassung und stellt sie in Beziehung zur Identifikation mit Europa. Dabei stellt er die sprachliche Konstruktion von Identität ins Zentrum, und zwar im Sinne einer Identitätspolitik mit Präambeln. Sein Verfahren ist dekonstruktiv. Er zeigt, wie seit 1948 die Rechtspraxis nicht nur auf sprachlichen Kodierungen wechselseitiger Vereinbarungen in den Vertragstexten selbst funktional aufbaut, sondern diese vielmehr über das dem Vertragstext Vorangestellte Intentionalität konstruieren. Europa ist, so vorausgesetzt, immer schon ein Identisches, nicht weiter Erklärtes. Die Sprache – im Sinne von Sprechen, nicht die Differenz der Sprachen, die ein weiteres Problem wäre – des Paratextes verleiht dem künftigen Verfassungstext die identitätsstiftende Funktion. Der Beitrag formuliert damit Kritik an einem ganz bestimmten Verständnis von kollektiver Identität, das mit der Substantialisierung von Werten mit Hilfe eines – oftmals auch nur beschwörend benutzten – Namens arbeitet. Er fordert zum Nachdenken über Mythosbildung im Diskurs über kollektive Identität auf.

Die vorliegenden Beiträge lassen erkennen, wie die interdisziplinäre wissenschaftliche Arbeit dem Identitäts-Begriff, zusammen mit dem Problem, das er benennen will, Konturen der Themen des Faches verleiht, aus dem heraus er konzeptualisiert ist. Das kann der weiteren Präzisierung des Begriffs nützen, zu der ja bereits einige Vorarbeit geleistet ist (Walkenhorst 1999; Niethammer 2001). Selbst wenn mit dem Identitäts-Begriff jeweils vorsichtig und einschränkend gearbeitet wird, geschieht dies im Bewusstsein seiner begrenzten Klärungsfähigkeit. Er vermag, wie der Erneuerer der deutschen Ethnologie, Hermann Bausinger, bereits 1982 für die UNESCO voranschickte, kaum mehr zu leisten, „als die im Begriff verpackten Probleme zu beschreiben." (Bausinger 1982: 3) Sie freilich stellen sich als übergreifende in den EU-Staaten neu und bedürfen einer weiteren Klärung.

Literatur

Bausinger, Hermann: Kulturelle Identität. Bonn: Deutsche UNESCO-Kommission, 1982

Grande, Edgar/Jachtenfuchs, Markus (Hrsg.): Wie problemlösungsfähig ist die EU? Regieren im europäischen Mehrebenensystem. Baden-Baden: Nomos, 2000

Jachtenfuchs, Markus/Kohler-Koch, Beate: Regieren im dynamischen Mehrebenensystem. In: Jachtenfuchs, Markus/Kohler-Koch, Beate (Hrsg.): Europäische Integration. Opladen: Leske + Budrich, 1996

Kohler-Koch, Beate/Eising, Rainer (Hrsg.): The Transformation of Governance in the European Union. London: Routledge, 1999

Niethammer, Lutz: Zuflucht Europa: Oder wie die Suche nach europäischer Identität die Verständigung über Politik in Europa verstellt. In: Tömmel, Ingeborg (Hrsg.): Europäische Integration als Prozess von Angleichung und Differenzierung. Opladen: Leske + Budrich, 2001, S. 291-320

Puchala, David J.: Of Blind Men, Elephants and International Integration. In: Journal of Common Market Studies10(1972)4, S. 267-284

Scharpf, Fritz W.: Optionen des Föderalismus in Deutschland und Europa. Frankfurt: Campus, 1994a

Scharpf, Fritz W.: Community and autonomy: multi-level policy-making in the European Union. In: Journal of European Public Policy 1(1994b)2, S. 219-242

Tömmel, Ingeborg: Das politische System der EU. München: Oldenbourg, i.E.

Walkenhorst, Heiko: Europäischer Integrationsprozess und europäische Identität. Zur politikwissenschaftlichen Bedeutung eines sozialpsychologischen Konzepts. Baden-Baden: Nomos, 1999

I.

System-Entwicklung und Politikgestaltung: Die Interaktion zwischen europäischer, nationaler und regionaler Ebene

Europäisierung und die Transformation des Nationalstaates: Ergebnisse empirischer Fallstudien

Maria Green Cowles / Thomas Risse

1. Einleitung: Ein dreistufiges Modell zur Analyse von Europäisierungswirkungen

Dieser Beitrag untersucht den Einfluss des europäischen Integrationsprozesses und der damit einhergehenden Europäisierung auf die Binnenstrukturen der Mitgliedstaaten der Europäischen Union (EU) auf der Grundlage empirischer Forschungsergebnisse.[1] Dabei geht es uns nicht so sehr um die Wirkungen der europäischen Integration auf nationale Politiken im einzelnen, sondern um die Auswirkungen der Europäisierung auf binnenstaatliche Institutionen und soziokulturell verankerte Sinnstrukturen wie zum Beispiel kollektive Identitäten (vgl. auch Rometsch und Wessels 1996; Meny et al. 1996). Unsere Frage lautet, ob mehr als vierzig Jahre europäische Integration zu Veränderungen in den politischen und gesellschaftlichen Strukturen der Mitgliedstaaten geführt haben, und wie diese aussehen. Kommt es zum Beispiel zur allmählichen Konvergenz binnenstaatlicher Strukturen, wie dies etwa in der Globalisierungsdebatte immer wieder behauptet wird (vgl. etwa Strange 1996)?

Unsere Untersuchungsergebnisse beruhen auf einem mehrjährigen vergleichenden Forschungsprojekt über viele unterschiedliche Politikbereiche (Cowles et al. 2001). Untersucht wurden die binnenstaatlichen Wirkungen der Europäisierung in der Gleichberechtigungs-, Transport-, und Telekommunikationspolitik, im Bereich verschiedener Umweltpolitiken und auf die von der Wirtschafts- und Währungsunion geforderte Reform der öffentlichen Finan-

---

[1] Bei diesem Beitrag handelt es sich um eine gekürzte und gründlich überarbeitete Fassung des Schlusskapitels aus Cowles et al. 2001. Für die Übersetzung aus dem Englischen danken wir Florian Güssgen. Wir danken Jim Caporaso, Peter Katzenstein, mehreren anonymen Kommentatoren sowie den Autoren der empirischen Kapitel unseres Buches für ihre kenntnisreichen und nützlichen Anmerkungen zu früheren Versionen.

zen, außerdem Europäisierungswirkungen auf die nationalen Rechtssysteme, auf territoriale Strukturen, das Verhältnis der großen Industrieverbände zu den nationalen Regierungen, das Staatsbürgerschaftsrecht und die nationalen Identitäten. Die meisten Fallstudien bezogen sich dabei auf Veränderungen in den Binnenstrukturen der vier großen Mitgliedstaaten Frankreich, Deutschland, Großbritannien und Italien, darüber hinaus wurden Spanien und die Niederlande untersucht. Unsere Ergebnisse lassen sich folgendermaßen zusammenfassen:

1. Europäisierung führt zum Wandel innenpolitischer Strukturen. In fast allen von uns untersuchten Fällen kam es zu signifikanten Veränderungen in politischen und gesellschaftlichen Institutionen der Mitgliedstaaten. Jeder einzelne EU-Mitgliedstaat (und vermutlich ebenso die Länder in der Peripherie der EU) hat sich an Europäisierungsprozesse anpassen müssen. Allerdings finden wir weder umfassende Konvergenz noch fortwährende Divergenz der nationalen Binnenstrukturen, sondern Prozesse, die man mit „innenpolitische Anpassung in nationalen Farben" umschreiben könnte.

2. Unsere Untersuchungen deuten darauf hin, dass einfache Thesen wie die Vermutung, dass die Europäisierung die nationalen Exekutiven gegenüber den gesellschaftlichen Umfeldern stärkt (Moravcsik 1997), zu kurz greifen. Die Anpassungs- und Veränderungsdynamik verläuft sehr viel komplexer. Darüber hinaus falsifizieren unsere Ergebnisse auch die Vermutung, dass sich nur die kleineren Mitgliedstaaten an die Europäisierung anpassen müssen, weil die großen Vier – Großbritannien, Frankreich, Deutschland und Italien – ihre jeweiligen nationalen Präferenzen auf der europäischen Ebene einfach durchsetzen können. Wir finden im Gegenteil substantielle Veränderungen in den nationalen Institutionen der großen Vier über eine ganze Reihe von Politikfeldern hinweg. Auch Großbritannien, Frankreich und Deutschland sind von den Europäisierungsprozessen nicht verschont geblieben.

3. Europäisierung wirkt auf binnenstaatliche Strukturen, indem sie dort Anpassungsdruck auslöst. Dieser Anpassungsdruck variiert je nach Mitgliedstaat und Politikfeld, und zwar je nachdem, wie groß die Inkompatibilität oder „Passungenauigkeit" zwischen europäischen Verfahren, Regeln oder Politiken einerseits und nationalen Politikprozessen und Institutionen andererseits ausfällt. Anpassungsdruck ist eine notwendige, aber keinesfalls eine hinreichende Bedingung für innenpolitischen Wandel. Es bedarf intervenierender Faktoren – wie z.B. unterstützende Institutionen in den Mitgliedstaaten, Politik- und Organisationskulturen, eine unterschiedliche Stärkung von Akteursgruppen sowie kollektiver Lernprozesse –, damit es zum Wandel binnenstaatlicher Strukturen kommt.

Im Folgenden stellen wir zunächst unseren Untersuchungsansatz vor, ein Drei-Stufen-Modell innenpolitischen Wandels. Daran anschließend gehen wir auf unsere Forschungsergebnisse im Einzelnen ein. Dabei ist zunächst unser Begriff von ‚Europäisierung‘ zu klären, angesichts der Vielfältigkeit, mit der dieses Konzept inzwischen in der Literatur verwendet wird (vgl. z. B. Radaelli 2000; Eising i.E.). Wir verstehen im Folgenden unter ‚Europäisierung‘ die „Entstehung und die Entwicklung von spezifischen Regelungsstrukturen auf der europäischen Ebene, d.h. die Entwicklung von politischen, rechtlichen und sozialen Institutionen mit dem Ziel der politischen Problemlösung. Diese Strukturen formalisieren die Interaktionen der einzelnen Akteure sowie jener politischen Netzwerke, die auf autoritative Regelsetzung spezialisiert sind" (Risse et al. 2001: 3). Europäisierung in unserem Verständnis entspricht in etwa dem, was man früher mit ‚europäischer Integration‘ bezeichnet hat, geht aber darüber hinaus, weil Europäisierung den Verhältnissen in einem Mehrebenensystem wie der EU stärker gerecht wird.

Zur Analyse der Wirkung von Europäisierungsprozessen auf den innenpolitischen und innergesellschaftlichen Wandel in den Mitgliedstaaten schlagen wir ein Drei-Stufen-Modell vor (vgl. Abbildung 1).

Abbildung 1: Europäisierung und innenpolitischer Wandel

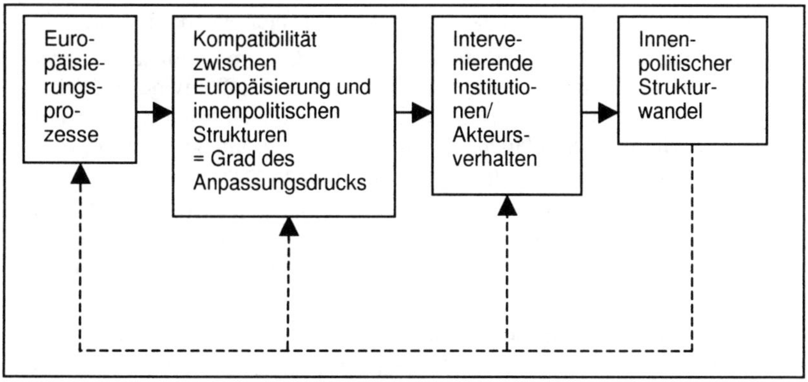

Ausgangspunkt ist der Europäisierungsprozess im jeweiligen Politikbereich. Diese Europäisierungsprozesse in Gestalt europäischer Regeln, Verfahren und Praktiken treffen auf die historisch gewachsenen Politikprozesse, institutionellen Regeln und Organisationskulturen in den Mitgliedstaaten. Dabei stellt sich die Frage, wie kompatibel diese europäischen Regeln und Verfahren mit den gewachsenen nationalen Strukturen sind und wie „passgenau" sie in diese eingefügt werden können. Der Grad dieser „Passgenauigkeit" oder

Kompatibilität bestimmt den „Anpassungsdruck", dem die nationalen politischen und gesellschaftlichen Strukturen durch die Europäisierungsprozesse ausgesetzt sind. Sollten Europäisierung und nationale Binnenstrukturen vollständig übereinstimmen, ist eine Anpassung kaum notwendig. Die europäischen Vorschriften können einfach in die nationalen Strukturen integriert werden. Stossen sich die Politikvorgaben der EU einschließlich der damit einhergehenden Verwaltungsstile und soziokulturellen Sinnkonstruktionen jedoch an den nationalen Politikprozessen, Institutionen und Organisationskulturen und sind sie damit inkompatibel, dann steigt der Anpassungsdruck. Eigentlich ist dieser Punkt trivial: Wenn Europäisierung und innenpolitische Strukturen miteinander kompatibel sind, besteht institutionelle Isomorphie (DiMaggio/Powell 1991) und damit kaum die Notwendigkeit institutioneller Veränderungen. Zumindest kann Europäisierung in solchen Fällen per definitionem nicht den Wandel ausgelöst haben.

Allerdings ist Anpassungsdruck somit eine notwendige, aber keineswegs eine hinreichende Bedingung für innenpolitische Veränderungsprozesse. Damit Europäisierung zum Wandel politischer und gesellschaftlicher Strukturen führt, müssen weitere Bedingungen gegeben sein. In einem dritten Schritt analysieren wir daher als intervenierende Faktoren die institutionellen Gegebenheiten und die Strategien der einzelnen Akteure, die strukturelle Anpassungen entweder erleichtern oder erschweren. Ob ein Staat seine institutionellen Strukturen anpasst oder nicht, hängt von dem Vorhandensein dieser Mittlerfaktoren ab. Dabei unterscheiden wir fünf intervenierende Faktoren:

- Die Anzahl *institutionalisierter Vetospieler* im politischen System (Tsebelis 1995), die die Möglichkeit haben, sich effektiv gegen Veränderungen zu wehren: je mehr Akteure mit unterschiedlichen Präferenzen dem institutionellen Wandel zustimmen müssen, um so schwieriger wird es sein, Veränderungen innenpolitisch durchzusetzen.

- Das Vorhandensein von *formalen Institutionen*, die Akteuren Hilfestellung dabei geben, den von der Europäisierung ausgehenden Anpassungsdruck zur Durchsetzung innenpolitischer Strukturveränderung auszunutzen.

- Konsensorientierte und kooperative *politische und organisatorische Kulturen* mit den entsprechenden kollektiven Normen angemessenen Verhaltens, die es den Akteuren erleichtern, u.a. die Kosten, die mit institutionellen Veränderungen einhergehen, gerecht und fair aufzuteilen.

- Veränderung der *Machtverteilung zwischen Akteursgruppen*: Europäisierungsprozesse führen nicht nur zu Anpassungsdruck, sondern wirken sich auch unterschiedlich auf die Machtverteilung zwischen politischen und gesellschaftlichen Akteuren aus, indem sie diese mit jeweils unterschiedlichen materiellen und ideellen Ressourcen ausstatten.

- *Kollektive Lernprozesse*, die von „Politikunternehmern" (policy entrepreneurs) ausgelöst werden und die innenpolitische Veränderungsprozesse erleichtern.

Nur dann, wenn eine für innenpolitischen Wandel günstige Konfiguration dieser Faktoren vorliegt, führt Anpassungsdruck auch zur Veränderung von politischen und gesellschaftlichen Strukturen.

2. Europäisierung und Anpassungsdruck auf die nationalen Institutionen

Unsere empirischen Studien bestätigen, dass der Anpassungsdruck stark variiert, weil die Europäisierung auf äußerst unterschiedliche Konfigurationen binnenstaatlicher Institutionen trifft. Dabei gibt es mehrere Indikatoren, um das Ausmaß des Anpassungsdrucks zu bewerten. In einigen Fällen wird eine „Politik-Inkompatibilität" zwischen den EU-Rahmenbestimmungen und den binnenstaatlichen Gewohnheiten festgestellt. Caporaso und Jupille benutzen beispielsweise Lohndifferenzen zwischen den Geschlechtern als Indikatoren für das Ausmaß des Anpassungsdrucks, das von EU-Bestimmungen zur Gleichbezahlung ausgeht (Caporaso/Jupille 2001). Héritier und Schneider wählen die Differenz zwischen den EU-Regeln in den Sektoren des Transportwesens und der Telekommunikation einerseits und den nationalen Transport- und Telekommunikationspolitiken andererseits als Ausgangspunkte, um den ursprünglichen Grad des Anpassungsdrucks festzustellen (Héritier 2001; Schneider 2001). Sbragia benutzt die ursprüngliche Nichteinhaltung der Konvergenzkriterien der Europäischen Wirtschafts- und Währungsunion (WWU) durch Italien als Hauptindikator für Anpassungsdruck (Sbragia 2001).

Jedoch zeigen Knill und Lenschow für den Bereich der Umweltpolitik, dass eine zu eng auf den Politikbereich beschränkte Betonung der Inkompatibilität die tatsächliche Stärke des Anpassungsdrucks häufig nicht erklären kann. Sie argumentieren, dass die „Passgenauigkeit" zwischen dem sachgebietsspezifischen EU-Verwaltungsstil einerseits und den Kernelementen der nationalen Verwaltungstraditionen andererseits den mittels Europäisierung erzeugten Anpassungsdruck bestimmt (Knill/Lenschow 2001). Auch Conant untersucht die Kompatibilität zwischen der EU und Kernelementen der binnenstaatlichen Strukturen. Sie sieht Unterschiede zwischen nationalen Rechtstraditionen und -institutionen einerseits und der EU-Justiz andererseits als primäre Quelle von Anpassungsdruck. Die für Frankreich charakteristische Zentralisierung von politischer Macht in der Exekutive sowie die begrenzte Verfassungskontrolle durch den Verfassungsrat stehen im Gegensatz zu der breiten Machtstreuung in den politischen Strukturen der EU. Hingegen weist die Bundesrepublik aufgrund ihrer horizontalen und vertikalen Macht-streuung einen hohen Grad von institutioneller Kompatibilität mit der EU auf (Conant 2001; vgl. auch Bulmer 1997).

Auf ähnliche Weise konzentrieren sich Börzel und Cowles auf die Inkom-patibilitäten, die entstehen, wenn etablierte binnenstaatliche Institutionen von europäischen Institutionen in Frage gestellt werden. Börzel zeigt, wie die spa-nischen Regionen und deutschen Länder aufgrund des Transfers von vormals regionalen Kompetenzen auf die europäische Ebene zu Gunsten ihrer natio-nalen Regierungen politischen Einfluss einbüssen mussten. Gleichzeitig wa-ren die Regionen aber verpflichtet, EU-Bestimmungen umzusetzen, ohne über deren Formulierung mitbestimmen zu können (Börzel 2001a, b). Cowles un-tersucht, wie sich die traditionellen Beziehungen von nationalen Industrieve-reinigungen, Mitgliedstaaten und großen Unternehmen verändern, wenn wich-tige Firmen im Rahmen des Transatlantischen Unternehmerdialogs neue Be-ziehungen zur Europäischen Kommission aufbauen (Cowles 2001).

Checkel und Risse beschäftigen sich schließlich mit dem Zusammenhang von konstitutiven Effekten der Europäisierung und der Entstehung von An-passungsdruck. So widersprachen beispielsweise die Staatsbürgerschaftsnor-men des Europarates der historisch entstandenen deutschen Konzeption des Staatsbürgerschaftsrechts (*jus sanguinis*) und verursachten dadurch eine schwerwiegende Inkompatibilität (Checkel 2001). Was kollektive, auf den Nationalstaat bezogene politische Identitäten angeht, so ist das heranwach-sende europäische Gemeinwesen auf unterschiedliche Weise mit den gegebe-nen nationalen Identitäten in Übereinstimmung zu bringen. Während ,Europa' und die europäische Einigung mit der deutschen Nachkriegsidentität ohne weiteres vereinbar sind, stehen die mit Europa verbundenen Vorstellungen von politischer Ordnung in starkem Widerspruch zur den herkömmlichen englisch-britischen Identitätsvorstellungen (Risse 2001; Marcussen et al. 1999).

Abbildung 2 fasst den Anpassungsdruck zusammen, der von der Europäi-sierung auf die binnenstaatlichen Strukturen Frankreichs, Großbritanniens und Deutschlands nach Politikfeldern ausgeht.

Zwei Ergebnisse lassen sich unmittelbar aus dieser Abbildung entnehmen. Erstens waren alle drei großen Mitgliedstaaten in einigen Bereichen ganz er-heblichem Anpassungsdruck ausgesetzt, während in anderen ein hoher Grad an institutioneller Kompatibilität zu verzeichnen war. Zweitens ist ein allge-meines Muster für hohen oder niedrigen Anpassungsdruck nicht einfach aus-zumachen.

Das erste Ergebnis ist von großer Bedeutung, weil es zeigt, dass die Euro-päisierung zum Entstehen einer neuen und eigenständigen Struktur des Regie-rens geführt hat, die sich zu keinem einzelnen Mitgliedstaat der EU strukturell isomorph verhält, nicht einmal zu den Binnenstrukturen der „Großen Drei". Wenn aber selbst die Institutionengefüge und Politikverfahren in Frankreich,

Deutschland und Großbritannien erheblichem Anpassungsdruck ausgesetzt sind, wie wird sich die Situation dann erst in kleineren europäischen Ländern darstellen? Des weiteren stellen unsere Ergebnisse die Erklärungsgewalt des liberalen Intergouvernementalismus als einer allgemeinen Theorie der europäischen Integration in Frage. Wenn Europäisierung tatsächlich in erster Linie das Ergebnis von „Großen Deals" zwischen den drei führenden Mitgliedstaaten sein sollte, deren Ergebnisse sich zumeist auf dem „kleinsten gemeinsamen Nenner" einpendeln (Moravcsik 1998), dann würden wir keinen starken Anpassungsdruck erwarten, sobald Europa „nach Hause kommt", zumindest nicht in Deutschland, Frankreich und Großbritannien. Unsere Beispiele belegen jedoch für jeden dieser Staaten schwerwiegende Inkompatibilitäten zwischen Europäisierung und binnenstaatlichen Strukturen in einer Reihe von Politikfeldern.

Abbildung 2: Anpassungsdruck nach Ländern

	Niedriger Anpassungsdruck	Hoher Anpassungsdruck
Frankreich	• Lohngleichheit	• Gleichbehandlung • Industrieverbände • Justiz • Nationalstaatliche Identität • Telekommunikation
Deutsch-land	• Umwelt (teilweise) • Justiz • Nationalstaatliche Identität	• Staatsbürgerschaftsnorm • Umwelt (teilweise) • Industrieverbände • Eisenbahn • Lastkraftverkehr • Telekommunikation • Territorialstruktur
Großbri-tannien	• Umwelt (teilweise) • Industrieverbände • Eisenbahn • Lastkraftverkehr	• Umwelt (teilweise) • Lohngleichheit • Gleichbehandlung • Justiz • Nationalstaatliche Identität

Allerdings ergeht es einigen der Thesen, die vom soziologischen Institutionalismus abgeleitet werden können und die auf einen strukturellen Isomorphismus hindeuten (vgl. DiMaggio/Powell 1991), nicht viel besser. Deutschland, der angebliche Klassenprimus in Sachen europäischer Integration, sieht sich auf einer großen Bandbreite von Sachgebieten einem ähnlich starken Anpassungsdruck ausgesetzt wie der „Nachzügler" Großbritannien. Teilweise stellen unsere Ergebnisse deshalb Peter Katzensteins und Simon Bulmers Behauptung in Frage, dass die durch einen kooperativen Föderalismus gekennzeichnete institutionelle Struktur der Bundesrepublik, deren „Semisouveränität" und ihr demokratischer Korporatismus mit der EU-Struktur von geteilter Macht und verteilten Kompetenzen gut zusammenpassen (Katzenstein 1997a; Bulmer 1997; Bulmer und Paterson 1987). Ein derartiger struktureller Isomorphismus würde geringen Anpassungsdruck erwarten lassen. Hinsichtlich einiger Sachgebiete trifft die Behauptung auch zu (Justiz, nationalstaatliche Identität und bis zu einem gewissen Grad die Umweltpolitik), hinsichtlich anderer ist sie jedoch definitiv falsch (Staatsbürgerschaftsnormen, Territorialstruktur, Industrieverbände, Transportwesen, Telekommunikation und teilweise Umweltpolitik). In den letztgenannten Fällen ist die Inkompatibilität zwischen Europäisierung und deutschen institutionellen Strukturen jeweils erheblich.

Dies führt zu unserem zweiten Ergebnis, nämlich dass in den drei großen Mitgliedstaaten kein einfach zu erkennendes Muster vorliegt, das den Grad des Anpassungsdrucks erklären könnte. Wie können wir diese Beobachtung erklären? Zunächst könnte man argumentieren, dass binnenstaatliche institutionelle Arrangements abhängig von Sachgebieten variieren. Staaten weisen nicht in jedem Politikbereich den gleichen institutionellen Rahmen auf. Im Großen und Ganzen haben wir in unseren Fallstudien jedoch das Argument des historischen Institutionalismus bestätigt gefunden, wonach bestimmte allgemeine nationalstaatliche Strukturen über alle Sachbereiche hinweg vorfindbar sind. Der deutsche kooperative Föderalismus, die konsensorientierte politische Kultur und die starken gesellschaftlichen Spitzenverbände hinterlassen ihre Spuren in allen Fallstudien, die sich mit Deutschland beschäftigen. Auf ähnliche Weise finden auch Frankreichs zentralisierte Institutionen, die schwachen Spitzenverbände, die staatszentrierte Ideologie sowie die stark nationalistische kollektive Identität in unseren Untersuchungen ihren Widerhall.

Zweitens könnte es die Europäisierung selbst sein, die für das uneinheitliche Muster des Anpassungsdrucks in den drei großen Mitgliedstaaten verantwortlich ist. Der Befund, dass sich eben kein erkennbares Muster ergibt, das den unterschiedlichen Anpassungsdruck nach Ländern und Politikbereichen erklärt, könnte auf die beträchtliche Variation der Europäisierungsprozesse in verschiedenen Sachgebieten und sogar innerhalb von bestimmten Sachgebieten zurückzuführen sein. Wie Knill und Lenschow zeigen, gibt es beispielsweise bei den verschiedenen Umweltdirektiven keinen einheitlichen „europäischen" Regulierungsstil, sondern gleich mehrere (Knill/Lenschow 2001). In der Gesamtschau der Sachgebiete bestätigen unsere Ergebnisse den von Héritier und anderen entwickelten Begriff des „regulatorischen Flickenteppiches" von EU-Direktiven und Regelungen (Héritier 1996; Héritier et al. 1996). Der europäische Politikprozess besteht aus dem Schnüren von Verhandlungspaketen, der Verknüpfung von Themen und informellen Verfahren zur Umgehung von Entscheidungsblockaden (Héritier 1997, 1999). Diese Verfahren führen zu einer höchst komplexen institutionellen Architektur und einer Vielzahl von Regelungsstilen, die davon abhängen, welcher Mitgliedstaat und welcher Teil der Kommission gerade seine Präferenzen auf der europäischen Ebene durchsetzen konnte. Es ist daher kaum überraschend, dass einzelne Mitgliedstaaten sich sehr verschiedenen Ausprägungen von Anpassungsdruck gegenüber sehen, wenn sie EU-Politiken, Regeln oder Verfahren in ihre institutionelle Binnenstruktur „herunterladen" müssen. Zusammenfassend kann man sagen, dass die Variation in den Europäisierungsmustern die Variation im Anpassungsdruck zu erklären scheint, dem sich einzelne Mitgliedstaaten ausgesetzt sehen.

3. Der Wandel innenpolitischer Strukturen und die Rolle von intervenierenden Faktoren

Im Folgenden betrachten wir nur solche Fälle, in denen der Anpassungsdruck aufgrund der Europäisierung recht hoch gewesen ist (vgl. die rechte Spalte in Abbildung 2). Dabei stellt sich heraus, dass Anpassungsdruck als Folge von Europäisierung nicht notwendigerweise zu Veränderungen der institutionellen Binnenstrukturen führt. In einigen Staaten konnte über beachtliche Zeitperioden hinweg dauerhafter Widerstand gegenüber Veränderungen beobachtet werden. Lange Zeit weigerte sich z.b. Frankreich, die zur Umsetzung der Gleichbehandlungsdirektive notwendigen institutionellen Veränderungen durchzuführen (Caporaso/Jupille 2001). Die Bundesrepublik benötigte mehr als zehn Jahre, um für die Implementierung der EU-Trinkwasserrichtlinie zu sorgen; anderen Umweltvorschriften widersetzt sie sich nach wie vor (Knill/Lenschow 2001). Italien sah sich in der Telekommunikations- und Transportpolitik sowie bei der Reform der öffentlichen Finanzen zur Erfüllung der WWU-Konvergenzkriterien erheblichem Anpassungsdruck ausgesetzt (Héritier 2001; Schneider 2001; Sbragia 2001). Die erforderlichen innenpolitischen Reformen wurden in der Telekommunikationspolitik und bei den öffentlichen Finanzen durchgesetzt, während die italienische Transportpolitik sich jahrelang der Liberalisierung des Güter- und Schienenverkehrs widersetzte.

Generell lässt sich sagen, dass es – mit der möglichen Ausnahme Deutschlands – kein Mitgliedsland gibt, in dem innenpolitischer Wandel und die Veränderung politischer und gesellschaftlicher Institutionen als Antwort auf Europäisierungsprozesse leichter durchgesetzt werden konnte als in anderen. Wie Abbildung 3 zeigt, ist auch hier kein eindeutiges Muster erkennbar.

Oben haben wir fünf intervenierende Faktoren hervorgehoben, die binnenstaatliche Reformprozesse als Antwort auf Anpassungsdruck behindern oder erleichtern können. Abbildung 3 fasst unsere empirischen Ergebnisse in dieser Hinsicht zusammen.

Abbildung 3: Anpassungsergebnisse und die Rolle intervenierender Faktoren

Land	Sachgebiet	Anpassungs-ergebnis	Intervenierende Faktoren
Frankreich	Gleich-behandlung	Widerstand	Zentralistische Struktur, staatsorientiertes System
	Industrie-vereinigungen	Veränderung	Stärkung von Binnenakteuren gegenüber dem Staat
	Justiz	Widerstand	Zentralistische Struktur, staatsorientiertes System
	Nationalstaat-liche Identität	Veränderung	Stärkung pro-europäischer Interessen und Lernen von Eliten
	Telekommuni-kation	Veränderung	Stärkung von Liberalisierungs-Befürwortern (und globalen Kräften)
Deutschland	Staatsbürger-schaftsnorm	Langsame Veränderung	Stärkung „liberaler Interessen" und Lernen von Eliten
	Umwelt (teilweise)	Widerstand	Multiple Vetospieler
	Industrieve-reinigungen	Langsame Veränderung	Lernen von Eliten
	Eisenbahn	Veränderung	Kooperative Kultur
	Lastkraft-verkehr	Veränderung	Stärkung von Liberalisierungs-Befürwortern und kooperative Kultur
	Telekommuni-kation	Veränderung	Stärkung von Liberalisierungs-Befürwortern (und globalen Kräften)
	Territorial-struktur	Veränderung	Kooperative Kultur
Groß-britannien	Justiz	Teilweise Veränderung	Zentralisierte Struktur, jedoch mit einigen Veränderungen (s. u.)
	Nationalstaat-liche Identität	Teilweise Veränderung	Erleichternde Institutionen und Stärkung binnenstaatlicher Interessen
	Lohngleich-heit und Gleich-behandlung	Erst Widerstand, dann Veränderung	Erklärung über binnenstaatliche Faktoren (Mittlerfaktoren waren kaum von Bedeutung)
	Umwelt (teilweise)	Widerstand	Europa als „die anderen"

Land	Sachgebiet	Anpassungs-ergebnis	Intervenierende Faktoren
Italien	Öffentliches Finanzwesen (EWWU)	Veränderung	Stärkung der Regierung und Lernen von Eliten
	Eisenbahn	Widerstand	Multiple Vetospieler
	Lastkraft-verkehr	Widerstand	Multiple Vetospieler
	Telekommuni-kation	Veränderung	Stärkung der Regierung (ein wenig Lernen der Eliten)
Spanien	Territorial-struktur	Erst Widerstand, dann Veränderung	Lernen der Eliten

3.1 Vetospieler

Das Vorhandensein multipler Vetospieler in der institutionellen Struktur eines Staates (Tsebelis 1995, 1999), das Akteuren die Möglichkeit gibt, sich effektiv gegen Veränderungen zu wehren, erweist sich als einer der wichtigsten Gründe für das Ausbleiben institutioneller Anpassung. In dreien der sechs Fälle von ausgeprägtem innenpolitischen Widerstand gegen Europäisierungsdruck – Transportpolitik in Italien sowie deutsche Umweltpolitiken – erklärt das Vorhandensein von Vetospielern die Abwesenheit von innenpolitischen Reformen (Héritier 2001; Knill/Lenschow 2001). Sowohl das deutsche als auch das italienische Institutionengefüge ermöglicht einer Vielzahl von gesellschaftlichen und politischen Akteuren die Reformblockade. Auch wenn das Phänomen unterschiedliche Gründe hat (Dezentralisierung und Widerstand der Länder in Deutschland, Klientelismus in Italien), so führt es doch zu demselben Ergebnis: in beiden Ländern ist es sehr schwer, gesellschaftliche und politische Mehrheiten zur Durchsetzung von Reformprojekten zu bilden.

3.2 Formale Institutionen als intervenierende Faktoren

Formale Institutionen können Anpassungsprozesse sowohl verzögern als auch beschleunigen. Einige unserer Fallstudien deuten darauf hin, dass Widerstand gegen Europäisierungsdruck nicht nur von multiplen Vetospielern in dezentralisierten politischen Systemen herrührt, sondern auch Folge zentralistischer und hierarchischer staatlicher Strukturen sein kann. Im staatszentrierten System Frankreichs beispielsweise bestimmt die Regierung weitgehend die Ausprägung der Beziehungen von Staat und Gesellschaft, wobei sie sich oftmals gesellschaftlichem Druck widersetzt. Conant stellt heraus, dass das Fehlen

33

jeglicher Machtstreuung die gesellschaftlichen Akteure, aber auch untergeordnete Gerichte daran hindert, die Möglichkeiten des europäischen Rechtssystems voll auszuschöpfen (Conant 2001). Im Gegensatz dazu handelt es sich bei Großbritannien um ein pluralistisches System, das es gesellschaftlichen Interessen ermöglicht, regelmäßig auf formalem oder informellem Wege vertreten zu werden. Das Vorhandensein von formalen Institutionen eröffnet Akteuren die Möglichkeit, Veränderungen zu bewirken. Dies erklärt die erfolgreiche Anpassung in den Fällen von Lohngleichheit und Gleichstellung in Großbritannien (Caporaso/Jupille 2001). Die britische Kommission für Chancengleichheit (Equal Opportunity Commission) beispielsweise stellte Frauenrechtsorganisationen Mittel zur Verfügung, die ihnen halfen, die EU-Richtlinien zur Lohngleichheit und zur Gleichbehandlung zur Förderung der Gleichstellung der Geschlechter zu nutzen. Caporaso und Jupille zeigen, dass das Fehlen derartiger erleichternder Vermittlerinstanzen im Falle Frankreichs ein wichtiger Erklärungsfaktor für den Widerstand gegen die Umsetzung der Lohngleichheitsbestimmungen war. Analog argumentiert Conant, dass die britische Tradition des Gewohnheitsrechts (common law) dazu geführt hat, dass britische Gerichte europäisches Recht routinemäßig angewandt haben, ohne jeweils die Verfahren nach Art. 177 EGV (jetzt Art. 234) zur Anrufung des Europäischen Gerichtshofes (EuGH) auszunutzen (Conant 2001).

3.3 Politische Kultur und Organisationskulturen

Das dritte Strukturelement, das die Fähigkeit der Akteure beeinflusst, institutionelle Veränderungen als Reaktion auf Europäisierung herbeizuführen, betrifft informelle kollektive Überzeugungen von angemessenem Verhalten, die in nationale politische Kulturen oder Organisationskulturen eingebettet sind. So nutzten die spanischen Regionen und die deutschen Länder die durch die Europäisierung geschaffenen Möglichkeiten nur selten, ihre nationalen Regierungen zu umgehen und sich direkt an Brüssel zu wenden (Börzel 2001a, b). Ein Umgehen des Nationalstaates wurde einfach nicht als angemessenes Verhalten betrachtet. In Großbritannien unternahm die politische und wirtschaftliche Elite kaum Anstrengungen, um die englische nationalstaatliche Identität an die Realität der Europäischen Union anzupassen, und das, obwohl ein derartiger Schritt die tatsächlich umgesetzten Politiken hätte legitimieren können (Risse 2001). Im Gegensatz dazu ermöglichte es die geradezu enthusiastische pro-europäische Haltung der italienischen Eliten und der Bevölkerung, die Maastrichter Konvergenzkriterien für die einheitliche Währung zu erfüllen und dabei auch beträchtliche Kosten bis hin zu einer „Europa-Steuer" in Kauf zu nehmen (Sbragia 2001).

34

Kollektive Überzeugungen über angemessenes Verhalten, die in der politischen Kultur eines Landes verankert sind, bestimmten nicht nur den Rahmen der als legitim betrachteten Interessen, die Akteure verfolgen können. Gleichzeitig stellt dieses Verständnis den Akteuren auch Handlungspotentiale zur Verfügung und eröffnet ihnen Handlungsstrategien. Unsere Fallstudien deuten darauf hin, dass eine konsensorientierte und kooperative politische Kultur den wichtigsten Faktor zur Überwindung multipler Vetospieler darstellt. In der Transportpolitik beispielsweise ermöglichte es die deutsche Tradition der kooperativen Entscheidungsfindung, die verschiedenen Vetospieler mittels einer starken politischen Führung zu umgehen. Die konfrontative Kultur Italiens verstärkte dagegen die Wirkung der Vetospieler in der Transportpolitik (Héritier 2001).

Das Vorhandensein einer kooperativen Kultur in der Bundesrepublik erklärt auch, weshalb es den Ländern gelang, ihren Kompetenzverlust zu Gunsten der europäischen Ebene über erweiterte Beteiligungsrechte an europapolitischen Entscheidungen der Bundesregierung zu kompensieren (Börzel 2001a). Die spanischen Regionen setzten ursprünglich auf einen Konfrontationskurs mit der Zentralregierung in Madrid, was durchaus ihrem Verständnis von „angemessenem Verhalten" entsprach. Erst als diese Strategie versagte, ahmten sie das Verhalten der deutschen Länder nach und versuchten sich in kooperativem Föderalismus – mit wesentlich besseren Resultaten. Diese Ergebnisse bestätigen übrigens Katzensteins Argument, dass die konsensorientierte Kultur die „Zähmung der deutschen Macht" (Katzenstein 1997a, b) mittels Europäisierung verstärkt. Obwohl wir nur wenige Hinweise für einen umfassenden strukturellen Isomorphismus zwischen deutschen und europäischen Institutionen finden konnten, so fällt es Deutschland offenbar leichter als anderen Ländern, die durch den Europäisierungsdruck ausgelösten innenpolitischen Veränderungen durchzuführen. Entscheidend scheinen hier die politische Kultur einschließlich der europaorientierten kollektiven Identität der deutschen Eliten zu sein (Risse 2001).

3.4 Ressourcenumverteilung zwischen Akteursgruppen

Nicht Institutionen verändern Institutionen, sondern Akteure. Europäisierung führt nicht nur zu Anpassungsdruck, sondern auch zu einer Umverteilung von ideellen und materiellen Ressourcen, die Akteuren zur Durchsetzung ihrer Interessen zur Verfügung stehen. Europäische Politiken, Regeln und institutionalisierte Beziehungen haben Verteilungskonsequenzen und beeinflussen daher die Präferenzen politischer und gesellschaftlicher Akteure in den Mitgliedstaaten. In den Fällen der Telekommunikation und des Güterverkehrs stärkte die Europäisierung jene Kräfte und Interessengruppen in Frankreich, Deutschland und Italien, die Liberalisierung und Deregulierung befürworteten

(Héritier 2001; Schneider 2001). Die Direktiven der EU zur Lohngleichheit und Gleichbehandlung eröffneten Frauenrechtsgruppen in Großbritannien die Möglichkeit, lokale, nationale und europäische Gerichte anzurufen (Caporaso/Jupille 2001). Nichtregierungsorganisationen und Kirchen in Deutschland nutzten die Staatsbürgerschaftsnorm des Europarates, um Staatsbürgerschaftsrechte für Ausländer einzufordern (Checkel 2001). Französische politische Eliten förderten eine europäische Identitätskonstruktion Frankreichs, um die umfassende Wende in der Wirtschaftspolitik zu legitimieren (Risse 2001). Entscheidungsträger, die Schlüsselstellen in der italienischen Regierung innehatten, nutzten die enthusiastische Unterstützung „Europas" und des Euros durch Eliten und öffentliche Meinung, um die Reform der öffentlichen Finanzen gegen die beträchtliche innere Opposition durchzusetzen (Sbragia 2001).

Demnach neigen politische und gesellschaftliche Akteursgruppen in den Mitgliedstaaten, deren Interessen von Europäisierungsprozessen positiv berührt werden und die über Mittel und Ressourcen verfügen, um im binnenstaatlichen Rahmen handeln zu können, dazu, Anpassungsdruck in für sie vorteilhafte institutionelle Veränderungen umzumünzen. In Abwesenheit solcher Interessengruppen, die durch die Europäisierung gestärkt werden, sind institutionelle Veränderungen nur selten zu erwarten (vgl. das Schicksal der Transportpolitik in Italien sowie verschiedener EU-Umweltdirektiven in Deutschland, Héritier 2001; Knill/Lenschow 2001).

Hin und wieder wird eine Veränderungsdynamik auch ausgelöst, weil Akteursinteressen negativ von Europäisierungsprozessen betroffen sind. Die spanischen Regionen und die deutschen Länder verloren Kompetenzen an die nationalen Regierungen und an die europäische Ebene. Nachfolgend mobilisierten sie ihre Ressourcen, um institutionelle Veränderungen im Verhältnis zwischen Regionen und Zentralregierungen durchzusetzen (Börzel 2001a). Auf ähnliche Weise entschied sich der Bundesverband der deutschen Industrie (BDI), der seine privilegierte Position gegenüber der Regierung in internationalen Handelsangelegenheiten verloren hatte, für eine alternative Strategie der Interessenvertretung (Cowles 2001).

3.5 Lernprozesse

Schließlich verweisen einige Fallstudien auf Lernprozesse von Eliten, um institutionelle Veränderungen zu erklären, die auf den Anpassungsdruck zurückgehen, der von der Europäisierung ausgeht. Nachdem es den spanischen Comunidades Autonómas nicht gelungen war, mit Hilfe einer Konfrontationsstrategie gegenüber Madrid die an Europa verlorengegangenen Kompetenzen zurückzuerobern, lernten sie erfolgreich von der stärker kooperativen Strategie der deutschen Länder (Börzel 2001a). Auch Checkel erklärt die Veränderung der Staatsbürgerschaftsnormen mit Lernprozessen seitens gesellschaftlicher und politischer Eliten (Checkel 2001). Und Risse argumentiert ebenfalls, dass die Veränderung der französischen Identität in Richtung auf eine größere Europaorientierung in den 80er Jahren wesentlich über kognitive Lernprozesse erfolgte (Risse 2001).

Jedoch sollte die Bedeutung von Lernprozessen nicht überschätzt werden. In den meisten Fällen passten die Akteure im wesentlichen ihre Handlungsstrategien an, ohne dass es zu grundlegenden Veränderungen ihrer Präferenzen oder gar Identitäten kam. Beispiele für komplexes Lernen fanden wir lediglich im Falle des deutschen Staatsbürgerschaftsrechts und bei der Veränderung der französischen Eliten-Identität (s.o.). In beiden Fällen haben die Veränderungen jedoch grundlegenden Charakter und berühren Kernelemente des jeweiligen politischen Gemeinwesens.

Zusammenfassend ist festzuhalten, dass die fünf hier beschriebenen Faktoren die Variation bei der Veränderung der institutionellen Binnenstrukturen im Gefolge des von der Europäisierung ausgehenden Anpassungsdrucks weitgehend erklären. In der Gesamtschau verbinden sie Erkenntnisse des rationalistischen und des soziologischen Institutionalismus (vgl. dazu Börzel/Risse 2000). Die Betonung von multiplen Vetospielern, von Institutionen zur Erleichterung innenpolitischer Veränderungen sowie von einer Umverteilung von Ressourcen, die Akteuren zur Durchsetzung ihrer Interessen zur Verfügung stehen – diese Faktoren folgen weitgehend einer „Logik der rationalen Wahl", der die Annahme von fixen Interessen- und Präferenzstrukturen der Akteure zugrunde liegt. Hinweise auf die Wirkungskraft von politischen Kulturen und Organisationskulturen sowie von komplexem Lernen lassen sich hingegen mit der „Logik der Angemessenheit" („logic of appropriateness") vereinbaren, die von soziologischen Institutionalisten hervorgehoben wird (March/Olsen 1998). Beide Logiken sind notwendig, um die Bedingungen zu verstehen, unter denen Strukturwandel als Antwort auf Europäisierungsdruck vonstatten gehen kann.

4. Konvergenz und Divergenz

Eines der Hauptanliegen dieses Beitrags besteht in der Bewertung allgemeiner Muster von binnenstaatlich-institutionellen Reaktionen auf Europäisierungsprozesse. Konvergiert die Konfiguration der binnenstaatlichen Institutionengefüge im Gesamtvergleich der Staaten und der Sachgebiete oder bleiben systematische Divergenzen bestehen? Abbildung 4 fasst die Ergebnisse unserer Fallstudien im Hinblick auf die Frage von Konvergenz oder Divergenz zusammen.

Abbildung 4: Konvergenz und Divergenz

Starke Konvergenz	Partielle Konvergenz	Fortbestehende Divergenz
Telekommunikation	Umweltpolitik	Gleichbehandlung/ Gleichbezahlung
	Industrievereinigungen	Justiz
	Nationale Identität	
	Transportpolitik	
	Territoriale Struktur	

Die Ergebnisse der Fallstudien sind eindeutig. Erstens führte der Wandel der politischen und gesellschaftlichen Institutionen in den meisten Fällen zu einer strukturellen Konvergenz über Länder hinweg. Jedoch fallen die meisten unserer empirischen Fälle in die Kategorie partieller Konvergenz, derzufolge einige Länder konvergierten, während andere ihre spezifischen institutionellen Arrangements, Beziehungsformen von Staat und Gesellschaft und kulturellen Verständnisse beibehielten. Konvergenz ist nicht gleichzusetzen mit der Homogenisierung binnenstaatlicher Strukturen. Es gibt keine Anhaltspunkte dafür, dass ein Wandel der institutionellen Binnenstruktur mit der kompletten Zurückweisung der nationalen Verwaltungsstile, Rechtskulturen, Beziehungen zwischen Staat und Gesellschaft sowie der kollektiven Identitäten gleichzusetzen ist. Risse zeigt, dass die französischen Eliten ihre nationale Identität nicht vollständig über Bord warfen, als sie eine europäische annahmen. Die Bedeutung Europas unterscheidet sich im deutschen und französischen Diskurs, obwohl die Eliten beider Länder „Europa" in ihre jeweilige nationalstaatliche Identitäten integriert haben (Risse 2001; siehe auch Marcussen et al. 1999). Die traditionellen Spannungen zwischen den spanischen Regionen und der Zentralregierung verschwanden auch aufgrund eines auf Kooperation angelegten Arrangements in territorialen Angelegenheiten nicht völlig (Börzel 2001a). Es gibt keine allgemeine europaweite Konvergenz in Richtung auf einen kooperativen Föderalismus. Die Tendenz in diese Richtung ist auf föderale Staaten wie Deutschland oder Spanien beschränkt. Was „Euroland" angeht, so hat die Politikkonvergenz der zwölf WWU-Mitgliedstaaten im Bereich der Inflation und der Haushaltsbeschränkungen zu keiner Annäherung der institutionellen Strukturen in der Wirtschafts- und der Fiskalpolitik geführt. Die strukturelle Konvergenz ist auf die Unabhängigkeit der Zentralbanken begrenzt. Selbst im Bereich der Telekommunikation – dem einzigen Fall von starker Konvergenz von Politikstrukturen in fast allen Ländern – zeigt Schneider, dass durchaus unterschiedliche Arten von Regulierungsbehörden eingerichtet wurden, die die unterschiedlichen Verwaltungskulturen widerspiegeln (Schneider 2001).

Zweitens gibt es Hinweise darauf, dass Konvergenz vorwiegend auf politikbereichsspezifische institutionelle Arrangements beschränkt ist und sich nicht auf die generellen politischen und gesellschaftlichen Binnenstrukturen eines Landes ausdehnt. Die zwei Fälle von andauernder starker Divergenz gehen auf jahrhundertealte und tief verwurzelte Rechtsstrukturen zurück (Caporaso/Jupille 2001; Conant 2001). Hinsichtlich des Umweltsektors können Knill und Lenschow in Großbritannien und in Deutschland keine zunehmende Konvergenz der allgemeinen Regulierungsstrukturen in beiden Ländern ausmachen (Knill/Lenschow 2001). Börzels Beobachtung von langsamer Konvergenz betrifft zwei Staaten mit föderalen Traditionen (Börzel 2001a). Zudem merkt Cowles an, dass nationale Industrieverbände in bestimmten Gebieten ihre spezifisch-nationale Beziehung zwischen Unternehmen und Regierung weiterhin pflegen (Cowles 2001).

Unsere Untersuchungen widerlegen also jene Denkschulen, die eine starke Konvergenz von Binnenstrukturen im Gefolge von Globalisierung und Europäisierung erwarten. Danach sollten wir zunehmende institutionelle Ähnlichkeiten in Feldern erwarten, die globalen Marktkräften ausgesetzt sind. Obwohl der Fall der Telekommunikation dieses Argument bestätigt, wird es im Fall der WWU widerlegt. In der Euro-Zone kam es zur Politikkonvergenz, aber nicht zu einer Angleichung institutioneller Strukturen in der Wirtschafts- und Finanzpolitik. Auch die Liberalisierung der europäischen Transportpolitik führte nicht zu einer vollständigen Konvergenz der institutionellen Strukturen in diesem Politikbereich.

Nun könnte man argumentieren, dass die Europäisierung den Staaten oft erheblichen Spielraum in der Anpassung ihres institutionellen Gefüges einräumt. Das Ausmaß dieses Spielraumes würde dann die Unterschiede im Ausmaß der Konvergenz erklären. Auf die Bereiche der Telekommunikation, der Unabhängigkeit der Zentralbanken im „Euroland" sowie auf einen Teil der Umweltdirektiven trifft dieses Argument sicherlich zu. Es erklärt aber nicht den Befund von teilweiser Konvergenz in der Transportpolitik, in den territorialen Strukturen, im Verhältnis der Industrieverbände zu ihren nationalen Regierungen oder sogar in den nationalstaatlichen Identitäten. In keinem dieser Fälle schreibt die Europäisierung spezifische institutionelle Arrangements vor. Und dennoch können wir teilweise Konvergenz feststellen.

Wie ist dies zu erklären? Ein wichtiger Erklärungsfaktor für Konvergenzphänomene ist die institutionelle Emulation als Ergebnis der Nachahmung von „best practices" und von Lernprozessen der Eliten. So deutet Héritier an, dass ein Regulierungswettbewerb die teilweise Konvergenz auf den Gebieten des Lastkraftverkehrs und der Eisenbahnen erklären kann (Héritier 2001). Börzel zeigt, dass die spanischen Regionen versuchten, den deutschen kooperativen Föderalismus nachzuahmen, nachdem ihre konfrontative Strategie gescheitert war (Börzel 2001a). Beide Argumente sind mit einer „Effizienzlogik" vereinbar, die besagt, dass Akteure jene Praktiken imitieren, die sich als erfolgreich erwiesen haben. Sie deuten aber auch auf Prozesse hin, die DiMaggio und Powell (1991) als mimetisch bezeichnet haben, insofern Institutionen andere Institutionen kopieren, um Unsicherheit und Komplexität zu verringern. Der zugrundeliegende Mechanismus bestünde wiederum aus Lernprozessen der Akteure. So zeigt Cowles, dass der BDI trotz anfänglicher Widerstände ein Modell der Interessenvermittlung annahm, das dem britischen ähnelte (Cowles 2001). Risse argumentiert, dass die französischen Sozialisten sich bei ihrem Versuch, ihre nationalstaatliche Identität zu rekonstruieren, an Deutschland orientierten (Risse 2001). Akteure werten bestehende Modelle aus und bestimmen, welches davon am erfolgreichsten ist. Sie übernehmen es ungeachtet seiner nationalen Herkunft.

Der gleiche Faktor könnte auch unsere Fälle von fortschreitender Divergenz nationaler Strukturen erklären. Auf der Ebene der Rechtssysteme gibt es kaum Anzeichen für Lernprozesse und institutionelle Emulation. In ihrem Kapitel über nationale Gerichte widerlegt Conant transaktionalistische Erklärungen, die davon ausgehen, dass von starkem gesellschaftlichem Druck unterlegte Forderungen nach Umsetzung europäischen Rechts binnenstaatliche Rechtsstrukturen transformieren (Stone Sweet/Brunell 1998; Stone Sweet/Sandholtz 1998; Golub 1996). Conant hält dagegen, dass gesellschaftlicher Druck von institutionellen Hemmnissen verwässert wird, deren Ausprägung von Staat zu Staat stark variiert (Conant 2001). Ähnliches gilt auch für die Umsetzung der EU-Gleichstellungspolitik in Großbritannien und Frankreich (Caporaso/Jupille 2001). In Großbritannien stärkte die Existenz öffentlicher Behörden und dazu gehöriger komplementärer Institutionen gesellschaftliche Akteure gegenüber den Gerichten. Im staatszentrierten System Frankreichs hingegen gab es diese Institutionen nicht.

5. Schlussfolgerungen: Wie wichtig ist die Europäisierung für die Transformation Europas?

Hat der Prozess der Europäisierung den Nationalstaat transformiert? Wie signifikant ist der sich daraus ergebende Wandel des institutionellen Binnengefüges? Spielt die Europäisierung eine wichtige Rolle, vor allem im Vergleich zu anderen Faktoren?

Wie die Beispiele aus den empirischen Fallstudien belegen, kam es in den meisten Ländern zu Veränderungen in politischen und gesellschaftlichen Strukturen in Anpassung an die Europäisierung. Europäisierung kann sogar zu relativ schnellen und dramatischen Veränderungen von binnenstaatlichen Strukturen führen, wie Schneider und Sbragia an den Beispielen der Telekommunikation und der Reform des öffentlichen Finanzwesens in Italien zeigen (Schneider 2001; Sbragia 2001). Andere Fälle von Veränderungsprozessen nehmen sich eher „evolutionär denn revolutionär" aus und führen zu allmählichem Wandel. Die Kernstrukturen der Mitgliedstaaten widerstreben häufig dem von der Europäisierung ausgehenden Anpassungsdruck. Es ist deshalb kaum überraschend, dass es einiger Jahre oder sogar Jahrzehnte bedarf, um multiple Vetospieler im deutschen politischen System oder im staatszentrierten Systems Frankreichs zu überwinden.

Nun könnte man argumentieren, dass die hier festgestellten Veränderungen in den Binnenstrukturen von Staaten weniger auf die Europäisierung zurückzuführen sind, als vielmehr auf den Anpassungsdruck, der von globalen Entwicklungen ausgelöst wird. Handelt es sich also eher um Globalisierungs- als um Europäisierungswirkungen? In unseren Untersuchungen sind wir in der Tat auf einige Fälle gestoßen, bei denen Europäisierungsprozesse als Verstärker für Globalisierungsphänomene dienten. In der Telekommunikationspolitik beispielsweise lösten globale Marktkräfte einen Wandel der EU-Politik aus, der sich wiederum auf die Liberalisierung und Deregulierung der nationalen Märkte auswirkte. Globalisierung erklärt die Privatisierung der Telekommunikationsunternehmen in Frankreich, Deutschland und Italien zu einem beträchtlichen Teil (Schneider 2001).

Es muss allerdings gefragt werden, ob die Globalisierung eine alternative oder eine komplementäre Erklärung zur Europäisierung darstellt. Die meisten unserer Fallstudien lassen erkennen, dass die Europäisierung eine wichtige und eigenständige Rolle im exogen ausgelösten binnenstaatlichen Wandel spielt. So reicht das Globalisierungsargument nicht aus, den Zeitpunkt zu erklären, zu dem die Liberalisierung der italienischen Telekommunikationsmärkte erfolgt ist. Schneider stellt fest, dass institutionelle Veränderungen hier ohne „Brüssel" unvorstellbar gewesen wären, während die EU in Deutschland und Frankreich eher als Beschleuniger wirkte (Schneider 2001).

Die Europäisierung ermöglicht es Mitgliedstaaten und deren Unternehmen, Vorteile aus dem Wandel der globalen Wirtschaft zu ziehen. Eine der Triebfedern für die Gründung des Transatlantic Business Dialogue war das Ziel, transatlantische Regelwerke zu entwickeln, die es europäischen Unternehmen erlauben würden, global wettbewerbsfähiger zu sein und größeren Einfluss auf die Beschlüsse der Welthandelsorganisation (WTO) ausüben zu können (Cowles 2000). Natürlich kann die Europäisierung auch als Schutzmechanismus gegenüber globalen Kräften verstanden werden. Die Gemeinsame Agrarpolitik (GAP) ist wohl das bekannteste Beispiel für einen derartigen Schutzschild. Und eines der Ziele der WWU war der Schutz von „Euroland" gegen die Fluktuationen auf den globalen Währungsmärkten.

Unterschieden werden muss natürlich auch zwischen Europäisierungsdruck und Veränderungen, die in den Mitgliedstaaten selbst endogen ausgelöst werden. Knill und Lenschow zeigen, dass die neoliberale Wende in Großbritannien sowie die nachfolgenden Änderungen der politisch-administrativen Strukturen nur zum Teil als Reaktionen auf Europäisierungsdruck zu verstehen sind. Beides war aber entscheidend, um die festgestellten Veränderungen in der britischen Umweltpolitik zu erklären, wohingegen Europäisierungsprozesse hier weniger relevant waren (Knill/Lenschow 2001). Cowles macht deutlich, wie veränderte Beziehungsstrukturen von Unternehmen und Bundesregierung, wie sie sich in Deutschland im Laufe des letzten Jahrzehnts herausgebildet haben, die Bedeutung von Grossunternehmen in der nationalen Politik an den Industrieverbänden vorbei haben anwachsen lassen (Cowles 2001). Was die Reform des deutschen Staatsbürgerschaftsrechts angeht, so muss der Regierungswechsel 1998 ebenso in Rechnung gestellt werden wie die europäischen Normen (Checkel 2001).

Obwohl Globalisierung und endogene Faktoren in den Nationalstaaten selbst eigenständige Auswirkungen auf Prozesse binnenstaatlichen Institutionenwandels haben, zeigen unsere Untersuchungen, dass der Europäisierung daneben eine wichtige und eigenständige Rolle zukommt. Die sorgfältige Analyse von Prozessabläufen und des Zeitpunktes, zu dem die institutionellen Veränderungen zustande kommen, ermöglichen es zudem, Europäisierungswirkungen gegenüber Globalisierungsprozessen einerseits und endogenen Veränderungen andererseits zu isolieren.

Europäisierung führt nicht zur Homogenisierung binnenstaatlicher Strukturen. In verschiedener Intensität spüren die Mitgliedstaaten den Anpassungsdruck an den „regulatorischen Flickenteppich" der EU. Verschiedene Faktoren behindern oder erleichtern die Anpassung an diesen Europäisierungsdruck. Dennoch findet die Transformation der binnenstaatlichen Institutionengefüge überall statt, oftmals mit grundlegenden Folgen. So skizziert beispielsweise Héritiers Studie nicht nur die komplette Transformation der institutionellen Binnenstrukturen in der deutschen Transportpolitik, sondern deutet auch an, welche gewaltigen politischen Veränderungen in diesen Sektoren bewirkt wurden (Héritier 2001; vgl. auch Héritier et al. i.E.). Knill und Lenschow betrachten institutionelle Wandlungsprozesse in der Umsetzung von Umweltpolitik und heben gleichzeitig die gewaltigen Herausforderungen für geheiligte Verwaltungstraditionen hervor, die damit einhergegangen sind (Knill/Lenschow 2001; vgl. auch Knill i.E.). Schneider beschreibt die Wende der italienischen Telekommunikationspolitik, die die Praxis der Parteipolitik umwälzte und die Marktkräfte in diesem Bereich völlig neu definierte (Schneider 2001). Börzel befasst sich nicht nur mit der Tradition der spanischen Territorialstrukturen, sondern zeigt, wie Europäisierung eine Geschichte jahrzehntelanger Konfrontation zwischen Madrid und den Regionen veränderte (Börzel 2001a, b). Der Wandel von Staatsbürgerschaftsnormen ist, wie Checkel betont, konstitutiv für die Mitgliedschaft in einem Nationalstaat. Sie definieren, was es bedeutet, Deutscher und Europäer zu sein (Checkel 2001).

Der Prozess der europäischen Integration und die damit einhergehende Europäisierung hat in diesen Fällen eine wichtige, wenn nicht gar entscheidende Rolle gespielt. Dies ist umso bemerkenswerter, als diese Transformationen in den politischen und gesellschaftlichen Binnenstrukturen der Nationalstaaten vor dem Hintergrund eines lediglich 45 Jahre andauernden Europäisierungsprozesses erfolgt sind.

Literatur

Börzel, Tanja A.: Europeanization and Territorial Institutional Change. Towards Cooperative Regionalism in Europe? In: Cowles, Maria Green/Caporaso, James A./Risse, Thomas (Hrsg.): Transforming Europe. Europeanization and Domestic Change, Ithaca NY: Cornell UP, 2001a, S. 137-158

Börzel, Tanja A.: States and Regions in Europe. Institutional Adaptation in Germany and Spain, Cambridge: Cambridge UP, 2001b

Börzel, Tanja A./Risse, Thomas: When Europe Hits Home: Europeanization and Domestic Change. In: European Integration online Papers 4(2000)15, http://eiop.or.at/eiop/texte/2000-015a.htm

Bulmer, Simon: Shaping the Rules? The Constitutive Politics of the European Union and German Power. In: Katzenstein, Peter J. (Hrsg.): Tamed Power. Germany in Europe, Ithaca NY: Cornell UP, 1997, S. 49-79

Bulmer, Simon/Paterson, William: The Federal Republic of Germany and the European Community, London: Allen & Unwin, 1987

Caporaso, James A./Jupille, Joseph: The Europeanization of Gender Equality Policy and Domestic Structural Change. In: Transforming Europe (2001), S. 21-43

Checkel, Jeffrey T.: The Europeanization of Citizenship? In: Transforming Europe (2001), S. 180-197

Conant, Lisa Joy: Europeanization and the Courts: Variable Patterns of Adaptation among National Judiciaries. In: Transforming Europe (2001), S. 97-115

Cowles, Maria Green: The Transatlantic Business Dialogue: Transforming the New Transatlantic Dialogue. In: Pollack, Mark A./Shaffer, Gregory C. (Hrsg.): The New Transatlantic Dialogue: Intergovernmental, Transgovernmental, and Transnational Perspectives, Boulder CO: Rowman & Littlefield, 2000, S. 213-233

Cowles, Maria Green: The Transatlantic Business Dialogue and Domestic Business-Government Relations. In: Transforming Europe (2001), S. 159-179

Cowles, Maria Green/Caporaso, James/Risse, Thomas (Hrsg.): Transforming Europe: Europeanization and Domestic Change, Ithaca NY: Cornell UP, 2001

DiMaggio, Paul J./Powell, Walter W.: The Iron Cage Revisited: Institutional Isomorphism and Collective Rationality in Organizational Fields. In: Powell, Walter W./DiMaggio, Paul J. (Hrsg.): The New Institutionalism in Organizational Analysis, Chicago und London: University of Chicago Press, 1991, S. 63-82

Eising, Rainer: Integration und Europäisierung. In: Jachtenfuchs, Markus/Kohler-Koch, Beate (Hrsg.): Europäische Integration, neue Auflage, i.E.

Golub, Jonathan: Modelling judicial dialogue in the European Community: The quantative basis of preliminary references to the ECJ. Working Paper RSC 96/58. Florence: European University Institute, 1996

Héritier, Adrienne: The accommodation of diversity in European policy-making. In: Journal of European Public Policy 3(1996)2, S. 149-76

Héritier, Adrienne: Policy-making by subterfuge: interest accommodation, innovation and substitute democratic legitimation in Europe – perspectives from distinct policy areas. In: Journal of European Public Policy 4(1997), S. 171-189

Héritier, Adrienne: Policy-Making and Diversity in Europe. Escape from Deadlock, Cambridge: Cambridge UP, 1999

Héritier, Adrienne: Differential Europe: National Administrative Responses to Community Policy. In: Transforming Europe (1991), S. 44-59

Héritier, Adrienne/Kerwer, Dieter/Knill, Christoph/Lehmkuhl, Dirk/Teutsch, Michael: Differential Europe - New Opportunities and Restrictions for Policy Making in Member States, Lanham, MD: i.E.

Héritier, Adrienne/Knill, Christoph/Mingers, Susanne: Ringing the Changes in Europe. Regulatory Competition and the Transformation of the State. Britain, France, Germany, Berlin und New York: De Gruyter, 1996

Katzenstein, Peter J.: United Germany in an Integrating Europe. In: Katzenstein, Peter J. (Hrsg.): Tamed Power. Germany in Europe, Ithaca NY: Cornell UP, 1997a, S. 1-48

Katzenstein, Peter J. (Hrsg.): Tamed Power. Germany in Europe, Ithaca NY: Cornell UP, 1997b

Knill, Christoph: The Transformation of National Administrations in Europe. Patterns of Change and Persistence, Cambridge: Cambridge UP, i.E.

Knill, Christoph/Lenschow, Andrea: Adjusting to EU Environmental Policy: Change and Persistence of Domestic Administrations. In: Transforming Europe (2001), S. 116-136

March, James G./Olsen, Johan P.: The Institutional Dynamics of International Political Orders. In: International Organization 52(1998)4, S. 943-969

Marcussen, Martin/Risse, Thomas/Engelmann-Martin, Daniela/Knopf, Hans-Joachim/Roscher, Klaus: Constructing Europe. The Evolution of French, British, and German Nation-State Identities. In: Journal of European Public Policy 6(1999) 4, S. 614-633

Meny, Yves/Muller, Pierre/Quermonne, Jean-Louis (Hrsg.): Adjusting to Europe: The Impact of the European Union on National Institutions and Policies, London: Routledge, 1996

Moravcsik, Andrew: Warum die Europäische Union die Exekutive stärkt: Innenpolitik und internationale Kooperation. In: Wolf, Klaus Dieter (Hrsg.): Projekt Europa im Übergang? Staat und Demokratie in der Europäischen Union, Baden-Baden: Nomos, 1997, S. 211-269

Moravcsik, Andrew: The Choice for Europe: Social Purpose and State Power From Rome to Maastricht, Ithaca NY: Cornell UP, 1998

Radaelli, Claudio: Whither Europeanization? Concept Stretching and Substantive Change. In: European Integration online Papers 4(2000)8, http://eiop.or.at/eiop/texte/2000-008a.htm

Risse, Thomas: A European Identity? Europeanization and the Evolution of Nation-State Identities. In: Transforming Europe (2001), S. 198-216

Risse, Thomas/Caporaso, James/Cowles, Maria Green: Europeanization and Domestic Change. Introduction. In: Transforming Europe (2001), S. 1-20

Rometsch, Dietrich/Wessels, Wolfgang (Hrsg.): The European Union and the Member States: Towards Institutional Fusion?, Manchester und New York: Manchester UP, 1996

Sbragia, Alberta: Italy Pays for Europe: Political Leadership, Political Choice, and Institutional Adaptation. In: Transforming Europe (2001), S. 79-98

Schneider, Volker: Institutional Reform in Telecommunications: The European Union in Transnational Policy Diffusion. In: Transforming Europe (2001), S. 60-78

Stone Sweet, Alec/Brunell, Thomas: The European Court and the National Courts: A Statistical Analysis of Preliminary References, 1961-95. In: Journal of European Public Policy 5(1998)1, S. 66-97

Stone Sweet, Alec/Sandholtz, Wayne: Supranational Governance, European Integration and the Institutionalization of the European Union. In: Sandholtz, Wayne/Stone Sweet, Alec (Hrsg.): Supranational Governance and European Integration , Oxford: Oxford UP, 1998, S. 1-26

Strange, Susan: The Retreat of the State. The Diffusion of Power in the World Economy, Cambridge: Cambridge UP, 1996

Tsebelis, George: Decision Making in Political Systems. Veto Players in Presidentialism, Parliamentarism, Multicameralism and Multipartism. In: British Journal of Political Science 25(1995)3, S. 289-325

Tsebelis, George: Veto Players and Law Production in Parliamentary Democracies: An Empirical Analysis. In: American Political Science Review 93(1999)3, S. 591-608

Die Rolle supranationaler Institutionen bei der Weiterentwicklung des europäischen Integrationsprozesses: Policy entrepreneurs oder Logistik-Dienstleister?

Anne Faber

1. Einleitung

1.1 Fragestellungen und Untersuchungsziel

Die Einheitliche Europäische Akte (EEA) von 1986 und der Vertrag von Maastricht von 1992 stellen bedeutende Weichenstellungen im europäischen Integrationsprozess dar. An ihrem Zustandekommen hat sich eine theoretische Debatte entzündet, die versucht, die Genese dieser Vertragswerke auf gesamtsystemischer Ebene und aus unterschiedlichen integrationstheoretischen Perspektiven zu erklären und resultierende Entwicklungsszenarien der EG bzw. der EU zu prognostizieren. Dabei hat sich die Frage nach der Rolle, Funktion und den Einflussmöglichkeiten supranationaler Akteure in solchen Phasen von *system transformation* (vgl. Lindberg/Scheingold 1970) als Hauptstreitpunkt insbesondere zwischen zwei alten, großen integrationstheoretischen Schulen herauskristallisiert, die ab den späten 80er Jahren wiederentdeckt und neu aufgelegt wurden. Intergouvernementalistisch und neorealistisch argumentierende Beiträge charakterisieren vor allem die Rolle und Funktion der Europäischen Kommission bei Regierungskonferenzen dahingehend, dass sie, zugespitzt formuliert, eine (politisch weitestgehend passive) institutionalisierte Verhandlungsarena zur Reduzierung von Transaktionskosten und zur Optimierung des Informationsflusses zwischen den Regierungen der Mitgliedstaaten bereitstellt. Neofunktionalistische Beiträge dagegen sehen in der Europäischen Kommission, aber auch im Europäischen Gerichtshof und im Europäischen Parlament, eigenständige politische Akteure mit (autonomen) Interessen und der Fähigkeit, diesen Interessen (durch bestimmte Strategien) auch auf (intergouvernementalen) Regierungskonferenzen zur Durchsetzung verhelfen zu können.

In diesem Beitrag sollen konträre und kontroverse integrationstheoretische Einordnungen der Funktion und Rolle supranationaler Akteure bei der Genese von Primärrecht (wie der EEA und dem Vertrag von Maastricht) vorgestellt

und analysiert werden. Dabei wird auf der Basis ausgewählter integrationstheoretischer Diskussionsbeiträge[1] zunächst untersucht, *wie* die Rolle supranationaler Akteure bei der institutionellen Weiterentwicklung des europäischen Integrationsprozesses jeweils aus intergouvernementalistischer und aus
neofunktionalistischer Perspektive konzipiert wird. Die zentrale Frage dabei
lautet:

Welche heuristischen und analytischen Konzepte und Hypothesen bieten
uns die untersuchten Beiträge in Bezug auf die Frage nach der Rolle supranationaler Akteure bei der Genese der EEA und des Vertrages von Maastricht?

In einem zweiten Schritt wird dann der erkenntnistheoretische Gewinn zusammengefasst, der sich aus der Untersuchung der unterschiedlichen theoretischen Positionen im Hinblick auf die Erklärung der Dynamik des Integrationsprozesses ziehen lässt, bevor im dritten Schritt untersucht wird, welche
Konsequenzen sich aus den festgestellten Positionen für die Weiterentwicklung integrationstheoretischer Konzepte ergeben.

Das Ziel des Beitrages ist es, zu zeigen, dass die integrationstheoretische
Hauptstreitfrage nach der Rolle und dem Einfluss supranationaler Akteure
auf Regierungskonferenzen, die die integrationstheoretische Debatte um die
EEA und auch den Vertrag von Maastricht über weite Strecken dominiert hat,
de facto ausdiskutiert und überholt ist. Die Mehrzahl der an der Debatte beteiligten Autoren hat sich im Diskussionsverlauf weitgehend Konsenspositio-
nen zur Rolle und zum Einfluss supranationaler Institutionen im Integrationsprozess angenähert, die im zweiten Untersuchungsteil skizziert werden. Die
von wenigen Autoren aufrecht erhaltenen, dichotomischen, streng inter-

---

[1] Die untersuchten integrationstheoretischen Beiträge zu dem jeweiligen Vertragswerk
wurden auf der Basis von zwei Kriterien ausgewählt:
a) Sie haben einen expliziten Fokus auf die Systementwicklung der EG bzw. der EU, die
durch die EEA und Maastricht angestoßen wurde;
b) sie sind relevant und repräsentativ für die in der theoretischen Debatte diskutierten
Fragen.
(Die Relevanz der Beiträge lässt sich an der Häufigkeit von Bezugnahmen und Zitationen
im integrationstheoretischen Diskussionszusammenhang zur EEA und dem Vertrag von
Maastricht ablesen.)
Bei den ausgewählten und untersuchten integrationstheoretischen Beiträgen handelt es sich
ausdrücklich *nicht* um theoretische Analysen, die spezifisch die Rolle und Bedeutung
supranationaler Akteure im Integrationsprozess untersuchen, sondern um Versuche, jeweils
einen gesamtsystemisch orientierten Erklärungsansatz für das Zustandekommen eines
bedeutenden europäischen Vertragswerkes bereitzustellen. Aus diesen Erklärungsansätzen
wurden die jeweiligen Aussagen zur Rolle und Bedeutung supranationaler Akteure
herausgefiltert. Wäre allein die Einschätzung der Rolle von supranationalen Institutionen
im Integrationsprozess Auswahlkriterium für die Beiträge gewesen, so hätte von
vorneherein die Gefahr eines „institutionalistischen *bias*" bei der Auswahl der Beiträge
bestanden, das heißt die Gefahr, dass alternative Ansätze (die die Rolle supranationaler
Institutionen aufgrund ihrer völlig anderen Untersuchungsperspektive von vorneherein
kaum untersuchen) unberücksichtigt geblieben wären.

gouvernementalistischen bzw. neofunktionalistischen Positionen und Einord-
nungen (vgl. Moravcsik 1993) sind erstarrt und können keinen Erkenntnis-
gewinn mehr bieten[2]. Allerdings dienen sie in der Debatte weiterhin als
Referenz- und Orientierungspunkte. Um aber tatsächlich weitergehende, neue
Einblicke in die Entwicklungsdynamik des Integrationsprozesses in den 90er
Jahren und speziell zur Rolle supranationaler Institutionen zu erhalten und zur
Weiterentwicklung der Theoriediskussion beizutragen, bieten sich zwei mög-
liche Vorgehensweisen an:

1. die Konzentration auf alternative integrationstheoretische Ansätze, die
   (wie z.B. der *Principal-Agent*-Ansatz) das Verhältnis der europäischen Institutionen zueinander ins Zentrum rücken, um auf diesem Weg neue,
   „modernere" Fragestellungen und Hypothesen generieren zu können;

2. die detaillierte, theoriegeleitete empirische Untersuchung der spezifischen
   Bedingungen, unter denen supranationale Institutionen als politische Akteure Einfluss auf die Gestaltung und institutionelle Weiterentwicklung
   des Integrationsprozesses ausüben können, um auf der Basis dieser empirischen Untersuchungsergebnisse neue theoretische Hypothesen formulieren zu können.

Diese zweite Vorgehensweise soll abschließend als ein möglicher Weg aus
der de facto an ihr Ende gelangten Debatte der 80er und 90er Jahre beleuchtet
werden.

1.2 Supranationale Akteure: Begriffs- und Interessendefinition in der integrationstheoretischen Debatte

In der integrationstheoretischen Literatur werden unter dem Begriff „supranationale Akteure" in erster Linie die wichtigsten, das heißt die größten und
aufgrund ihrer Funktion, Kompetenz und Stellung im institutionellen Gefüge
der Gemeinschaft einflussreichsten Gemeinschaftsinstitutionen der EG bzw.
der EU verstanden, das heißt die Europäische Kommission, der Europäische
Gerichtshof und das Europäische Parlament. Der Ministerrat wird dagegen als
intergouvernementale, also zwischenstaatlich organisierte Institution
gewertet.

In den untersuchten integrationstheoretischen Beiträgen wird in erster Linie auf die zuerst genannten drei Institutionen eingegangen. Dabei ist –
zumindest in der politikwissenschaftlichen Debatte – wiederum ein deutlicher
bias zugunsten der Rolle der Kommission (teilweise in Interaktion mit dem
Europäischen Gerichtshof, vgl. u.a. Cameron 1992 und Wincott 1995) festzustellen. Das lässt sich dadurch erklären, dass die Kommission als einzige

---

2   Vgl. zur Kritik an Moravcsiks starrer Position exemplarisch Lindberg 1995: 82.

supranationale Institution auf der Regierungskonferenz zur EEA wie auch auf den Regierungskonferenzen zum Vertrag von Maastricht anwesend war. Es bedeutet aber auch, dass diejenige supranationale Institution, die aufgrund ihrer formalen Kompetenzen und ihrer zentralen Stellung im institutionellen Gefüge der Union (in politischer Hinsicht) vergleichsweise am einflussreichsten und mächtigsten ist, am häufigsten analysiert wird.

Alle untersuchten integrationstheoretischen Beiträge konzipieren die supranationalen Institutionen weitestgehend als *einheitliche* Akteure und gehen davon aus, dass diese Institutionen potentiell politischen Spielraum, Präferenzen bzw. Interessen, Ziele und Strategien in Bezug auf die Gestaltung des europäischen Integrations- und Systementwicklungsprozesses haben und aktiv verfolgen. Weder, so die Prämisse, werden die supranationalen Institutionen von mechanischen Prozesslogiken in eine bestimmte Richtung gezwungen, noch legen die formalen Rahmenbedingungen automatisch eine bestimmte Rolle für sie fest. In den untersuchten Beiträgen wird versucht zu klären, welche Interessen und Strategien von supranationalen Akteuren verfolgt wurden, und welche Rolle sie damit im Entstehungsprozess der beiden Vertragswerke gespielt haben. Die Formulierung der spezifischen Interessen von Gemeinschaftsinstitutionen wird nicht gesondert untersucht, sondern gleichgesetzt mit der jeweils verfolgten integrationspolitischen Strategie, die – so wird angenommen – mittel- oder langfristig immer auf eine Ausweitung von *scope* (das bedeutet der *Reichweite*) und *level* (das heißt des *Niveaus*) des Integrationsprozesses abzielt (vgl. Dehousse/Majone 1994). Supranationale Gemeinschaftsinstitutionen, so wird übereinstimmend weiter angenommen, erhoffen sich von einer solchen Ausweitung und Vertiefung des Integrationsprozesses eine Festigung oder Ausdehnung des eigenen Kompetenz- und Entscheidungsbereiches. Dies ist zugleich ihr integrationpolitisches Ziel und Interesse in Verhandlungssituationen.

2. Die Rolle supranationaler Gemeinschaftsinstitutionen bei der Genese der EEA und des Vertrages von Maastricht aus integrationstheoretischer Perspektive

2.1 Die Diskussion zur EEA

Das ausgewählte Set von integrationstheoretischen Beiträgen zur EEA spiegelt die Wiederaufnahme einer alten Debatte in der Integrationstheorie vor allem aus den 60er und 70er Jahren wider: Die Debatte zwischen Neofunktionalisten und Intergouvernementalisten.

50

Neofunktionalistisch (wie auch institutionalistisch) argumentierende Autoren betonen in ihren Beiträgen die zentrale Rolle und den Einfluss supranationaler Institutionen bei der Vorbereitung, Ausarbeitung und auch bei der Verhandlung der EEA während der Regierungskonferenz. Dabei wird insbesondere auf die Bedeutung der Europäischen Kommission unter der Führung von Jacques Delors abgestellt. Nach dieser Analyse hat die Kommission bei der Genese der Einheitlichen Akte mehrere Funktionen erfüllt:

- Von ihr ging die *politische Initiative* bei der Vorabstimmung des Binnenmarktprogramms und des Weißbuches von 1985 aus. Die Kommission fokussierte die Aufmerksamkeit der Mitgliedstaaten, die in den 80er Jahren nach Antworten auf die wirtschaftliche Krise und den technologischen Entwicklungsrückstand Europas gegenüber den USA und Japan suchten, auf das Binnenmarktprogramm (vgl. Sandholtz/Zysman 1989; Laursen 1990; Keohane/Hoffmann 1991; Cameron 1992).

- Die Kommission hat bei der Vorbereitung der Regierungskonferenz, aber auch währenddessen und nach Abschluss der EEA, eine *politische Führungsrolle* übernommen, und mit ihrer Strategie einer Verknüpfung des Binnenmarktprogramms mit institutionellen Reformen ganz gezielt eine Ausdehnung der Zusammenarbeit auf neue Bereiche sowie institutionelle Reformen erreicht. Zentral in diesem Zusammenhang waren die Verknüpfung des Binnenmarktprogramms mit einer Einführung von qualifizierten Mehrheitsentscheidungen im Ministerrat[3] sowie – im Anschluss an die Verabschiedung der EEA – Delors' Initiativen in Richtung auf eine Wirtschafts- und Währungsunion (vgl. Mutimer 1989; Tranholm-Mikkelsen 1991; Cameron 1992).

- Die Kommission legte während der Regierungskonferenz *Texte* vor, die als Basis der Beratungen dienten und in einigen Bereichen (wie z.B. Binnenmarkt, Europäisches Parlament und Umwelt) auch Basis der späteren Vereinbarungen waren (vgl. Lodge 1986; Laursen 1990). Die Kommission, so eine Schätzung von Christiansen und Jørgensen (1998), hatte ca. 85% des endgültigen Vertragstextes der EEA ausgearbeitet. Die Frage, warum die Vorschläge der Kommission in bestimmten Politikfeldern einflussreich waren und in anderen nicht, wird in diesen Untersuchungen allerdings kaum reflektiert.

---

3   Qualifizierte Mehrheitsentscheidungen, das heißt Entscheidungen, die fortan mit 2/3 der Stimmen der Mitgliedstaaten im Ministerrat getroffen werden konnten, betrafen grundsätzlich Bereiche und Entscheidungen, die für die Umsetzung des Binnenmarktprogramms von Bedeutung waren. Damit war in der Gemeinschaft – trotz vieler Ausnahmen selbst in diesen Bereichen – zum ersten Mal das seit dem Luxemburger Kompromiss von 1966 faktisch bestehende Prinzip der Einstimmigkeit von Entscheidungen durchbrochen, und die Gemeinschaft in der Lage, wesentlich schneller und effektiver als bisher zu Vereinbarungen zu gelangen.

Nach neofunktionalistischer Analyse ist die Europäische Kommission somit als *eigenständiger politischer Akteur* mit einer mehrdimensionalen, bedeutenden Rolle im Verhandlungsprozess der EEA zu sehen.

Das Europäische Parlament, das im Februar 1984 den Vertragsentwurf zur Gründung einer Europäischen Union vorlegte, wird in den neofunktionalistisch oder syntheseorientiert argumentierenden Beiträgen als *Impulsgeberin* (vgl. Cameron 1992), *Geburtshelferin* (vgl. Mutimer 1989) oder auch *Initiatorin* für die institutionelle Reform Mitte der 80er Jahre beschrieben (vgl. Lodge 1986), insgesamt aber wesentlich weniger ausführlich und detailliert untersucht als die Kommission. Lediglich Lodge (1986) stellt in ihrem empirischen Vergleich der Texte systematisch den Einfluss des Vertragsentwurfes des Europäischen Parlamentes auf die nachfolgenden Initiativen und Vorschläge („Dooge Report") dar.

Auf die Rolle des Europäischen Gerichtshofes (EuGH) wird zu Beginn der integrationstheoretischen Debatte um die EEA seltener eingegangen als auf die Rolle des Europäischen Parlamentes und der Kommission. Erst ab den frühen 90er Jahren werden die Rolle und der Einfluss des Gerichtshofes als wichtiger „Baustein" bei der Erklärung der neuen Integrationsdynamik in Europa zunehmend anerkannt und ausführlich analysiert. Der Gerichtshof wird als diejenige Institution beschrieben, die das Binnenmarktprogramm überhaupt erst möglich machte, indem er 1979 in seiner Entscheidung zu dem Fall „Cassis de Dijon" das rechtliche Prinzip der „wechselseitigen Anerkennung" von unterschiedlichen (technischen) Standards und Regelungen etablierte. Dieses Prinzip, in der Folge aufgegriffen von der Kommission, wurde als neuer politischer Standard bei der Lösung von Konflikten zwischen den Mitgliedstaaten angewandt und ersetzte in weiten Bereichen das bis dahin verfolgte Ziel der – langwierigeren und schwierigeren – Harmonisierung auf europäischer Ebene (vgl. Cameron 1992; Garrett/Weingast 1993; Wincott 1995).

Dabei setzen die Autoren durchaus unterschiedliche Schwerpunkte bei ihrer jeweiligen Analyse der Rolle des EuGH: Cameron (1992) beschreibt den EuGH – auch in Bezug auf dessen frühere Entscheidungen – als eigenständigen institutionellen Faktor; Garrett und Weingast (1993) konzeptualisieren die Rolle des Gerichtshofes und der Kommission im Kontext der übergeordneten Frage nach den Bedingungen für das Wirksamwerden von *Ideen* (wie dem Prinzip der „wechselseitigen Anerkennung") im Integrationsprozess. Wincott (1995) betont im selben Zusammenhang aus institutionalistischer Perspektive die Bedeutung der täglichen Interaktion der supranationalen Gemeinschaftsinstitutionen (wie der Kommission und dem Gerichtshof), die im Zentrum eines Netzwerkes von Wissen und Informationen situiert seien und dadurch über ein großes Maß an akkumulierter „Expertenmacht" verfügten.

Dagegen argumentieren Intergouvernementalisten und Neo-Realisten, und hier insbesondere Moravcsik (1991), dass supranationale Institutionen auf

Gemeinschaftsebene klassischerweise *nur* zur Reduktion von Transaktionskosten und zur Etablierung eines verlässlichen Verhandlungsrahmens (das heißt als Logistik-Dienstleister) auf europäischer Ebene dienen. Ihre Rolle bei der Vorbereitung, Aushandlung und Umsetzung weichenstellender Vertragswerke auf europäischer Ebene sei begrenzt auf diese „Dienstleistungsangebote". Moravcsik (1991), aber auch Keohane und Hoffmann (1991) und Cameron (1992) betonen in ihren Analysen, dass

1. die *politische Initiative*, die schließlich 1986 im Abschluss der EEA kulminierte, *zuerst* von *nationalstaatlichen Kontexten und Akteuren* ausging, und dass

2. der *politische und inhaltliche Einfluss supranationaler Akteure*, allen voran der Kommission, während der Regierungskonferenz *keine* Rolle spielte, da es in der Verhandlungssituation um die Aggregation und Vermittlung nationalstaatlicher Interessen ging. Die Vertreter der Mitgliedstaaten bzw. der Ministerrat als allein stimmberechtigte und damit entscheidende Instanz waren die zentralen Akteure bei der Regierungskonferenz.

Die auf den ersten Blick unversöhnlich erscheinende Dichotomie zwischen den beiden Argumentationsclustern bezieht sich bei genauerem Hinsehen im Kern nur auf die Frage, von welchen Akteuren die politische Initiative beim Anstoß der Verhandlungen zur EEA ausging, das heißt, welche Akteursgruppe „Initiator" und „Motor" im Integrationsprozess ist.

Von der Mehrzahl der Autoren, gleich, welchem der beiden theoretischen Argumentationscluster sie sich zuordnen lassen, wird weder bestritten, dass die Regierungen der Mitgliedstaaten weiterhin die formal mächtigsten Akteure im Integrationsprozess darstellen, noch, dass die Kommission unter Delors ab der zweiten Hälfte der 80er Jahre im Integrationsprozess eine (überraschend) bedeutende und sehr aktive politische Rolle gespielt hat[4]. Der somit feststellbare Minimalkonsens unter den Autoren lautet: Die Existenz der EG als „Regime", repräsentiert durch ihre Gemeinschaftsinstitutionen, beeinflusst die Interessenkalkulationen der Mitgliedstaaten und ließ es im Falle der EEA erfolgversprechend erscheinen, dem europäischen Integrationsprozess zu einem Neubeginn zu verhelfen (vgl. exemplarisch Keohane/Hoffmann 1991). Die supranationalen Gemeinschaftsinstitutionen werden von dieser Gruppe von Beiträgen darüber hinaus übereinstimmend implizit oder explizit als Katalysatoren im Integrationsprozess konzipiert, die zur Überwindung des Zustandes unvollständiger Information beitragen, die Zusammenarbeit durch das „Übersetzen" oder Umsetzen von Ideen in ein normatives System von Regeln und Vereinbarungen auf eine verlässliche

---

4   Vgl. zum Versuch einer Bestimmung der spezifischen *Bedingungen*, die erfüllt sein müssen, damit die Kommission eine so aktive Rolle spielen kann, Laursen (1992: 38f).

Basis stellen und durch die Verknüpfung von Themen die Lösung von Konflikten in größeren Paketlösungen möglich machen können (vgl. u.a. Keohane/Hoffmann 1991; Garrett/Weingast 1993; Wincott 1995).

Moravcsik (1991) stellt mit seinem Beitrag den prägnantesten Gegenpol zur neofunktionalistischen Argumentation dar und weicht mit seiner Position und seinen Hypothesen sogar zum Teil von dem skizzierten Minimalkonsens ab.

2.2 Maastricht und die supranationalen Gemeinschaftsinstitutionen

Bei dem analysierten Set integrationstheoretischer Beiträge, die versuchen, das Zustandekommen des Vertrages von Maastricht zu erklären, lassen sich wiederum zwei Cluster unterscheiden, die dieses Mal allerdings in erster Linie über ihren inhaltlichen Untersuchungsfokus (und nicht ihre theoretische Position) definiert sind.

So gibt es einen ersten Cluster von Beiträgen, die sich mit der Frage auseinandersetzen, warum es in Maastricht zur Gründung der WWU kam, und warum von den Mitgliedstaaten der Gemeinschaft gerade diese Form der wirtschaftlichen und monetären Zusammenarbeit gewählt wurde, denn: Nach der intergouvernementalistischen Argumentation, die das vorherrschende Interesse der Mitgliedstaaten an der Wahrung ihrer nationalen Souveränität und ihrer Unabhängigkeit im Integrationsprozess betont, ist nicht schlüssig zu erklären, warum die Mitgliedstaaten in Maastricht ausgerechnet einer derart weitreichenden und die nationale Souveränität so stark beschneidenden Form der wirtschaftlichen und monetären Zusammenarbeit zustimmten. In den Beiträgen von Sandholtz (1993), Grieco (1996) und Cameron (1998) wird aus unterschiedlichen integrationstheoretischen Perspektiven versucht, auf diese Frage eine Antwort zu geben. Supranationalen Akteuren (in erster Linie der Kommission) werden dabei folgende Rollen und Funktionen zugeschrieben:

1. Die Kommission war steter Förderer eines Überganges vom EWS zur WWU und verfolgte seit dem Abschluss der Einheitlichen Akte eine Strategie der argumentativen Verknüpfung von einem optimal funktionierenden einheitlichen Markt mit der Notwendigkeit einer gemeinsamen Wirtschafts- und Währungspolitik.

Darüber hinaus betont Sandholtz (1993) aus eher institutionalistischer oder neofunktionalistischer Perspektive die Tatsache, dass

2. die Kommission den Basistext für die WWU bereitstellte (den sogenannten Delorsbericht), und dass es durch die politische Führung der Kommission gelang, einen Punkt der Übereinstimmung zwischen den sich überlappenden nationalstaatlichen Interessen zu definieren.

Über diese beiden Punkte hinaus bleibt die Analyse der Rolle der Kommission sowie die der übrigen supranationalen Akteure in den Beiträgen zur Frage der Entstehung der WWU aber randständig. In den genannten Beiträgen werden in erster Linie die konvergierenden nationalstaatlichen Interessenlagen und Motive als zentrales Erklärungselement analysiert.

Die Autoren, deren Beiträge sich dem zweiten inhaltlichen Cluster zuordnen lassen (Corbett 1992; Laursen 1992; Dehousse/Majone 1994; George 1994; Dinan 1997; Christiansen/Jørgensen 1998), setzen sich mit der Frage auseinander, wie die Ergebnisse der Regierungskonferenz zur Politischen Union und das Zustandekommen des gesamten Maastrichter Vertragswerkes zu erklären sind, und welche Rolle supranationale Akteure dabei spielten.

Nach diesen Beiträgen ist für die Kommission festzustellen, dass sie – anders als bei der Genese der Einheitlichen Akte – mindestens bei der Regierungskonferenz zur Politischen Union marginalisiert wurde (vgl. Dehousse/Majone 1994; George 1994). Zwar wird auch von diesen Beiträgen übereinstimmend anerkannt, dass der Impuls und die stetige, langfristige Vorbereitung für die WWU von der Kommission ausgegangen seien (vgl. auch Laursen 1992), doch sei die Kommission von der zweiten Regierungskonferenz zur Politischen Union überrollt und in eine vergleichsweise defensive Haltung gedrängt worden (Dehousse/Majone 1994; Dinan 1997). Delors, so die Erklärung, sei zu ehrgeizig gewesen, über nationale Interessen hinweggegangen und habe damit einen kontraproduktiven Führungsstil gezeigt. Darüber hinaus habe die Kommission die Regierungskonferenz zur Politischen Union aufgrund der Dynamik der externen politischen Ereignisse (in der Folge des Zusammenbruchs des Ostblocks) nicht ebenso langfristig und gründlich vorbereiten können, wie sie dies beim Binnenmarkt und der WWU getan hatte (vgl. George 1994; Dinan 1997). Damit wird die Kommission bei der Genese des Vertrages von Maastricht von den genannten Autoren weniger in der Rolle des „policy entrepreneurs" gesehen, als das bei der EEA der Fall war.

Das Europäische Parlament, so Corbett, habe beim Vertrag von Maastricht eine Initiativfunktion gehabt, da es als erster eine über die WWU hinausgehende Reform verlangte (vgl. Corbett 1992). Außerdem seien einige Vorschläge des Parlamentes – wie etwa das Subsidiaritätsprinzip – im Vertragstext aufgegriffen worden.

Die Rolle des Europäischen Gerichtshofes schließlich wird von dem zweiten Set an Beiträgen zur Entstehung des Vertrages von Maastricht nicht analysiert und nur bei Dehousse/Majone (1994) überhaupt erwähnt, allerdings auch nur rückblickend auf die Genese der EEA.

3. Vergleich, Zusammenfassung und erkenntnistheoretischer Gewinn

Betrachtet man die beiden thematischen Cluster zur integrationstheoretischen Diskussion um die Genese des Vertrages von Maastricht und der WWU, so fällt auf, dass die Rolle und der Einfluss supranationaler Institutionen hier insgesamt als deutlich schwächer eingeschätzt werden als noch bei der Aushandlung der EEA. In erster Linie wird überhaupt nur auf die Rolle der Kommission eingegangen, und diese Rolle wird als eingeschränkt auf die Lancierung und Vorbereitung der Regierungskonferenz zur WWU beschrieben.

Die in den untersuchten integrationstheoretischen Beiträgen vertretenen Positionen und Thesen zur Rolle und zum Einfluss supranationaler Institutionen auf die Weiterentwicklung des europäischen Integrationsprozesses im Rahmen von Phasen der *system transformation* lassen sich somit entlang der beiden feststellbaren Haupt-Trennlinien „neofunktionalistisch vs. intergouvernementalistisch" und „EEA vs. Maastricht" in vier Felder gruppieren:

Abbildung 1: Einschätzung der Rolle und des Einflusses supranationaler Institutionen auf die Systementwicklung der EG / EU

	EEA	Vertrag von Maastricht
Neofunktionalistische Einschätzung	Wichtige Rolle; Kommission als *policy entrepreneur*	Schwächere Rolle als bei der Aushandlung der EEA; Kommission nur wichtiger Akteur auf der Regierungskonferenz zur WWU
Intergouvernementalistische Position	Politische Initiative immer bei den Mitgliedstaaten; Rolle der Kommission: logistische Unterstützung der Regierungskonferenz	Nationale Interessen der Mitgliedstaaten führten zum Beschluss, die WWU einzuführen; Kommission: logistische Unterstützung und Vorbereitung der (WWU-) Regierungskonferenz

Vor dem Hintergrund dieser unterschiedlichen Bewertungen der Rolle supranationaler Akteure bei der EEA einerseits und beim Vertrag von Maastricht andererseits sowie von Seiten neofunktionalistischer Analysen einerseits und intergouvernementalistischer Beiträge andererseits stellt sich die Frage, welche Bedeutung die divergierenden Einordnungen für die Suche nach verallgemeinerbaren Aussagen zur Rolle supranationaler Akteure bei der Genese von primärrechtlichen Vertragswerken haben:

Ist die EEA der Regelfall, was die Rolle und den Einfluss supranationaler Akteure betrifft, oder ist es der Vertrag von Maastricht? Oder gibt es vielleicht gar keinen „Regelfall"?

Zu dieser Frage lässt sich in der integrationstheoretischen Debatte kein Konsens zwischen neofunktionalistisch und neo-realistisch oder intergouvernementalistisch argumentierenden Autoren feststellen. So schlussfolgern Dehousse und Majone (1994) in ihrem Beitrag, dass in Bezug auf die Rolle der Kommission die Regierungskonferenz zur Politischen Union 1990/91 die Ausnahme dargestellt habe. Das bedeutet im Umkehrschluss, dass ihr Einfluss auf die Verhandlung der EEA und die Regierungskonferenz zur WWU den Regelfall darstellt. Dagegen argumentiert Pedersen in einer vergleichenden Studie beider Vertragswerke zur aktiven politischen Rolle der ersten Delors-Kommission, dass „[the] second half of 1985 was not a typical period in European politics in terms of formal leadership resources" (Pedersen 1998: 113).

Dinan (1997) wie auch Christiansen und Jørgensen (1998) wiederum gehen davon aus, dass es grundsätzlich keinen Regelfall gibt, sondern dass sich vor allem in Bezug auf die Rolle und den Einfluss der Kommission deutliche Unterschiede zwischen den Regierungskonferenzen zur EEA, zu Maastricht und schließlich auch zum Vertrag von Amsterdam (1997) feststellen lassen, die auf Veränderungen in der öffentlichen Akzeptanz und der politischen Führung und Strategie der Kommission zurückgeführt werden könnten.

Offensichtlich ist die ursprüngliche Streitfrage zwischen neofunktionalistischen und intergouvernementalistisch argumentierenden Autoren („Welche Akteure sind wichtiger für die Entwicklung des Integrationsprojektes und können größeren Einfluss auf seine Gestaltung ausüben: supranationale Institutionen oder die Regierungen der Mitgliedstaaten?") schlicht überholt. De facto zeichnet sich bei der Beantwortung dieser Frage eine Konsensposition nahezu aller an der Debatte beteiligter Autoren[5] zur Rolle und zum Einfluss supranationaler Institutionen im Integrationsprozess ab, die sich wie folgt zusammenfassen lässt:

1. Supranationale Gemeinschaftsinstitutionen sind für das Funktionieren und die Weiterentwicklung des europäischen Integrationsprozesses von *großer Bedeutung*.

2. Sie repräsentieren einen verlässlichen *Verhandlungskontext* und sind durch ihre Existenz und Kontinuität in der Lage, den europäischen Rahmen als *optimalen Lösungsrahmen* für gemeinsame oder konvergierende (wenn auch nicht notwendigerweise identische) nationalstaatliche Problemlagen zu präsentieren.

3. Supranationale Institutionen beeinflussen durch ihre *Existenz* und *Persistenz* auch den Prozess der nationalen Interessenformulierung. Alternative Optionen der Mitgliedstaaten müssen dem Vergleich mit der relativ

---

5   Die prägnantesten Ausnahmen stellen die in den beiden Beiträgen von Moravcsik (1991 und 1993) vertretenen Positionen dar.

stabilen und hoch institutionalisierten europäischen Option standhalten bzw. diese in Bezug auf Nutzen- und Gewinnerwartungen übertreffen.

4. Die supranationalen Gemeinschaftsinstitutionen spielen in der *Vorbereitung* und bei der nachfolgenden *Umsetzung* von Vertragswerken die zentrale Rolle. Durch ihre tägliche Interaktion mit einer Vielzahl von anderen Akteuren verfügen sie im Integrationsprozess über Expertenstatus und repräsentieren die ausführenden Kräfte einmal getroffener primärrechtlicher Vereinbarungen.

5. Die supranationalen Gemeinschaftsinstitutionen sind in der Interaktion mit nationalstaatlichen und anderen supranationalen Akteuren in der Lage, *Ideen als Fokussierungspunke* für zukünftige gemeinsame Aktionen zu *generieren* und politische *Initiativen anzustoßen* und kontinuierlich weiter zu entwickeln.

6. Supranationale Institutionen können unter bestimmten Bedingungen und in bestimmten Bereichen auch in Phasen von *system transformation* die Rolle von *policy entrepreneurs* übernehmen und durch ihre Vorschläge und eine geschickte Strategie Einfluss auf die institutionelle Ausgestaltung des europäischen Integrationsprozesses nehmen.

Damit lautet der wesentliche erkenntnistheoretische Gewinn, der sich – neben den dargestellten heuristischen und analytischen Konzepten und Hypothesen – aus der Untersuchung der Diskussionsbeiträge zu den beiden Debatten zur EEA und zum Vertrag von Maastricht ziehen lässt:

Die Frage nach der Rolle und dem Einfluss der supranationalen Akteure im politischen System der EU muss neu gestellt werden. Es ist nicht mehr zu fragen, ob diese Akteure *überhaupt* eine Bedeutung für die Entwicklung des Systems haben, und auch nicht, welche Rollen sie bei der EU-Systementwicklung, etwa auch im Rahmen von Regierungskonferenzen, potentiell übernehmen können. Auf diese Fragen haben die Beiträge zur EEA- und zur Maastricht-Diskussion einen Auswahlkatalog von Antworten bereit gestellt, die differenziert sind und einen hohen Plausibilitätsgrad aufweisen.

Angesichts dieser Antwortmöglichkeiten muss dann aber die zentrale Frage, die es zu untersuchen gilt, folgendermaßen gestellt werden:

Unter *welchen Bedingungen* spielen supranationale Institutionen *welche Rolle* bei der Fortentwicklung des Integrationsprozesses, und *welche Faktoren* bestimmen, wie groß ihr Einfluss auf die Systementwicklung der EU tatsächlich ist?

4. Resümee und Ausblick auf die mögliche zukünftige Theorieentwicklung zur Rolle supranationaler Institutionen

Das Ziel des Beitrages war es zu zeigen, dass die Streitfrage zwischen Neofunktionalisten und Intergouvernementalisten nach der Rolle und dem Einfluss supranationaler Akteure auf die Regierungskonferenzen 1985/86 und 1990/91 sowohl ausdiskutiert als auch modernisierungsbedürftig ist. Offensichtlich, so lässt sich aus der vorangegangenen Untersuchung der integrationstheoretischen Literatur zur Entstehung der beiden Vertragswerke resümieren, übernehmen die supranationalen Gemeinschaftsinstitutionen unterschiedliche, längst aber nicht immer *alle* Rollen, die sie potentiell bei der Vorbereitung einer Vertragsverhandlung und auf einer Regierungskonferenz spielen könnten (bzw. bereits einmal gespielt haben), und offenbar divergiert auch ihr jeweiliger Einfluss auf unterschiedliche Projekte und Politikfelder in unterschiedlichen Phasen des Integrationsprozesses.

Um die aus dieser Erkenntnis resultierende, modifizierte Untersuchungsfrage nach den *Bedingungen* und *Bestimmungsfaktoren* für die jeweilige Rolle und den Einfluss supranationaler Institutionen in Phasen von *system transformation* in der Zukunft fundiert beantworten zu können, bietet sich eine (theoriegeleitete) detaillierte, empirische Untersuchung der spezifischen Wirkungsbedingungen supranationaler Politikgestaltung an. Auf der Basis neuer und präziserer empirischer Untersuchungsergebnisse ließen sich dann Hypothesen für die Theoriebildung formulieren, die die Schablonenhaftigkeit und Dichotomie der bisher dargestellten theoretischen Positionen überwinden könnten.

Ein möglicher Ausgangspunkt solcher Untersuchungen könnte sein, in Anlehnung an Nugent (1995) einerseits die den Institutionen zur Verfügung stehenden Mittel (*resources*) und andererseits den Wirkkontext (*operating context*) zu untersuchen, in dem sie im jeweiligen Fall (das heißt bei oder vor der jeweiligen Regierungskonferenz) agieren. Für Nugent setzen sich die der Kommission zur Verfügung stehenden *resources* zusammen aus deren verfassungsmäßigen Kompetenzen, dem politischen Hintergrund der Kommissare, dem akkumulierten Wissen und dem Expertenstatus im Integrationsprozess, der Neutralität gegenüber nationalen Interessenlagen, der Rolle als Motor des Einigungsprozesses, der Position und Strategie des Präsidenten der Kommission, dem relativen Zusammenhalt der Institution und der strategischen Position der Kommission im Zentrum des Gemeinschaftssystems. Zum *operating context*, der bestimmt, inwieweit die Kommission diese einzelnen Potentiale oder *resources* bei der Verfolgung ihrer Interessen nutzen kann, rechnet Nugent die Wahrnehmung eines Bedarfes an politischer Aktivität auf europäischer Ebene, die Wahrnehmungen und Positionen der Mitgliedstaaten in Bezug auf die Frage, welche Rolle die Kommission spielen sollte, und den institutionellen Kontext bzw. Veränderungen desselben (wie z.B. eine Ausweitung von Mehrheitsentscheidungen im Ministerrat). Zusätzliche Faktoren wie das von Pedersen aufgeführte „expansive Potential des vereinbarten Vertragstextes" (wie klassischerweise des Binnenmarktprogramms) ließen sich zu der von Nugent vorgestellten Liste ergänzen (vgl. Pedersen 1992: 37f).

Analog dazu ließen sich die Bestimmungsfaktoren für die Rolle und Einflussmöglichkeiten des Europäischen Parlamentes und des Europäischen Gerichtshofes bestimmen und im Kontext der Genese der jüngsten Vertragswerke untersuchen.

Durch eine vergleichende Untersuchung, die von der EEA (1986) über Maastricht (1992) und Amsterdam (1997) bis zum Vertrag von Nizza (2000) reichen könnte, ließen sich somit neue, fundierte und systematische Hypothesen zu den Bedingungen für die jeweilige Rolle supranationaler Akteure bei der Genese von Vertragswerken wie der EEA und dem Vertrag von Maastricht gewinnen, wie sie in der bisherigen integrationstheoretischen Debatte fehlen.

Literatur

Cameron, David R.: The 1992 Initiative: Causes and Consequences. In: Sbragia, Alberta M. (Hrsg.): Euro-Politics. Institutions and Policymaking in the ‚New' European Community. Washington: The Brookings Institution, 1992, S. 23-74

Cameron, David R.: Creating Supranational Authority in Monetary and Exchange-Rate Policy: The Sources and Effects of EMU. In: Sandholtz, Wayne/Stone Sweet, Alec (Hrsg.): European Integration and Supranational Governance. Oxford: Oxford University Press, 1998, S. 188-216

Christiansen, Thomas/Jørgensen, Knud Erik: Negotiating Treaty Reform in the European Union: The Role of the European Commission. In: International Negotiation, 1998, S. 435-452

Corbett, Richard: The Intergovernmental Conference on Political Union. In: Journal of Common Market Studies, XXX(1992)3, S. 271-298

Dehousse, Renaud/Majone, Giandomenico: The Institutional Dynamics of European Integration: From the Single Act to the Maastricht Treaty. In: Martin, Stephen (Hrsg.): The Construction of Europe. Essays in Honour of Emile Noël. Dordrecht: Kluwer Academic Publishers, 1994, S. 91-112

Dinan, Desmond: The Commission and the Reform Process. In: Edwards, Geoffrey/Pijpers, Alfred (Hrsg.): The Politics of European Treaty Reform. London: Pinter, 1997, S. 186-211

Garrett, Geoffrey/Weingast, Barry R.: Ideas, Interests, and Institutions: Constructing the European Community's Internal Market. In: Goldstein, Judith/Keohane, Robert O. (Hrsg.): Ideas and Foreign Policy. Beliefs, Institutions, and Political Change. Ithaca: Cornell University Press, 2. Auflage 1995, S. 173-206

George, Stephen: Supranational Actors and Domestic Politics: Integration Theory Reconsidered in the Light of the Single European Act and Maastricht. In: Sheffield Papers in International Studies (1994)22

Grieco, Joseph M.: State Interests and Institutional Rule Trajectories: A Neorealist Interpretation of the Maastricht Treaty and European Economic and Monetary Union. In: Security Studies, 5(1996)2, S. 261-305

Keohane, Robert O./Hoffmann, Stanley: Institutional Change in Europe in the 1980s. In: Keohane, Robert O./Hoffmann, Stanley (Hrsg.): The New European Community. Boulder: Westview Press, 1991, S. 1-39

Laursen, Finn: Explaining the EC's New Momentum. In: Laursen, Finn (Hrsg.): EFTA and the EC: Implications of 1992. Maastricht: European Institute of Public Administration, 1990, S. 33-49

Laursen Finn: Explaining the Intergovernmental Conference on Political Union. In: Laursen, Finn/Vanhoonacker, Sophie (Hrsg.): The Intergovernmental Conference on Political Union. Maastricht: European Institute of Public Administration, 1992, S. 229-248

Lindberg, Leon N.: Comment on Moravcsik. In: Bulmer, Simon/Scott, Andrew (Hrsg.): Economic and Political Integration in Europe: Internal Dynamics and Global Context. Oxford: Blackwell Publishers, 2. Aufl. 1995, S. 81-85

Lodge, Juliet: The Single European Act: Towards a New Euro-Dynamism? In: Journal of Common Market Studies, XXIV(1986)3, S. 203-223

Moravcsik, Andrew: Negotiating the Single European Act: national interests and conventional statecraft in the European Community. In: International Organization, 45(1991)winter, S. 19-56

Moravcsik, Andrew: Preferences and Power in the European Community: A Liberal Intergovernmentalist Approach. In: Journal of Common Market Studies, 31(1993)Dez., S. 473-524

Mutimer, David: 1992 and the Political Integration of Europe: Neofunctionalism Reconsidered. In: Revue d'intégration européenne/Journal of European Integration, 13(1989)4, S. 75-101

Nugent, Neill: The leadership capacity of the European Commission. In: Journal of European Public Policy, 2(1995)4, S. 603-623

Pedersen, Thomas: Political Change in the European Community: The Single European Act as a Case of System Transformation. In: Cooperation and Conflict, 27(1992)1, S. 7-44

Pedersen, Thomas: Germany, France and the Integration of Europe. A Realist Interpretation. London: Pinter, 1998

Sandholtz, Wayne/Zysman, John: 1992: Recasting the European Bargain. In: World Politics, 42(1989)1, S. 95-128

Sandholtz, Wayne: Choosing union: monetary politics and Maastricht. In: International Organization, 47(1993)1, S. 1-39

Tranholm-Mikkelsen, Jeppe: Neo-functionalism: Obstinate or Obsolete? A Reappraisal in the Light of the New Dynamism of the EC. In: Millennium, 20(1991)1, S. 1-22

Wincott, Daniel: Institutional Interaction and European Integration: Towards an Everyday Critique of Liberal Intergovernmentalism. In: Journal of Common Market Studies, 33(1995)4, S. 597-609

Europäische Mehrebenen-Demokratie?
Dezentrale Steuerung und demokratische Legitimation am Beispiel europäischer Beschäftigungspolitik

Holger Huget

1. Einleitung

Entwickelt sich die Europäische Union zu einer politischen Gemeinschaft, für die in absehbarer Zeit Äquivalenz mit nationalstaatlicher Vergemeinschaftung und deren strukturellen wie kulturellen Gestaltungsbedingungen erwartet werden darf? Mit Bezug auf das Problemfeld demokratischer Legitimation muss diese Frage deutlich mit nein beantwortet werden.

Allerdings wurde der europäische Integrationsprozess der letzten fünfzehn Jahre, durch den der Stellenwert *politischer* Vergemeinschaftung gegenüber der Wirtschaftsintegration zunehmend an Gewicht gewann, mit wachsender Dringlichkeit von Fragen nach der demokratischen Legitimation der neuen Europäischen Gemeinschaft und Union begleitet. Die Literatur, die auf vielfältige demokratische Defizite europäischer Integration hinweist, ist vielfältig und inzwischen kaum noch überschaubar.[1] Zwar wird hier die These bezüglich zahlreicher demokratischer Defizite im System der EU, welche ihren Bezugspunkt meistens in der Funktionsweise etablierter, nationalstaatlich verfasster parlamentarischer Demokratien hat, weitgehend geteilt, allerdings werden in den europäischen Politikstrukturen und -prozessen auch erhebliche Potentiale für „neue" Formen und Verfahren demokratischer Legitimation gesehen.

Das möchte ich in dieser Arbeit am Beispiel der europäischen Beschäftigungspolitik demonstrieren. Anhand dieses vielgestaltigen Politikfeldes, in welchem ganz unterschiedliche Modi politischer Steuerung wirksam sind, sollen die Möglichkeiten und Grenzen der Anwendung verschiedener, theo-

---

1   Vgl. beispielsweise Abromeit 1997, Andersen/Eliassen 1996, Banchoff/Smith 1999, Grande 1996, Hoskyns/Newman 2000, Schmitt/Thomassen 1999, Weale/Nentwich 1998, Zürn 1996.

retisch entwickelter demokratischer Legitimationsverfahren und -prinzipien evaluiert werden. Dabei steht der Kernaspekt im Mittelpunkt, dass durch die Ausweitung eines „weichen" Steuerungsstils der Kommission in diesem Politikfeld wichtige Entscheidungspotentiale in den Implementationsprozess verlagert werden und damit auch einer eigenständigen Legitimationsproblematik unterliegen. Die Umsetzung und Ausgestaltung europäischer Rahmenvorgaben wird dezentralisiert und regionalen, vielfach nichtstaatlichen Akteuren überlassen, womit sich – so meine zentrale These – neue Möglichkeiten demokratischer Legitimation durch deliberative und partizipationsorientierte Politikprozesse ergeben oder ergeben könnten. Aspekte politischer Steuerung und demokratischer Legitimation stehen damit in einem unmittelbarem Zusammenhang. Der Differenzierung *und* „Verschmelzung" der Ebenen und Phasen politischer Prozesse im Gesamtsystem europäischer Politik wird eine zentrale Relevanz für die optimale Nutzung und Wirksamkeit demokratischer Legitimationsverfahren beigemessen.

Die EU ist keineswegs ein über den Mitgliedstaaten thronendes Einheitsgebilde, sondern bekanntlich mit diesen Staaten und ihren Regionen vielfältig funktional als *Mehrebenensystem* mit differenzierten Verhandlungsnetzwerken verwoben. Das heißt, auch jeglicher Versuch einer theoretischen wie praktischen Antwort auf die demokratischen Herausforderungen dieses komplexen Handlungssystems muss dessen funktionale und territoriale Differenzierung und Verflechtung berücksichtigen. Und er muss einen spezifischen, nämlich *horizontalen Politikstil* europäischer Gestaltung zur Kenntnis nehmen, „bei dem Entscheidungen nicht durch Subordination von Minderheitenpositionen unter Mehrheitsbeschlüsse, sondern im Rahmen von Verhandlungs- und Überzeugungsprozessen hervorgebracht werden sollen" (Wolf 2000: 169) und der in verschiedenen Politikbereichen eine *funktionale Selbstregulierung* durch aktive Partizipation organisierter gesellschaftlicher Akteure beinhaltet. Es ist dabei bezeichnend, dass die Entstehung normativ-demokratischer Möglichkeiten faktisch als Nebenprodukt einer europäischen Politik anzusehen ist, welche die Kommission nach eigenen, „egoistischen" (Handlungs-)Interessen aufgrund begrenzter (Steuerungs-)Möglichkeiten betreibt.

Im Folgenden werde ich verschiedene Facetten europäischer Beschäftigungspolitik mit ihrer jeweils vorherrschenden Dynamik politischer Steuerung beschreiben. Anschließend werden aus demokratietheoretischer Perspektive einige als normativ notwendig bewertete demokratische Kernprinzipien eruiert, welche auch für neuere Zugänge einer „assoziativen" und „deliberativen" Demokratie Gültigkeit beanspruchen sollen. Im letzten Abschnitt gilt es, Empirie und Theorie konstruktiv aufeinander zu beziehen. Die Verlagerung konkreter Entscheidungen in die Umsetzungsphase von Politik, also die „Politisierung der Implementation", die breite Einbeziehung vielfältiger staatlicher und nichtstaatlicher Akteure sowie ein kooperativer, auf Verhandlung und Problemlösung ausgerichteter Politikstil sind Elemente einer europäischen Politik, welche Anknüpfungspunkte bietet für Theorien, die Varianten demokratischer Legitimation auf Formen von *Assoziation, Partizipation* und *Deliberation* gründen. Die Beleuchtung dieses Zusammenhangs und nicht so sehr die für die weitere Forschung wichtige Überprüfung empirischer Details steht im Mittelpunkt dieses Beitrags.

2. Facetten europäischer Beschäftigungspolitik im Mehrebenensystem

2.1 Überblick

Europäische Beschäftigungspolitik differenziert sich inzwischen in ein recht komplexes System von Teilpolitiken aus, welches zum einen Elemente zwischenstaatlicher Koordination, zweitens sozialpolitische Verfahren unter Beteiligung der „Sozialpartner" und drittens regionalpolitische Steuerung über komplexe Netzwerksysteme einschließt. Sie enthält Elemente regulativer wie distributiver Politik und experimentiert mit neuen Verfahren „weicher" Steuerung unter Beteiligung diverser gesellschaftlicher Akteure. Zum besseren Verständnis will ich zunächst einmal kurz skizzieren, was hier unter europäischer Beschäftigungspolitik[2] verstanden werden soll.

Die Entwicklung einer eigenständigen europäischen Beschäftigungspolitik ist ein Produkt der 90er Jahre. Angestoßen wurde die Debatte vor allem durch das Weißbuch „Wachstum, Wettbewerbsfähigkeit und Beschäftigung" der Delors-Kommission von 1993. Über den Weg verschiedener Gipfeltreffen und Aktionspläne in den folgenden Jahren (vgl. z.B. Thomas 1999: 35ff.) fand schließlich das Ziel eines „hohen Beschäftigungsniveaus" (Art. 2 EUV) sowie einer „koordinierten Beschäftigungsstrategie" (Titel VIII EGV) Eingang in das Amsterdamer Vertragswerk.

Der neue Beschäftigungstitel definiert die Förderung der Beschäftigung als „Angelegenheit von gemeinsamem Interesse" (Art. 2) und legt ein Verfahren der Koordination und Evaluation nationaler Beschäftigungspolitiken fest. Die jährlich zu verabschiedenden beschäftigungspolitischen Leitlinien stützen sich auf vier Grundpfeiler:

---

[2] Beschäftigungspolitik wird hier vor allem als Arbeitsmarktpolitik definiert, weitergehende Verfahren makroökonomischer Steuerung werden nicht berücksichtigt.

1) Verbesserung der Beschäftigungsfähigkeit,
2) Entwicklung des Unternehmergeistes,
3) Förderung der Anpassungsfähigkeit der Unternehmen und ihrer Beschäftigten und
4) Verstärkung der Maßnahmen zur Förderung der Chancengleichheit von Männern und Frauen (Beschäftigungspoltische Leitlinien 1998[3]).

Auch im Titel XI EGV über die Sozialpolitik findet sich die „Förderung der Beschäftigung" wieder (Art. 136). Hier ist vor allem der „Dialog zwischen den Sozialpartnern auf Gemeinschaftsebene" von Interesse, der „falls sie es wünschen, zur Herstellung vertraglicher Beziehungen, einschließlich des Abschlusses von Vereinbarungen, führen (kann)" (Art. 139 EGV). Neben dem *autonomen Dialog* der Spitzenverbände der Arbeitnehmer- und Arbeitgeberorganisationen gibt es zudem noch den *sektoralen Dialog*[4] zwischen den Sozialpartnern und der Kommission. Vor allem im *autonomen Dialog* geht die Beteiligung gesellschaftlicher Akteure deutlich über Anhörungsrechte hinaus und bekommt den Charakter politischer (Mit-)Gestaltung – obgleich diese Möglichkeiten bisher noch nicht sehr extensiv genutzt wurden.

1996 wurde ein von der Kommission vorgeschlagener „Vertrauenspakt für Beschäftigung"[5] mit dem Ziel auf den Weg gebracht, die Beschäftigungswirkungen aller Gemeinschaftspolitiken, insbesondere auch der *Strukturpolitik*, zu verstärken; Beschäftigungspolitik kann somit heute ähnlich wie im Falle der Geschlechterpolitik durchaus als Mainstreaming-Aufgabe verstanden werden, das heißt, die Beschäftigungsthematik soll bei der Problem- und Zielformulierung aller anderen Gemeinschaftspolitiken permanente Berücksichtigung finden.

So decken sich die beschäftigungspolitischen Grundziele der Gemeinschaft auch weitgehend mit der inhaltlichen Bestimmung des neuen Ziel 3 der 1999 reformierten Strukturpolitik, welches der „Förderung der Humanressourcen" über den Sozialfonds gilt.[6] Ziel 3 wird in den aktuellen Leitlinien ausdrücklich als „Bezugsrahmen für die Entwicklung der Humanressourcen im Hinblick auf mehr und bessere Arbeitsplätze"[7] bestimmt. Haben beschäf-

---

3   Dokument Nr. 13200/97 des Rates.
4   Vgl. auch: Beschluss der Kommission vom 20. Mai 1998 über die Einsetzung von Ausschüssen für den sektoralen Dialog zur Förderung des Dialogs zwischen den Sozialpartnern auf europäischer Ebene, Amtsblatt Nr. L 225 vom 12.8.1998, S. 27f.
5   Entschließung zu dem Bericht der Kommission Beschäftigung in Europa 1996 und der Mitteilung der Kommission *Aktion für Beschäftigung in Europa: ein Vertrauenspakt*, KOM(96) 0485 – C4-0553/96 und C4-0341/96.
6   Verordnung (EG) Nr. 1260/1999 des Rates vom 21. Juni 1999 mit allgemeinen Bestimmungen über die Strukturfonds, in: Amtsblatt Nr. L 161 vom 26.6.1999.
7   Mitteilung der Kommission vom 1.7.1999: Die Strukturfonds und ihre Koordinierung mit dem Kohäsionsfonds. Leitlinien für die Programme des Zeitraums 2000-2006.

tigungspolitische Aspekte schon in den vorhergehenden regionalpolitischen Förderperioden zunehmende Bedeutung erlangt, so werden die Verfahren und Mittel europäischer Strukturpolitik nun zum Kernbestandteil einer eigenständigen, aktiv gestaltenden europäischen Beschäftigungspolitik.[8] Hier wird ein originär supranationaler Politikansatz der Kommission umgesetzt, der weit über die im Beschäftigungstitel festgelegte Koordinationsaufgabe nationaler Politiken hinausweist. In die vielfältigen, mehrere Ebenen umspannenden Politiknetzwerke strukturpolitischer Implementation sind auch die Regionen und Kommunen eingebunden, die sich damit in vielen Mitgliedstaaten erst zu eigenständigen beschäftigungspolitischen Akteuren entwickeln. „Die Strukturfondsverordnungen für den Zeitraum bis 2006 werden so angepasst, dass höhere Mittel bereitgestellt werden können für neue Aktivitäten und Partnerschaften auf regionaler und lokaler Ebene".[9] Ein wichtiger Ausdruck dieser Aktivitäten sind die *Territorialen Beschäftigungspakte*, die von der Kommission für den Schnittstellenbereich von Struktur- und Beschäftigungspolitik mit regionaler bzw. lokaler Ausrichtung konzipiert wurden.

Schon 1996 wurde von ihr eine Pilotaktion „regionaler und kommunaler Beschäftigungspakte"[10] initiiert, mit der die Wirksamkeit der Beschäftigungsstrategie auf die subnationale Ebene ausgedehnt werden sollte. Inhaltlich wurden die *Territorialen Beschäftigungspakte* 1999 in die Mainstream-Programme der Strukturfonds aufgenommen[11]; insbesondere werden die Pakte nun ausdrücklich in der revidierten Strukturfonds-Rahmenverordnung[12] berücksichtigt. Kernprinzipien der Pakte sind ihre Bottom-up-Konzeption der Bündelung lokaler und regionaler Initiativen, die noch deutlicher als bei der sonstigen Strukturpolitik vorgenommene Betonung einer „breit angelegten und effizienten Partnerschaft"[13] sowie ihr integrierter, themen- und ressortübergreifender, auf Innovation zielender Ansatz.

Festzuhalten bleibt hier, dass es der Europäischen Kommission gelungen ist, einen Politikbereich, für den der EG-Vertrag hauptsächlich zwischenstaatliche Koordinations- und Evaluationsverfahren vorsieht, an die Struktur-

---

8 Ergänzend ist aber darauf hinzuweisen, dass andererseits im Verlauf der 80er Jahre die ältere Sozialpolitik über den ESF mit der Regionalpolitik verknüpft und dieser faktisch untergeordnet wurde.

9 Mitteilung der Kommission vom 1.3.2000: Gemeinschaftspolitiken zur Förderung der Beschäftigung, KOM(2000) 78, S. 23.

10 Vgl. Bericht der Kommission zur Beschäftigung in Europa - 1996 / KOM/96/0485 endg.

11 Die Grundfinanzierung der Paktstrukturen soll allerdings ab 2001 auf nationale bzw. regionale Institutionen übergehen, womit sich für einige Pakte die Existenzfrage stellt, vgl. European Commission (2001): Territorial Employment Pacts. State of play [http://www.inforegio.cec.int/pacts/EN7index.html].

12 Verordnung (EG) Nr. 1260/1999 des Rates vom 21. Juni 1999 mit allgemeinen Bestimmungen über die Strukturfonds, in: Amtsblatt Nr. L 161 vom 26.6.1999.

13 Europäische Kommission (1999): Leitfaden für die territorialen Beschäftigungspakte 2000-2006 [http://www.inforegio.cec.eu.int./pacts/DE/biblio_de.html].

politik anzukoppeln und innerhalb dieser auszuweiten. Damit ist auch die regionale Politikebene zum Bestandteil beschäftigungspolitischer Regulierung geworden, verschiedenste staatliche und nichtstaatliche Akteure werden einbezogen.

2.2 Steuerungsmodi europäischer Beschäftigungspolitik

Die zuvor skizzierten Verfahren europäischer Beschäftigungspolitik folgen sehr verschiedenen Steuerungsmodi, aus denen sich spezifische Implikationen für ihre demokratische Legitimation ergeben[14]: Beschäftigungspolitik ist einerseits zu verstehen als intergouvernementale Koordination und Evaluation nationaler Politiken, wie sie im Beschäftigungstitel VIII des EGV formuliert wird (1). Sie findet sich aber auch als Sozialpolitik im Titel XI EGV und bekommt eine demokratierelevante Brisanz durch den *Dialog der Sozialpartner* (2). Aktive Beschäftigungspolitik wird schließlich über die europäischen Strukturfonds betrieben, deren allgemeiner rechtlicher Rahmen vertraglich vor allem als Teil der Sozialpolitik im Titel XI, Kap. 2 EGV sowie als Kohäsionspolitik im Titel XVII EGV abgesteckt wird. Hier ist aus einer Steuerungs- und Legitimationsperspektive die *Politikformulierung* (3a), an der die meisten zentralen EU-Institutionen teilhaben, von der *Implementation* (3b) zu unterscheiden, bei der auf europäischer Ebene die Kommission die wichtigste Rolle spielt, an der aber auch zahlreiche weitere staatliche und nichtstaatliche Akteure aktiv beteiligt sind. Diese analytische Trennung ist sinnvoll vor dem Hintergrund, dass – so eine zentrale These meiner Ausführungen – wichtige Steuerungs- und Entscheidungspotentiale in die Politikumsetzungsphase verlagert werden und somit auch einer eigenständigen demokratischen Legitimationsproblematik unterliegen. Für diese muss somit auch ein ganz spezifischer (empirisch wie theoretisch begründeter) Lösungsansatz gefunden werden, welcher wiederum auf die Gesamtlegitimation europäischer Policy-Prozesse zurückwirkt.

(1) Bei der Koordination nationaler Politiken wird die Förderung der Beschäftigung lediglich als „Angelegenheit von gemeinsamem Interesse" „abgestimmt" (Art. 126 EGV). Jährliche „gemeinsame Beschäftigungsberichte" des Rates bilden die inhaltliche Basis europäischer Kooperations- und Konvergenzverfahren nationaler Arbeitsmarktpolitiken, auf ihrer Grundlage werden unter Federführung der Kommission die „Beschäftigungsleitlinien" verabschiedet. Ihre Umsetzung erfolgt über „Nationale Aktionspläne" (vgl. Thomas 1999: 48ff.). Mit Art. 128 EGV werden zudem „Schlussfolgerungen" des Europäischen Rates zwischengeschaltet, was den intergouvernementalen Charakter dieses Politikbereichs deutlich unterstreicht; das Europäische Parla-

---

14 Diese Implikationen sollen im 4. Kapitel diskutiert werden.

ment, der WSA, der Ausschuss der Regionen sowie ein gesonderter „Beschäftigungsausschuss" werden lediglich „angehört". Die Beschlüsse erfolgen in der Regel einstimmig, qualifizierte Mehrheitsentscheidungen spielen nur bei der Formulierung von „Empfehlungen" (Art.128 Abs. 4) sowie bei der Initiierung innovativer Pilotvorhaben (Art. 129) eine Rolle. Dieser Politikbereich ist also entweder gar nicht vergemeinschaftet oder durch eine nur geringe Entscheidungssubstanz gekennzeichnet. Im Vordergrund steht die intergouvernementale Zusammenarbeit der Mitgliedstaaten, die Kommission übernimmt allerdings Moderationsfunktionen.

(2) Über die Umsetzung der „Sozialvorschriften" im Kapitel 1, Titel XI EGV werden Beschlüsse nach dem Mitentscheidungsverfahren (Art. 251 EGV) getroffen, der WSA sowie der Ausschuss der Regionen werden dabei angehört. Selbstverständlich spielen die Vertreter organisierter Interessen auf gemeinschaftlicher Ebene eine wichtige Rolle bei der Selektion und Definition von Problemstellungen und -lösungen. Über den Dialog der Sozialpartner nach Art. 139 EGV werden sie allerdings auch aktiv in Gestaltungs- und Entscheidungsprozesse auf europäischer Ebene einbezogen. In den eng umgrenzten Entscheidungsbereichen sind vertragliche Beziehungen und Vereinbarungen zwischen den Sozialpartnern möglich, gegebenenfalls auch in Verbindung mit einem Ratsbeschluss (Art. 139 EGV). Hier kommen also auf europäischer Ebene korporatistische Elemente sozialpolitischer Regulierung zum Tragen.

(3a) Über die Rahmenvorgaben europäischer Strukturpolitik entscheiden Rat und Europäisches Parlament (EP) gemeinsam, das EP konnte seine strukturpolitischen Kompetenzen in den 90er Jahren kontinuierlich ausdehnen. Fand seit Ratifizierung des Maastrichter Vertrages das Verfahren der *Zusammenarbeit* für die den EFRE (Europäischer Fonds für Regionale Entwicklung) und ESF (Europäischer Sozialfonds) betreffenden Durchführungsbeschlüsse statt, so sieht der Vertrag von Amsterdam nun für den gleichen Sachverhalt das Verfahren der *Mitentscheidung* (Art. 251 EGV) vor. Kompromisse im Vermittlungsausschuss müssen folglich die erforderlichen Mehrheiten im Rat und im Parlament finden, um rechtskräftig zu werden. Auch legt der Rat nach wie vor *einstimmig* und nach *Zustimmung* des EPs die „Aufgaben, die vorrangigen Ziele und die Organisation der Strukturfonds fest" (Art. 161 EGV) und beschließt deren Koordinierung. Steuerungstechnisch liegt diesem vergemeinschafteten Politikfeld damit ein hoch formalisiertes interinstitutionelles Aushandlungsverfahren zugrunde, auf das nationale und europäische Verbände, aber auch subnationale Institutionen allenfalls über „traditionelles" Lobbying Einfluss nehmen können.

(3b) Gestaltende europäische Beschäftigungspolitik wird als Strukturpolitik vor allem über den Europäischen Sozialfonds finanziert und hat damit auch eine gewichtige distributive Ausrichtung. Bedeutsamer ist hier aber, dass es die Kommission schon seit den 80er Jahren verstanden hat, ihre formal nur begrenzten Zuständigkeiten für das Politikfeld über eine ebenso komplexe wie differenzierte Netzwerkpolitik unter Einbeziehung verschiedenster staatlicher wie nichtstaatlicher Akteure auszuweiten und damit auch ein spezifisch europäisches Steuerungsprozedere für die regionalpolitische Implementation zu entwickeln (vgl. z.B. Tömmel 1994; Staeck 1997). Zentral ist dafür seit langem das „Partnerschaftsprinzip". Das meint nicht nur die Einbeziehung staatlich-administrativer Implementationspartner, sondern die aktive Beteiligung auch außerstaatlicher, örtlicher Akteure im inhaltlichen Zusammenhang mit der Nutzung und Stärkung „endogener regionaler Potentiale". Der kontinuierliche Bedeutungsgewinn des Partnerschaftsprinzips wies (zumindest normativ) den Weg, der mit der Konzeption von *Territorialen Beschäftigungspakten* weiterverfolgt und ausgefeilt wurde:

„Hauptziel ist die Begründung einer breit angelegten regionalen oder lokalen Partnerschaft, die es ermöglicht,
- die Probleme, Anliegen und Aussichten der verschiedenen Akteure festzustellen, die in dem betreffenden Gebiet im Bereich der Beschäftigung tätig sind;
- alle verfügbaren Mittel für eine integrierte Strategie einzusetzen, die von allen betroffenen Partnern akzeptiert wird, deren tatsächlichen Bedürfnissen entspricht und in einer als ‚Territorialer Beschäftigungspakt' bezeichneten Vereinbarung formal festgelegt wird;
- die Beschäftigungsmaßnahmen besser zu integrieren und zu koordinieren;
- beispielhafte Aktionen und Maßnahmen zugunsten der Beschäftigung zu verwirklichen" (Kommission 1999: 19).

Zwei Entwicklungen sind hier relevant: Einerseits wird politisches Gestaltungspotential *dezentralisiert*, ohne allerdings auf zentrale europäische Rahmenvorgaben zu verzichten, die sich vor allem auf Verfahrensfragen konzentrieren. Andererseits wird der deutliche Anspruch formuliert, auf regionaler Ebene nicht die administrativen Akteure zu privilegieren, sondern eine breite *gesellschaftliche Beteiligung* einzufordern. Regionale Bottom-Up-Prozesse werden so über „aktivierende Politik" „ermuntert" (vgl. Evers/Leggewie 1999) und ihre Finanzierung (teilweise) über die Strukturfonds ermöglicht. „Ermuntert" heißt hier allerdings auch, dass „der Anstoß zur Förderung und Organisation ... von einer staatlichen Stelle ausgehen [muss]" (Kommission 1999: 19). Als Weiterentwicklung der herkömmlichen strukturpolitischen Implementation, die durchaus ähnlichen Ansprüchen folgt, wird bei den Pakten eine „echte" Dezentralisierung und die Schaffung relativ transparenter institutioneller Strukturen erwartet. So müssen sich die Ergebnisse von Regionalkonferenzen in einer schriftlich festzuhaltenden Vereinbarung wiederfinden, die dann allerdings der Genehmigung durch die Kommission bedarf, um als Beschäftigungspakt anerkannt zu werden.

„In Form des Konzeptes ‚Lokale Beschäftigungspakte' verfügt die Kommission über ein Instrument, mit dem sie aktiver in die nationalen Arbeitsmarkt- und Beschäftigungspolitiken eingreifen kann ohne die bestehenden nationalen Institutionen dieses Politikfeldes zu verändern bzw. in ihre Kompetenz einzugreifen" (Roth/Schmid 2001: 11).

Die Funktions- und Wirkungsbedingungen regionalpolitischer Umsetzung von Beschäftigungspolitik können hier nicht im Detail dargelegt werden. Theoretisch lässt sich diese Form europäischer Regulierung zunächst ganz gut mit dem Konzept politischer *Netzwerksteuerung* (z.B. Mayntz 1992) erfassen. Dieser „weiche" europäische Steuerungsstil, wie er hier beispielhaft für die strukturpolitische Implementation und insbesondere die Territorialen Beschäftigungspakte zu konstatieren ist, lässt sich allerdings noch genauer qualifizieren und spezifizieren; inzwischen scheint er darüber hinaus auch für andere europäische Politikbereiche an Relevanz zu gewinnen.

2.3 Dezentralisierung von Entscheidungen und „weiche" Steuerung

Die Herauskristallisierung eines spezifischen „weichen" Steuerungsstils, der sich zunehmend „jenseits von regulativ und distributiv" (Tömmel 2000) verorten lässt, entfaltet auch für Fragen nach demokratischer Legitimation erhebliche Relevanz. Folgende Aspekte scheinen für diesen Steuerungsstil zentral zu sein (vgl. auch Tömmel 2000: 176f. sowie Roth/Schmid 2001):

1) Inhaltlich-programmatische Vorgaben werden abstrahiert und regelmäßig in die Form von „Leitlinien" ohne genauere Ziel- und Mittelbeschreibung gegossen; als inhaltliche „europäische Grundsätze" verfügen sie allerdings durchaus über definitorische und diskursive Macht in Politikprozessen.

2) Durch die Dezentralisierung von Gestaltungs- und Entscheidungsressourcen verschmelzen Politikformulierung und Implementation zunehmend. Die konkrete Ziel- und Mitteldefinition wird jenseits der Rahmenvorgaben an untere Politikebenen und -akteure delegiert, welche wegen ihrer damit entstehenden Gestaltungsspielräume notwendig auch zum Gegenstand demokratischer Legitimationsfragen werden.

3) Ein wichtiges Element ist die Partizipation von gesellschaftlichen Akteuren mit unterschiedlichen Interessen, die von der Kommission aktiv unterstützt, wenn nicht sogar organisiert wird. Die Mobilisierung, Verantwortungsübernahme und Vernetzung der Akteure ersetzt in dergestalt „weich" regulierten Politikfeldern wie der Beschäftigungspolitik hierarchische Steuerungsmechanismen, letztlich aber auch fehlende Entscheidungskompetenzen der Kommission. Diese sichert sich als Koordinatorin, Moderatorin oder auch nur als Supervisor der dezentralen und oft informellen Politikprozesse entscheidenden Einfluss.

4) Ein kooperativer, auf Konsens und Problemlösung ausgerichteter Politikstil dominiert, verschleiert aber mitunter auch nur etablierte Traditionen hierarchischer Steuerung und interessengeleiteter Bargainings.

Die beschriebenen Charakteristika „weicher Steuerung" werden hier nicht als „Nischenphänomen" begriffen. Gerade dann, wenn die Strukturfondsförde-

rung im Zuge der Osterweiterung für viele Regionen der jetzigen Mitgliedstaaten auslaufen und damit der Einfluss distributiver Verteilungsfragen auf
Steuerungsstile im Mehrebenensystem abnehmen wird, dürften sie sich weiter
durchsetzen. Eine solche Tendenz ist auch für andere Politikbereiche aus den
Ausführungen des Weißbuches der Kommission zu Fragen des *European
Governance* herauszulesen, wenn sie auch inhaltlich schwächer formuliert
wird.

„Under certain conditions, implementing measures may be prepared within the *framework
of co-regulation*. Co-regulation combines binding legislative and regulatory action with
actions taken by the actors most concerned, drawing on their practical expertise."[15]

Zwar will sich die Kommission durch die skizzierten Mechanismen offensichtlich auch den eigenen Einfluss sichern, sie schafft aber gleichzeitig auch
dezentrale Gestaltungsspielräume für kooperationswillige Akteure. Sie generiert so nicht nur unentbehrliche Informationsressourcen, sondern versucht
damit zweifellos auch ihre eigene „Legitimation" zu stärken. Die demokratietheoretischen und -praktischen Implikationen der beschriebenen Verfahren
und Stile politischer Steuerung sollen erst im letzten Abschnitt dieses Beitrags
diskutiert und bewertet werden. An dieser Stelle ist noch einmal zu betonen,
dass Fragen der politischen Steuerung untrennbar mit solchen nach demokratischer Legitimation verknüpft sind. Diese Feststellung entfaltet eine besondere Relevanz in einem europäischen Mehrebenensystem, das sehr unterschiedliche Steuerungsmechanismen in sich vereint, wie das Beispiel der Beschäftigungspolitik verdeutlicht hat. In einem Mehrebenensystem beansprucht
nämlich nicht nur die horizontale Verteilung von Entscheidungskompetenzen
zwischen Institutionen und deren Qualität demokratische Aufmerksamkeit,
sondern – ähnlich wie in föderalen Systemen – auch die vertikale Positionierung von Gestaltungsressourcen auf unterschiedlichen Politikebenen. Zusätzlich wird der Aspekt der Partizipation gesellschaftlich organisierter Interessen zentral, also der demokratische Stellenwert nichtstaatlicher Akteure in
der Politik. Wie die nachfolgenden Ausführungen erläutern sollen, gibt es
durchaus demokratietheoretische Zugangswege, die dieser Heterogenität europäischer Politik angemessen sind, die sich sogar als besonders kompatibel
mit den beschriebenen Steuerungsbedingungen europäischer Beschäftigungspolitik erweisen könnten.

---

[15] Europäische Kommission (2001): White Paper on European Governance, S. 21; Hervorhebung im Original

3. Wege zu einem EU-gerechten Demokratiemodell

Die Frage nach dem Wesen von Demokratie gehört sicherlich zu den umstrittensten, weil die permanente Verwendung der Begrifflichkeit in jeglichem Kontext ihren Bedeutungsgehalt einerseits verschleiert, andererseits aber auch kaum allseits akzeptable Antworten erwarten lässt. Eine theoretische Bestimmung von Demokratie muss notwendig normativ ausfallen und kann nicht nach absoluter Gültigkeit streben. Ohnehin kann es hier weder darum gehen, der Fülle demokratietheoretischer Ideen und Konzepte auch nur annähernd gerecht zu werden, noch einen in sich schlüssigen neuen Ansatz hinzuzufügen. Einige zentrale Aspekte demokratierelevanter Theorie werden selektiv – nämlich vor dem zuvor beschriebenen Hintergrund europäischer Politik – ausgewählt und vor allem in Bezug auf ihre Kernprinzipien hin analysiert. Den Schwerpunkt bilden dabei neuere Theoriezugänge, die auf der funktionalen Repräsentation organisierter Interessen aufbauen.

3.1 Mehrheits- oder Verhandlungsdemokratie?

Was macht „traditionelle", das heißt staatszentrierte Demokratie moderner Prägung aus?

„Moderne Demokratien beruhen auf a) beschränkter Mehrheitsherrschaft, b) Wahlverfahren und c) der repräsentativen Übertragung von Macht. Daraus folgt, daß innerhalb des Volkes einige Menschen mehr und einige weniger zählen; daß selbst die Mitglieder einer erfolgreichen Wählermehrheit nicht wirklich Macht ausüben; und daß vieles, was als ‚Wille' des Volkes bezeichnet wird, eher einer ‚Zustimmung' des Volkes ähnelt." (Sartori 1992: 39)

Diese um normative Bescheidenheit bemühte Betrachtung blendet allerdings aus, dass bereits auf nationalstaatlicher Ebene zahlreiche politische (Grundsatz-)Entscheidungen *konsensorientiert* und mit wenig Rücksicht auf formale Wahlergebnisse getroffen werden, dass die empirische Demokratieforschung seit langem Elemente von *Verhandlungs-* oder *Konkordanzdemokratie* verschiedener Intensität in nahezu allen westlichen Demokratien verortet (schon Lijphart 1968), deren Funktionsmechanismen mit Hilfe von Kriterien des Wettbewerbs um Mehrheiten nur unzureichend erfasst werden können. Werden Konflikte in der Konkurrenzdemokratie im Wesentlichen über das Mehrheitsprinzip entschieden, so funktioniert die Konkordanzdemokratie grundlegend nach dem Verhandlungsprinzip mit dem Ziel gütlichen Einvernehmens (vgl. Schmidt 2000: 327ff.).

Letztere steht aber insbesondere in deutlichem Widerspruch zur *ökonomischen Demokratietheorie*, der der Wettbewerb politischer Akteure um die Stimmen egoistisch-rationaler Wahlbürger als konstitutives Element von Demokratie gilt (z.B. Downs 1957); diese Vorstellung verwirklicht sich am ehesten noch im *Westminstermodell* der Zweiparteien-Konkurrenz. Tatsächlich reduziert sich hingegen mit abnehmendem politischen Wettbewerb prinzipiell die Abhängigkeit der Regierenden von den Wählern sowie die klare Zuordnungsfähigkeit von Verantwortung. Downs nimmt politische Akteure als rational handelnde, nutzenmaximierende Homines oeconomici an, denen vermittelt durch Wahlen die demokratische Aufgabe zukommt, eine Regierung zu bestimmen. „Therefore any citizen is rational in regard to elections if his actions enable him to play his part in selecting a government efficiently" (Downs 1957: 24). Selbst bei (eher willkürlicher) Unterstellung rationalen Verhaltens[16] begreift Downs individuelle Präferenzen – von Wählern wie Gewählten – als fixierte, vorpolitische Voraussetzung und nicht als endogenes Produkt des politischen Prozesses.

„Governance involves developing identities of citizens and groups in the political environment. Preferences, expectations, beliefs, identities, and interests are not exogenous to political history. They are created and changed within that history" (March/Olson 1995: 45).

Die *Lernfähigkeit* von Akteuren und die Entwicklungsfähigkeit von Präferenzen ist gerade ein wesentliches Element verhandlungsdemokratischer (Netzwerk-)Prozesse mit starker Beteiligung gesellschaftlicher Akteure, wie man sie in vielen Feldern europäischer Politik vorfindet. Nicht zufällig stützen sich gerade Vertreter *partizipatorischer, assoziativer oder deliberativer Demokratietheorien,* die weiter unten vorzustellen sind, auf eine solche Argumentation.

Im Zusammenhang ökonomischer Politiktheorie ist auch die *ökonomische Föderalismustheorie* zu erwähnen. Die ökonomische Föderalismustheorie berücksichtigt auf der Suche nach einer effizienten politischen Ordnung für die Verteilung öffentlicher Güter die *räumliche Dimension*, betrachtet also insbesondere solche öffentlichen Güter, denen entweder unterschiedliche Präferenzen regionaler Bevölkerungsgruppen gegenüberstehen, oder die überhaupt nur Nutzen bei einer räumlich begrenzten Teilmenge der Gesamtheit finden. „For other public goods whose benefits are limited to a specific subset of the population ... there is at least a partial solution in greater decentralization of the public sector" (Oates 1972: 11). Oates führt als Gütekriterium der föderalen Struktur das *Korrespondenzprinzip* ein:

„Such a structure of government, in which the jurisdiction that determines the level of provision of each public good includes precisely the set of individuals who consume the good, I shall call a case of perfect correspondence in the provision of public goods" (34).

---

16 In diesem Punkt unterscheidet sich Downs übrigens deutlich von Schumpeter, auf den er sich beruft. Für Schumpeter fällt der Bürger „auf eine tiefere Stufe der gedanklichen Leistung, sobald er das politische Gebiet betritt" (Schumpeter 1993: 416).

Die ökonomische Theorie betont einerseits die notwendige Effektivität demokratischer Ordnungen für deren Legitimation. So sei die Dezentralisierung von Entscheidungen regelmäßig mit geringeren Kosten der Präferenzerhebung oder Informationsbeschaffung verbunden, allerdings nur, insofern keine Spill-Over-Effekte entstünden bzw. Entscheidungen wirklich nur die dezentrale Gebietseinheit beträfen. Ein Wettbewerb der Regionen vergrößere andererseits auch die Möglichkeiten der Bürger, auf politische Entscheidungen zu reagieren. Wähler können in demokratischen Systemen grundsätzlich reaktiv zwischen den zwei Optionen „Exit" und „Voice" wählen (vgl. Hirschman 1970), also entweder „abwandern" oder ihrer Kritik sprachlichen Ausdruck verleihen, auch z.b. durch Androhung der „Exit-Option"; „Exit" und „Voice" gelten als wichtige Elemente demokratischer Kontrolle. Ohne den Sachverhalt hier weiter ausführen zu wollen, sei auf die Bedeutung hingewiesen, die Dezentralisierungsfragen für europäische Entscheidungen in einem politischen Mehrebenensystem haben – auch aus demokratischer Perspektive.

Eine Schwäche des Wettbewerbmodells demokratischer Legitimation durch politische Konkurrenz um Mehrheitspräferenzen ist auch die Ignoranz gegenüber unterschiedlichen *Intensitäten* von individuellen Präferenzen:

„Die Mehrheitsregeln wägen die Individuen als Individuen; das bedeutet, daß sie *ungleiche Intensitäten gleich behandeln*. Damit beruhen die Mehrheitsregeln auf einer Fiktion, und einer sehr dünnen und wirklichkeitsfremden" (Sartori 1992: 225).

Auch Sartori sieht damit einen wichtigen Vorteil von konsensorientierten Aushandlungssystemen, die er allerdings nur in nachgelagerten Politikgremien, nämlich insbesondere in *Ausschüssen*, verwirklicht sieht, welche weder der Mehrheitsregel noch dem bedingungslosen Einstimmigkeitsprinzip unterlägen. Denn diese machten sich ungleiche Präferenzintensitäten in kontinuierlichen Entscheidungskontexten durch zeitverschobene gegenseitige Kompensationsgeschäfte nutzbar und verhinderten zudem, dass die intensive Präferenz einer Minderheit durch einfache Überstimmung übergangen und die Verfahrenslegitimation damit destabilisiert würde; Nullsummenspiele ließen sich somit in Positivsummenspiele transformieren (vgl. Sartori 1992: 227ff.).

3.2 Prinzipien und Voraussetzungen demokratischer Politik

Demokratietheorie muss empirische Relevanz beanspruchen, sie muss aber auch die Umsetzung und Einhaltung normativer Kriterien einfordern. Deshalb möchte ich zunächst veranschaulichen, was ich für den „Kernbestand" demokratischer Prinzipien halte. Verzichtet man bei der Beschreibung von Demokratie durch Giovanni Sartori eingangs auf „Mehrheiten" und „Wahl", so bleiben die *beschränkte Herrschaft* und die *repräsentative Übertragung von Macht* zurück. Und in der Tat scheinen mir die Repräsentation und die Beschränkung bzw. Kontrolle von Macht der *prozessuale Kern* der demokratischen Legitimation von politischer Herrschaft zu sein. Die folgende Graphik soll dies veranschaulichen:

Abbildung 1:   Demokratische Legitimation politischer Herrschaft
(eigene Darstellung)

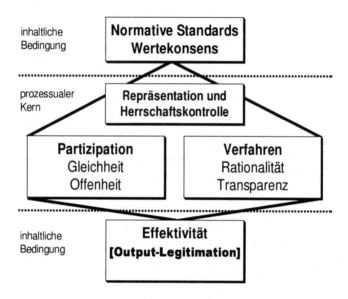

Diese modellhafte Darstellung orientiert sich an der etablierten politikwissenschaftlichen Unterscheidung zwischen politischen Input- und Output-Faktoren politischer Entscheidungen (vgl. Scharpf 1970), welche aber in der (europäischen) politischen Realität an Trennschärfe einbüßt, wie oben dargestellt wurde. Dies hängt auch damit zusammen, dass die demokratische *Repräsentation* von Interessen nicht auf *territoriale* Aspekte parlamentarischer Legitimation beschränkt werden kann; für komplexe Entscheidungen und ihre Legitimation wird vielmehr die *funktionale Repräsentation* von Interessen zentral, also die Aggregation und Artikulation gesellschaftlicher Interessen durch politische Verbände und Vereinigungen. Repräsentation wird hier somit ohne Verbindung zum Begriff der Volkssouveränität vor allem im allgemeinen Sinne Max Webers verwendet. Dieser versteht unter Repräsentation den Tatbestand, „daß das Handeln bestimmter Verbandszugehöriger (Vertreter) den übrigen zugerechnet wird oder von ihnen gegen sich als ‚legitim' geschehen und für sie verbindlich gelten gelassen werden soll und tatsächlich wird" (Weber 1980: 171).

Politische *Kontrolle* ist im Allgemeinen vielfältig *institutionalisiert* und *verrechtlicht*[17], bedarf aber meiner Ansicht nach gerade in segmentierten Politikarenen notwendig starker Elemente individueller wie assoziativer Teilhabe, um die *Verantwortung* in politischen Prozessen überwachen und die *Responsivität* der Entscheidungen sicherstellen zu können.[18]

Repräsentation und Herrschaftskontrolle verwirklichen sich zunächst ganz allgemein über die *Partizipation* von Akteuren und über demokratische *Verfahren*. Das *kann* über Wahlen geschehen, aber auch assoziativ über Verbandsmitgliedschaften und -aktivitäten; das *kann* auch direkt geschehen im Sinne von „sich selbst repräsentieren". Die Qualität der Partizipation und Verfahren ist natürlich keineswegs beliebig, bedarf vielmehr weiterer Qualifizierung. Anspruch und Problematik zugleich ist die Beachtung von *Gleichheitsgrundsätzen* und *offenen* Strukturen für partizipationswillige Akteure und Kontrolleure; demokratische Verfahren müssen Erfordernissen von *Rationalität* und *Transparenz* genügen (vgl. auch Schiller 1999). Offene Machtstrukturen und transparente Entscheidungen sind ihrerseits nicht ohne ausreichende *Gewaltenteilung* erreichbar, Demokratie setzt (als liberale Demokratie) zweifellos Rechtsstaatlichkeit voraus.

Demokratische (Mehrheits-)Wahlen sind *eine* Form der Umsetzung demokratischer Verfahren. Der entscheidende Schritt ist es nun zu sagen, es geht auch anders. Ziel ist dabei nicht die Suche nach Alternativen, sondern die Ergänzung parlamentarischer Mehrheitsdemokratie um Elemente *zusätzlicher demokratischer Legitimation* im Sinne von „compounded representation" (Benz/Esslinger 2000). Diese sind für trans- und supranationale Politikprozesse nicht nur „schmückendes Beiwerk", sondern notwendige demokratische Funktionsbedingung. Denn die Mehrheitswahl ist sehr anspruchsvoll an Voraussetzungen geknüpft: Es besteht die Notwendigkeit einer ausreichenden *Identität* oder zumindest *Solidarität* der als Gesamtheit Wählenden, um aus einer jederzeit möglichen Minderheitenposition heraus Mehrheitsentscheidungen trotzdem und ex ante akzeptieren zu können. Die „Existenz eines auf Wir-Identität gestützten Gemeinwesens" wird zur strukturellen Voraussetzung, verfahrensmäßig erfordert demokratische Legitimation zudem „Prozesse der öffentlichen Meinungs- und Willensbildung ..., in denen Streitfragen zugespitzt, Mehrheitsmeinungen gebildet und politische Führungspersonen beurteilt werden" (Scharpf 1993: 31). Identität und Solidarität sind wiederum

---

17 Demokratische Kontrolle durch Recht ist ein zentraler Aspekt, der hier allerdings vernachlässigt werden soll, weil prozessuale Fragen im Mittelpunkt der Darstellung stehen. Zu fragen ist allerdings nach der Transparenz politischer Entscheidungen, welche auch eine Voraussetzung für die Wirksamkeit von Rechtskontrolle ist.

18 Vgl. hingegen Grande 1996: „Eine effektive Kontrolle europäischer Politik ist m.E. nur durch eine Umstellung des Kontrollprinzips von der individuellen auf die institutionelle Kontrolle und die Optimierung der institutionellen Kontrolle im politischen System der EU zu erreichen" (355).

nicht ohne ein Minimum an politischer *Öffentlichkeit* und *Kommunikation* denkbar, Faktoren also, die in übernationalen Politikarenen ein knappes Gut sind bzw. Produkte demokratischer Prozesse sein müssen und nicht deren Voraussetzung. Auch steht es schlecht um die Erfordernis der *Kongruenz-bedingung* von Demokratie[19].

> „Die meisten Anwendungen des Legitimitätsbegriffs setzen voraus, dass Regulierung und Legitimierung staatliche Leistungen sind, die sich auf den selben Akteurskreis (Urheber und Adressaten) beziehen. Im Zeitalter komplexer Mehrebenensysteme ist diese Auffassung aber nicht mehr unstrittig" (von Haldenwang 1999: 367).

Sektorale „Teilbereichsöffentlichkeiten" könnten aber an die Stelle territorial generierter Identität treten. „In dem Maße, in dem solche sektoralen Öffentlichkeiten breitenwirksam werden könnten ... kann sogar eine identitätsstiftende Wirkung erwartet werden" (Zürn 1996: 51). Diese ist allerdings an Voraussetzungen gebunden.

> „Der in transnationalen (sektoralen) ‚latenten Demoi' erwartbare Grad an kollektiver Identität erlaubt a) nur ‚anspruchslose' Entscheidungs- bzw. Politiktypen; konkret: mangels ‚Loyalität' ... verbietet sich z.B. redistributive Politik. Er erlaubt b) nur bestimmte Entscheidungsmodi, nämlich nichtmajoritäre" (Abromeit/Schmidt 1998: 316).

Ohne die Diskussion hier vertiefen zu können, bleibt zu betonen, dass ein heute empirisch und normativ handhabbarer Demokratiebegriff ohne die Idee der „Volkssouveränität" auskommen muss – dazu zwingen nicht nur Globalisierungs-, sondern auch Differenzierungs- und Individualisierungsprozesse, die Ansprüche auf weitreichende territoriale Homogenität immer fragwürdiger machen.

Zudem wurde bisher nur ein so benannter *prozessualer Kern* beschrieben, Demokratie kann aber auch kaum ohne bestimmte *inhaltliche Grundbedingungen* funktionieren. Bei der Analyse etablierter Demokratien hat es eine deutliche Gewichtsverlagerung weg von der Formulierung *normativer Voraussetzungen* und hin zur Erfassung der Erfordernisse *effektiver Politik* gegeben. Ein weitreichender Grundkonsens über gesellschaftliche Werte und normative Ziele kann heute kaum noch als gegeben vorausgesetzt werden, auch nicht innerhalb nationaler Grenzen. Der demokratisch notwendige Konsens ist vor allem ein herzustellender *Konsens über Verfahren*, wie was entschieden werden soll. Zusätzlich ist allerdings die Akzeptanz der Geltung grundlegender Menschenrechte notwendig, die aber für die EU-Staaten an dieser Stelle als gegeben betrachtet werden darf. Je weniger Konsens jedoch für demokratische Legitimation vorausgesetzt werden kann, desto wichtiger wird dessen *Erzeugung* in politischen Prozessen, als temporärer öffentlicher Konsens oder auch als Konsens funktional hergestellter Teilbereichsöffentlichkeiten.

---

[19] Vgl. dazu oben die Ausführungen zur Ökonomischen Föderalismustheorie.

Für die Demokratietheorie zunehmend wichtiger wird auch die Erfordernis eines akzeptablen politischen Outputs, also einer *effektiven und effizienten* Politik, was vor allem in der Ökonomischen Theorie immer angemahnt und auch von Fritz Scharpf mit seinem Konzept einer „komplexen Demokratietheorie" (1970) aufgegriffen wurde. Zweifellos gewinnt gerade die EU-Politik heute große Teile ihrer (nur mäßigen) Akzeptanz durch Output-Legitimation, durch die Anerkennung effektiver Problemlösung. Dem ist bei der Entwicklung eines demokratischen Legitimationsmodells Rechnung zu tragen, weil selbst optimale Input-Legitimation bei schwacher oder zu kostenintensiver Leistung kaum auf soziale Legitimation hoffen kann und äußerst instabil wäre. Eine solche Politik sollte somit auch nicht *demokratisch* genannt werden dürfen. Da aber die Effektivität des politischen Outputs entgegen dem bei Scharpf anklingenden Akzent eine Variable subjektiver Wahrnehmung darstellt, sollte diese auch als *subjektive Legitimation* bestimmt werden. Demokratietheoretisch relevant wird damit weniger die politische Leistung als ihre *Einschätzung*. Ich plädiere also nachdrücklich dafür, die Schaffung ausreichender *sozialer Legitimation* im Sinne von *Akzeptanz* als notwendige Bedingung demokratischer Legitimation in die Demokratietheorie zu integrieren.[20]

Als Kernprinzipien demokratischer Legitimation wurden als prozessuale Bedingungen die Repräsentation gesellschaftlicher Interessen bzw. Präferenzen und die Kontrolle von Herrschaft identifiziert, welche sich sowohl in Formen parlamentarischer Demokratie als auch vermittelt über die Beteiligung organisierter Interessen wiederfinden können. Gleichzeitig wurden die Grenzen parlamentarischer Mehrheitsdemokratie betont, die zusammen mit der Erfordernis effektiver und akzeptabler Politikergebnisse einen Bedeutungszuwachs von Formen funktionaler, partizipationsorientierter Repräsentation für die Demokratietheorie und -praxis notwendig machen. Im Folgenden sollen nun einige dieser „alternativen" demokratietheoretischen Zugänge vorgestellt werden, die als vielversprechend für eine (Teil-)Antwort auf die europäische Demokratiefrage angesehen werden. Die größte demokratietheoretische Herausforderung wird allerdings nicht die Entscheidung zwischen Alternativen, sondern die konstruktive Kopplung von Legitimationsmodellen sein.

---

[20] Die Thematik der *sozialen Legitimation* kann hier nicht ausführlich bearbeitet werden. Grundlegend dazu ist insbesondere die Herrschaftstypologie in Max Webers *Wirtschaft und Gesellschaft* (1980).

3.3 Demokratische Legitimation durch Partizipation organisierter Interessen

Die demokratierelevante Partizipation gesellschaftlicher Interessen soll zunächst aus der Perspektive der *Pluralismustheorie* skizziert werden, bevor ich dann einige Aspekte einer *assoziativen* und *deliberativen Demokratie* vorstellen werde.

3.3.1 Staatszentrierte oder pluralistische Demokratie?

„Während alle Autorität von der Gemeinschaft ausgeht und von ihr abhängt, ist die Gemeinschaft selbst in so viele Teile, Interessen und Gruppen ihrer Bürger gespalten, daß die Rechte des einzelnen oder der Minderheit nur wenig von gezielten Interessenzusammenschlüssen der Mehrheit zu befürchten haben."
(James Madison, in: Hamilton/Madison/Jay 1994: 316ff.)

Es gibt aus historischer Perspektive einen grundlegenden Unterschied zwischen amerikanischem und europäischem Herangehen an demokratische Fragen. Während es der europäischen bürgerlichen Emanzipationsbewegung historisch immer beschieden war, wirtschaftliche und politische Freiheitsbestrebungen gegen die Vorherrschaft eines souveränen Staates zu erringen, beeinflusste die amerikanischen Föderalisten – mangels feudaler und absolutistischer Traditionen in der Neuen Welt – die Sorge vor der unbeschränkten Macht einer dominierenden Mehrheit. Die Stärkung der Vielfalt der Interessen – vermittelt durch ein System der „Checks and Balances" in einer föderativen Staatenunion – galt ihnen als Garant beschränkter Macht der Regierenden wie der Regierten. Der viel selbstverständlichere Umgang mit normativ erwünschten Einflüssen „privater" Interessen spiegelt sich in der Entwicklung amerikanischer Pluralismustheorie: Arthur Bentley's *The Process of Government* erschien 1908 und wird, obwohl damals wenig beachtet, oft als Keimzelle pluralistischer Politik-Theorie bewertet. Erst 1951 etablierte dann David B. Truman mit *The Governmental Process* in ausdrücklicher Anlehnung an Bentley die seitdem kontrovers diskutierte und bis heute immer wieder mit Pluralismustheorie schlechthin identifizierte amerikanische *Gruppentheorie* (vgl. Schubert 1995). Truman ging davon aus, dass das prozessual immer neu auszuhandelnde Interessengleichgewicht zwischen allen beteiligten Akteuren verbunden mit dem nötigen demokratischen Verfahrenskonsens die Stabilität des Systems dauerhaft gewährleisten werde. In der Folge gab es andauernde Kritik an den empirischen und normativen Grundlagen der Theorie, die später von Dahl (1961) dann in seine eigene Studie integriert wurde. In seiner Beschreibung politischer Polyarchie-Strukturen, einem „government by minorities", wird Pluralismus auf die Konkurrenz sozialer und ökonomischer Eliten begrenzt und damit auch legitimiert. Das mag der empirischen Realität näher gekommen sein, forderte aber die normative Kritik, die damit verbundene demokratische Defizite und Emanzipationshemmnisse betonte, umso mehr heraus.

Als grundlegend erwies sich bald die Frage nach der Ungleichverteilung von Partizipationschancen gesellschaftlicher Interessen im pluralistischen System. Insbesondere die Studie von Olson (1968) über die unterschiedliche *Organisationsfähigkeit* von Interessen gewann nachhaltigen Einfluss und wurde später um das Kriterium der *Konfliktfähigkeit*, der Möglichkeit von Interessengruppen, gesellschaftlich relevante Ressourcen als Druckmittel zu verweigern, ergänzt (Offe 1969).

In den 70er Jahren begann dann mit den unabhängig voneinander entwickelten Studien von Schmitter (1974) und Lehmbruch (1974) die internationale Diskussion um neue Formen *korporatistischer Interessenvermittlung*, die bald die politikwissenschaftliche Forschung bestimmte. Empirisch anknüpfend an Veränderungsprozesse im Verhältnis von Staat und Verbänden in der Hochphase des Keynesianismus, betonte der Neokorporatismus nun die Einbindung organisierter Interessen bei der Formulierung und Erfüllung staatlicher Aufgaben und Leistungen und bündelte durch eine so verlagerte Forschungsperspektive die Kritik an der pluralistischen Gruppentheorie. Der auf den politischen Input-Bereich konzentrierten pluralistischen Interessenkonkurrenz wurde die Inkorporierung einer monopolisierten und quasi-institutionalisierten Verbändestruktur (Schmitter) in einen damit effizienteren staatlichen Abstimmungs- und Steuerungsprozess (Lehmbruch) gegenübergestellt. Eine gewisse Synthese finden beide Theoriestränge heute in der *Netzwerkkonzeption* politischer Steuerung (vgl. z.B. Mayntz 1992), deren empirische Relevanz für europäische Regulierung und Legitimation schon betont wurde. An die Stelle hierarchischer Entscheidung tritt die horizontale Perspektive politischen Aushandelns unter Einbindung gesellschaftlicher Akteure.

„Eine klare Unterscheidung von Steuerungssubjekt und Steuerungsobjekt wird damit praktisch unmöglich: In Policy-Netzwerken läßt sich eine ‚Gesetzgebungsperspektive' nicht ohne Verfälschung der Wirklichkeit aufrechterhalten" (Mayntz 1997: 234).

Eine spezifisch demokratietheoretische, kritische Weiterentwicklung erfahren die erwähnten Konzepte in Ideen einer *assoziativen Demokratie*[21], vor allem in Verbindung mit der inzwischen umfangreichen Diskussion *deliberativer Demokratie*.

---

21 Auch diese Konzepte haben allerdings wesentlich ältere Vorläufer, z.B. Follett 1918; Laski 1997 (Original 1917).

3.3.2 Assoziative Beteiligung und deliberative Prozesse

Die Begrifflichkeit einer *assoziativen Demokratie* baut auf dem als untrennbar verstandenen Zusammenhang zwischen gouvernementaler Regulierung und freiwilligen, zivilgesellschaftlichen Assoziationen auf (z.b. Hirst 1994). Als „dritter Weg" zwischen hierarchisch-staatlicher Steuerung und dem marktvermittelten „freien Spiel der Kräfte" wirkt die organisierte Zivilgesellschaft aktiv gestaltend über intermediäre, assoziative Organisationen an politischen Entscheidungen mit. „The core idea of associative democracy is to curb faction through a deliberate politics of association while netting such group contribution to egalitarian-democratic governance" (Cohen/Rogers 1992: 425). Im Unterschied zur Hauptvariante pluralistischer Diskussion betont die assoziative Theorie nicht nur die Gefahr politischer Zersplitterung. Es wird vielmehr der gesellschaftlichen *Ungleichheit* und ihrer politischen Korrektur entscheidende Bedeutung beigemessen: „The core of that ideal is that the members of a society ought to be treated as equals in fixing the basic terms of social cooperation" (Cohen/Rogers 1992: 416f). Das Gleichheitsideal beschränkt sich allerdings nicht auf die (liberale) Postulierung gleicher bürgerlicher Rechte, vielmehr soll es im assoziativen Aushandlungsprozess von Politik aktiv umgesetzt werden, das heißt, schwache, wenig konflikt- oder organisationsfähige Interessen gilt es, gezielt zu stärken. „If business is too powerful, then associative resources should be provided to labor or other non-business-dominated groups; the current imbalance is not an argument for abandoning the general idea" (455). Das wirft viele Fragen auf, von denen nur einige im letzten Abschnitt empirienah am Beispiel europäischer Beschäftigungspolitik aufgegriffen werden können. Wichtig ist hier der grundsätzliche Perspektivwechsel: Nicht mehr die territoriale Repräsentation eines gemeinschaftlichen Ganzen steht im Mittelpunkt, sondern die *funktionale Repräsentation* spezifischer Interessen über verbandliche Organisations- und Einflussprozesse. Die Partizipation assoziativer Akteure wird zur entscheidenden Legitimationsressource, nicht die umfassende Beteiligung aller BürgerInnen. Neben der assoziativen Organisationsform wird zudem das *deliberative Prinzip* wichtig:

> „Zentrales Strukturmerkmal ist hier der Gedanke, dass es kein ausschlaggebendes Prinzip der Demokratie ist, ob jeder daran partizipiert oder nicht, sondern bestimmend ist, dass es zu einer öffentlichen Beratung über Fragen der Politik kommt und Regelungsbetroffene die Möglichkeit haben, auf den Prozess der Regelgenerierung Einfluss zu nehmen" (Neyer 1999: 398).

Das deliberative Prinzip meint „a dialogical process of exchanging reasons for the purpose of resolving problematic situations that cannot be settled without interpersonal coordination and cooperation" (Bohman 1996: 27). Entscheidende Voraussetzung für deliberative Prozesse ist wiederum, dass

„there is a rough equality of power, for the purpose of deliberative decision, between participants" (Fung/Wright 2001: 25).

Zwar ist Deliberation auch als parlamentarisches, konsensorientiertes Reformmodell denkbar, seine zentrale Relevanz entfaltet das deliberative Politikmodell jedoch als zivilgesellschaftliches Legitimationskonzept.

„An die Stelle vorpolitischer Gemeinschaft treten aus kooperativem Problemlösungshandeln erwachsende Formen ziviler Solidarität. Die Einflussmöglichkeit aufgrund der Überzeugungskraft des besseren Arguments tritt an die Stelle einer zumeist nur nachträglichen Kontrolle durch Wahlen und Voten. Am herkömmlichen Parlamentarismus orientierte Formen des Regierens werden durch dezentrale Prozesse der Entscheidungsfindung in deliberativen Arenen ersetzt" (Wolf 2000: 197).

Im Unterschied zum pluralistischen System der Interessenvermittlung wird die Qualität des politischen Prozesses, der problemlösungsorientierte politische Diskurs, bedeutsam, welcher nicht auf Durchsetzung der mächtigsten Interessen, sondern zumindest auf konsensualen Ausgleich, besser aber auf die diskursive Überzeugungskraft des besseren Arguments (im Sinne von Habermas) setzt. Zugleich ist die *Öffentlichkeit* solcher Prozesse wesentlich für ihre Legitimation, sie ersetzt klassische demokratietheoretische Identitätskonzepte.

„More important is the public character of the reasons addressed to others in deliberation. That is, the reasons offered to convince others must be formulated in such a way that all deliberators can understand and potentially accept them … .The public use of reason in this stronger sense is thus not only dialogical; it is also self-reflective or recursive in any important sense for deliberation" (Bohman 1996: 38f.).

Die politische Öffentlichkeit ist aber nicht nur als Faktor der Stärkung von Responsivität wichtig, sie muss auch zu großen Teilen die notwendige *Kontrolle* demokratischer Prozesse gewährleisten.

„Letztlich kommt es aus der Perspektive der an zivilgesellschaftlicher Interessenvermittlung Beteiligten darauf an, daß über die Vermittlung zwischen sub- und supranational angesiedelten argumentativen, öffentlich-dialogischen Verständigungsprozessen eine Kontrolle über die politische Gestaltung des öffentlichen Lebens gewonnen werden kann" (Heinelt 1997: 96).

Die Möglichkeiten, Probleme und Konsequenzen, welche sich aus den beschriebenen demokratietheoretischen Zugängen für die demokratische Praxis in der EU ergeben, sollen nun am Beispiel europäischer Beschäftigungspolitik mit ihren eingangs dargestellten Facetten diskutiert werden.

4. Möglichkeiten und Grenzen europäischer Demokratie am Beispiel der EU-Beschäftigungspolitik

Demokratisch legitimierte Politik erfordert eine angemessene Repräsentation gesellschaftlicher Interessen sowie die wirksame Kontrolle der Entscheidungsprozesse: einerseits über offene, gleichberechtigte Partizipation der Entscheidungsbetroffenen bzw. ihrer Vertreter, andererseits über transparente, rationale Verfahren. Ein effektiver politischer Output ist ebenso notwendig wie die Herstellung breiter Akzeptanz auf Seiten der Entscheidungsbetroffenen; beides sind letztlich zwei Seiten einer Medaille. Angewandt auf die Komplexität und Mehrebenenverflechtung europäischer Politik wird schnell klar, dass auf solch vorraussetzungsvolle Prinzipien nicht angemessen mit einer exklusiven Strategie demokratischer Legitimation zu reagieren ist. Gefragt sind vielmehr Kopplungsmodelle, welche versuchen, differenzierte Legitimationsangebote von Politik durch die konstruktive Verbindung verschiedener normativer demokratietheoretischer Zugänge und ihre Anpassung an empirische Realitäten zu optimieren. Einen solchen Versuch macht zum Beispiel Arthur Benz mit einem System lose gekoppelter Entscheidungsarenen im Mehrebenensystem, welche jeweils funktional differenziert auf parlamentarischer, intergouvernementaler und assoziativer Repräsentation und Legitimation aufbauen (Benz 1998a und b).

„The idea of a compounded representative system that includes elements of a balanced division of power and of linking arenas by institutionalised forums of deliberative democracy seems to provide an adequate normative framework for democratising the EU" (Benz/Esslinger 2000: 27).

Ich möchte an dieser Stelle nicht näher auf die Modelle eingehen, doch scheint mir die Differenzierung nach Politikphasen und -modi ein vielversprechender Weg für eine optimierte Nutzung der Legitimationspotentiale europäischer Politik zu sein. Ohne selbst einen ausgereiften Vorschlag vorlegen zu wollen, sehe ich in der Realität europäischer Beschäftigungs- und Strukturpolitik brauchbare Anknüpfungspunkte für eine auch normativ akzeptable Verteilung von Kompetenzen und Repräsentationsmodi, die ich abschließend skizzieren, aber auch kritisch hinterfragen werde. Die Diskussion orientiert sich im Folgenden an den vier eingangs herausgearbeiteten Dimensionen europäischer Beschäftigungspolitik.

(1) Beschäftigungspolitik im weitergehenden Sinne auch als Wirtschafts- und Finanzpolitik ist Sache der Mitgliedstaaten und ihrer Regionen, der europäischen Ebene fallen nur Koordinations- und Evaluationsaufgaben zu. Die Koordination nationaler Politiken verursacht kaum demokratiespezifische Probleme, zumindest keine, die nicht auch auf der Ebene etablierter Staat-

lichkeit zu finden wären.[22] Hier kann europäische Politik öffentlich die „Akzeptanzfrage" stellen, um auf Ineffektivitäten aufmerksam zu machen, ansonsten ist sie entsprechend dem Subsidiaritätsprinzip nicht zuständig, die demokratische Frage bleibt weitgehend eine nationale. Kann dieses Modell auch kaum – obwohl nicht selten von Verfechtern nationaler oder renationalisierter Regulierung gefordert – ohne Effektivitäts- und Realitätsverlust als Vorbild für alle Legitimationsfragen herhalten, so bietet es doch für bestimmte Policy-Bereiche einen sicheren, weil gewohnten demokratischen Weg. Verdichtet sich allerdings die Substanz von Entscheidungen, für die der Rat als europäisches Gremium zuständig ist, so kann daraus eine für Demokratiefragen relevante Problematik erwachsen, wenn nationale Parlamente exekutive Entscheidungen zwischenstaatlicher Politik nur unzureichend legitimieren können. Dies ist vor allem bei Mehrheitsentscheidungen der Fall, insofern die eigene Regierung überstimmt würde oder zu weitreichenden materiellen Kompromissen gezwungen wäre. Wie die Ausführungen eingangs aber gezeigt haben, ist dies für den Bereich des Beschäftigungstitels im EGV kaum der Fall. Fehlende Vergemeinschaftung bzw. eine nur geringe Entscheidungssubstanz ermöglichen also eine relativ kurze, über nationale Parlamente hergestellte Legitimationskette. Zu ergänzen ist andererseits, dass die beschäftigungspolitische Evaluation auf europäischer Ebene die *soziale Legitimation*, die gesellschaftliche Akzeptanz nationaler Beschäftigungspolitik durchaus erheblich beeinträchtigen kann, ist sie doch aufgrund fehlender rechtlicher Sanktionsmöglichkeiten gerade auf die Herstellung kritischer Öffentlichkeiten für die Wirksamkeit der Bewertung von Best Practice und Ergebniseffektivität angewiesen.

(2) Anteil an regulativer Politik haben supranational die „Sozialpartner" für die in Titel XI (EGV) abgegrenzten Politikfelder. Nach herrschender *staatsrechtlicher* Einschätzung fehlt diesen Akteuren die nötige demokratische Repräsentativität: „Durch die Beteiligung der Sozialpartner kann hingegen entgegen der Ansicht des EuGH keine Legitimation im organisatorischen Sinne hergestellt werden, sie vertreten nicht die ‚europäischen Völker'" (Britz/Schmidt 1999: 498). Doch auch aus einer Perspektive, die weniger dem Gedanken der „Volkssouveränität" verbunden ist, also etwa aus dem Blickfeld assoziativer Demokratietheorie, bereitet die Quasi-Monopolstellung der „Sozialpartner" Probleme. Deren Beteiligung folgt eher korporatistischen und nur bedingt transparenten Mechanismen. Die wichtige Frage ist hier die nach der Repräsentativität der Akteure, wer sind eigentlich die Sozialpartner, welches heterogene Konglomerat von Akteuren müssen und können sie vertreten? Allerdings gilt der *Dialog zwischen den Sozialpartnern* nur der Ent-

---

22 Hier ist vorrangig die Verlagerung von Gestaltungskompetenzen weg von parlamentarischen und hin zu exekutiven Akteuren zu erwähnen, aber auch zunehmende Partizipationsbedürfnisse und Akzeptanzprobleme im nationalen Rahmen.

scheidungsvorbereitung, verpflichtet aber den Rat zur Entscheidung, je nach Materie einstimmig oder mit qualifizierter Mehrheit. Aber hier erweist sich eine „Verbändedemokratie" ohne territoriale Legitimation mehr als Wunsch denn als Wirklichkeit – zu groß ist in der Regel der stark selektiv wirksame Ressourcenbedarf für die Präsenz organisierter Interessen auf dieser Ebene, zu exklusiv gestaltet sich hier die politische Beteiligung. Am Rande sei erwähnt, dass auch die (wesentlich bedeutsameren) Komitologieverfahren zwar zumeist durch kooperatives, „problemlösendes" Verhalten geprägt sind, wohl kaum aber die akteursbezogene Repräsentativität, geschweige denn Transparenz erreichen, wie sie für deliberative Demokratie zwingend notwendig wäre.[23]

(3a) Die europäische Regulierung strukturpolitischer Beschäftigungspolitik ist in der Phase der Rahmen- und Programmplanung nach formalen Kriterien „demokratisch vorbildlich": Im Rat gilt das Prinzip der Einstimmigkeit, das Europäische Parlament entscheidet mit Zustimmung bzw. im Mitentscheidungsverfahren. Das ist verständlich, geht es bei der Strukturpolitik auch um erhebliche Umverteilungsleistungen, die einerseits (zur Zeit noch) schwer als reine Mehrheitsentscheidungen vorstellbar sind, die andererseits aber auch für deliberative Problemlösung nur schwer zugänglich erscheinen. Solcherart von *Bargaining* ist daher für assoziative Demokratieverfahren nur wenig geeignet, zu oft verläuft es nach dem „Recht des Stärkeren" und macht nur unter gleich starken (staatlichen) Akteuren *Package Deals* und *Logrolling* möglich. Das mag suboptimal und sehr teuer sein, verärgert auch Teile der medialen und (wirtschafts-)wissenschaftlichen Öffentlichkeit, tangiert aber demokratische Fragen damit weniger aus der Partizipationsperspektive als unter Aspekten effektiver Output-Legitimation. Auch längerfristig ist es jedoch kaum vorstellbar, dass (re-)distributive Politik ganz ohne territoriale, über Parlamente und gewählte Regierungen vermittelte Legitimation auskommen könnte. An dieser Stelle ist allerdings an die Legitimationsschwächen eines europäischen Parlamentarismus zu erinnern: Die EU ist kein Staat, sie verfügt weder über nennenswerte Staatsgewalt noch über ein „Staatsvolk" als Souveränitätsgrundlage, auch eine politische „europäische Identität" ist aller Anstrengungen und Wünsche zum Trotz nur schwach ausgeprägt. „The European Parliament may see itself as the conscience of the EU, as the voice of its people, as their ‚grand forum'. But the people themselves do not identify with

---

[23] Zwar räumt auch Jürgen Neyer (1997: 35) ein, dass die Komitologie „mit den grundlegendsten Anforderungen, die an demokratische Prozesse gestellt werden wie Transparenz und parlamentarischer Kontrolle ... wenig gemein" hat, für ihn stellt eine „postnationale normative Demokratietheorie" jedoch eine Lösung aus dem Dilemma dar (vgl. auch Neyer 2000). Ich möchte jedoch nochmals unterstreichen, dass auch eine „postnationale" Demokratie keineswegs auf die oben herausgearbeitete „normative Substanz" verzichten darf.

it, with its outputs, its parties or its MEPs" (Lodge 1996: 206). Selbst schwächere Formen von Identität wie die Erzeugung von Gemeinschaftsbewusstsein und Öffentlichkeit sind noch erheblich defizitär. „A multilevel communication link for the formation of public opinion in Europe does not exist at the supranational level" (Merkel 1999: 53).

Andererseits erhöht aber das Einstimmigkeitsprinzip für strukturpolitische Grundsatzentscheidungen im Rat auch die Qualität demokratischer Legitimation über nationale Parlamente. Anzumerken bleibt aber, dass die allermeisten BürgerInnen der EU-Staaten nicht zufällig nur wenige Kenntnisse von europäischer Struktur- und Beschäftigungspolitik haben dürften – trotz überdurchschnittlich hoher Legitimation durch Verfahren.

(3b) Vielversprechende Ansatzpunkte für assoziative Formen von Demokratie im Feld von Beschäftigungspolitik scheinen mir bisher vor allem im strukturpolitischen Implementationsprozess auf regionaler Ebene zu liegen. Die Kommission sichert sich in dem Prozess eigenen Einfluss, sie schafft aber auch dezentrale Gestaltungsspielräume für kooperationswillige Akteure. Sie generiert so nicht nur unentbehrliche Informationsressourcen, sondern versucht damit zweifellos auch ihre eigene „Legitimation" zu stärken. So werden aber sowohl die Akteure, welche die europäischen Angebote aufgreifen und nur selten demokratisch gewählt wurden, als auch die Kommission, die sich bedeutsame, vertraglich nicht vorgesehene Einflusspotentiale „erschlichen" hat, zum Gegenstand demokratietheoretischer und -praktischer Erörterung. Hier wird schnell ersichtlich, dass die Anwendung parlamentarisch-demokratischer Mehrheitskonzepte wenig hilfreich ist bzw. nahezu zwangsläufig in Kritik an mangelhafter Transparenz der Verfahren sowie fehlender Repräsentation und Legitimation der beteiligter Akteure durch Wahlverfahren münden muss. Auch die Kommission sei demokratisch zu wenig legitimiert für weitreichende Gestaltungsaufgaben, in ihrem Handlungsfeld bilde sich vielmehr „eine neue, eine transnationale Konstellation bürokratischer Herrschaft heraus" (Bach 1999: 9), die durch die oft informelle und selektive Teilhabe unterschiedlich relevanter und ressourcenstarker Interessenvertreter demokratische Ansprüche auf Gleichheit und Öffentlichkeit zusätzlich in Frage stelle.

Andererseits ist kaum zu bestreiten, dass die Kommission dringend auf eine Politik der Förderung dezentraler Netzwerkbildung angewiesen ist, um über die Nutzung regionaler und gesellschaftlicher Informationsressourcen *effektive* Struktur- und Beschäftigungspolitik betreiben zu können.[24] Um aber Fragen nach der *Effektivität* von Politik in einer Zeit globalisierter Problemlagen, welche sich zunehmend nicht mehr national bewältigen lassen, produktiv mit solchen nach demokratischer *Legitimation* zu verknüpfen, bieten

---

24 Wenn die Politik hier als effektiv unterstellt wird, so ist das allerdings vom Kriterium der Effizienz deutlich zu unterscheiden.

sich neue demokratietheoretische Perspektiven an, wie sie oben diskutiert wurden. Nötig sind auch „new and more effective institutions for enhancing citizen understanding, deliberation, and informed participation" (Dahl 1994: 33). Hier ist gerade die Konzeption von *Territorialen Beschäftigungspakten* ein normativ geeigneter Rahmen für assoziative Legitimation unter Einbeziehung der örtlichen Verbandsakteure.

Partizipation und Deliberation sind allerdings keine „Zauberwörter", die per se demokratische Legitimation sicherstellen; ihre auch normativ qualifizierte empirische Umsetzung gestaltet sich keineswegs einfach. Die Qualität von Beteiligungen und Entscheidungen muss empirisch geprüft und demokratietheoretisch bewertet werden.[25]

Ein Kriterium ist dabei, ob und inwieweit regionaler Kooperation die nötige (Entscheidungs-)*Autonomie* zukommt und ob sie sich gegen mögliche staatliche Inkorporations- und Funktionalisierungstendenzen behaupten kann. Zu prüfen ist des weiteren, wie offen sich die Partizipation gestaltet, ob auch schwachen Akteuren der *Zugang* ermöglicht wird, ob die beteiligten Akteure wirklich *Repräsentativität* für den Kreis der Entscheidungsbetroffenen beanspruchen können, ob die Politikprozesse wirklich „problemlösend" im Sinne *deliberativer Argumentation* sind und ob die Ergebnisse Ansprüchen von *Innovation* und *Effektivität* und damit vor allem auch von *sozialer Akzeptanz* (insbesondere bei der Basis der Interessengruppen) gerecht werden.

Daneben sind aber noch zwei wichtige Fragen offen geblieben, nämlich die nach der notwendigen *Öffentlichkeit* der Politikprozesse sowie die nach der (neuen) Rolle von öffentlichen Akteuren bei Verfahren einer assoziativen Demokratie.

Die Anforderungen an die Qualität deliberativer Öffentlichkeit sind sicher ein strittiger und für europäische Mehrebenenpolitik, deren Effektivität oft gerade aus der Nicht-Öffentlichkeit konsensualer Entscheidungen resultiert, heikler Punkt. Grundsätzliche Entscheidungen von allgemeiner Bedeutung werden aus demokratischer Perspektive kaum ohne eine breite, auch medial vermittelte Öffentlichkeit auskommen. Je spezifischer Entscheidungen hingegen ausfallen und je genauer sich der Kreis der Betroffenen eingrenzen lässt, desto eher werden Formen von Teilbereichs-Öffentlichkeiten nach funktionalen Kriterien ausreichen. Hier wird „Öffentlichkeit" während des Politikprozesses hauptsächlich über die Beteiligung möglichst aller „entscheidungsbetroffener" Interessenvertreter gewährleistet, die die von ihnen mitgetragenen Entscheidungen ex post gegenüber der eigenen Mitgliedschaftsbasis rechtfertigen müssen. Hier stellt sich sicher auch die Frage nach innerverbandlicher Demokratie und nach der Art der Delegation der Entscheidungsbeteiligten. „But if they cannot be held accountable by those they represent, it

---

25 Das geschieht z. Z. bei ausgewählten Beschäftigungspakten in einem von mir durchgeführten Forschungsprojekt.

is deliberation among experts and not democratic deliberation that is emerging" (Benz/Esslinger 2000: 21). Eine (zusätzliche) territoriale Legitimation über die Zustimmung von (Parlaments-)Mehrheiten würde hier Verhandlungsspielräume und Innovationspotentiale erheblich einschränken. „State government and society appear to interpenetrate – and to dissolve into – one another" (Andersen/Burns 1996: 235). Damit kündigt sich letztlich auch eine neue Form von (europäischer) *Staatlichkeit* an, nämlich „eine in einem anderen Sinn minimale, nämlich den Prozeß assoziativer Politik aktivierende, stimulierende, regulierende und perfektionierende – kurz: prozessuale – Form von Staatlichkeit" (Schmalz-Bruns 1999: 234), die uns nicht zufällig auch in Teilbereichen europäischer Regulierung begegnet.[26] „Dem Leitbild des ‚moderierenden Staates' entsprechen die Implementationsstrukturen in Form der lokalen Beschäftigungspakte und im Rahmen der Strukturfondsförderung" (Roth/Schmid 2001: 15). Ein neuer Ansatz „weicher" politischer Steuerung, wie er von der Kommission verfolgt wird, könnte sich also – ohne dass dies die Kommission explizit beabsichtigt – als in hohem Maße kompatibel mit Anforderungen an demokratisch legitimierte Politik erweisen, zumindest im Bereich beschäftigungspolitischer Implementation, dem – wie gezeigt wurde – wichtige Gestaltungsaufgaben dezentralisierter Steuerung zukommen. Eine staatliche bzw. europäische Aufgabe muss dabei allerdings im Sinne der assoziativen Demokratie die Sicherung eines offenen Zugangs von Akteuren zu den Entscheidungsnetzwerken sein, die gegebenenfalls auch mit Maßnahmen einer „positiven Diskriminierung" organisationsschwacher Akteure zu flankieren ist.[27]

5. Ergebnisse

Es wurde in diesem Beitrag gefragt, wie unterschiedliche Steuerungsprozesse und Entscheidungsstrukturen innerhalb eines vielgestaltigen europäischen Politikfeldes, der EU-Beschäftigungspolitik, mit verschiedenen Verfahren und Qualitäten demokratischer Legitimation in diesen Politikbereichen – mit demokratischen Restriktionen, aber auch Potentialen – korrelieren. Dafür wurden aus theoretisch-normativer Perspektive mehrerer Kernprinzipien demokratischer Legitimation eruiert, die trotz unterschiedlicher Mittel der Umsetzung und Zielerreichung in einzelnen Konzepten allgemeine Gültigkeit als demokratische Mindestanforderungen beanspruchen sollen.

Es wurde an verschiedenen Stellen deutlich, dass die EU kaum mit traditionellen Verfahren parlamentarischer Legitimation alleine auskommen kann,

---

[26] Vgl. Kapitel 2.3.
[27] Dies wird ja durch die Kommission auch teilweise schon praktiziert.

es also einer Ergänzung um assoziative und deliberative Demokratiekonzepte und ihrer empirischen Umsetzung bedarf. Es kann dabei in der Tat nicht darum gehen, empirisch ermittelte Phänomene vorschnell mit dem Prädikat „legitimiert wegen Partizipation" zu versehen, sondern es muss jeweils im Detail geprüft werden, ob demokratische Legitimation feststellbar ist und wie sich gegebenenfalls Legitimationsqualitäten verbessern lassen, wie also auch normative Anforderungen implementiert werden können.

Als Ergebnis ist festzuhalten, dass die im Interesse der eigenen Handlungsfähigkeit betriebene Politik einer „weichen Regulierung" der Kommission gerade im strukturpolitischen Implementationsprozess einige Anknüpfungspunkte für Erfordernisse einer normativ akzeptablen demokratischen Legitimation über die Partizipation dezentraler Akteure liefert.

Zwar gibt es sicher auch in der Politikformulierungsphase einige relevante Aspekte demokratischer Legitimation über assoziative Verfahren, offenere Zugangsmöglichkeiten für gesellschaftliche Akteure und größere Transparenz von politischen Netzwerken lassen sich im europäischen Mehrebenensystem allerdings vor allem in der Implementationsphase erwarten, sofern dieser genügend Spielräume für Problemformulierung, Entscheidung und Gestaltung verbleiben. Die regionale Ebene erscheint als grundsätzlich geeigneter für assoziative, „bürgernahe" Demokratie über deliberative Verfahren, auf ihr fallen die „Kosten der Beteiligung" weniger stark ins Gewicht, die Transparenz der Prozesse ist in der Regel leichter herstellbar. So kann die Ausbreitung „weicher" Regulierung, die sich auf inhaltliche Rahmenplanung beschränkt und vor allem Verfahrensstandards garantiert und Finanzierungsoptionen anbietet, die gegebenenfalls auch im Sinne gleicher Beteiligungschancen ressourcenarme Akteure stärkt, ansonsten aber den Prinzipien von Dezentralisierung und Partizipation folgt, einen wichtigen Beitrag zur Demokratisierung des europäischen Mehrebenensystems leisten. Die vielfältigen dabei entstehenden Probleme im Detail, aber auch grundlegende Herausforderungen wie die Frage nach einer optimalen Kopplung der verschiedenen Legitimationsmodi, die sich durchaus gegenseitig beeinträchtigen können, wird die demokratietheoretische wie -praktische Forschung wohl noch lange herausfordern. Die praktischen Möglichkeiten einer stärkeren demokratischen Legitimation von EU-Politiken über dezentrale Beteiligungsprozesse im Sinne des Subsidiaritätsprinzips sollten aber unbedingt genutzt und verstärkt werden.

Literatur

Abromeit, Heidrun: Überlegungen zur Demokratisierung der Europäischen Union. In: Wolf, Klaus Dieter (Hrsg.): Projekt Europa im Übergang. Probleme, Modelle und Strategien des Regierens in der Europäischen Union, Baden-Baden: Nomos, 1997, S. 109-123

Abromeit, Heidrun/Schmidt, Thomas: Grenzprobleme der Demokratie: konzeptionelle Überlegungen. In: Kohler-Koch, Beate (Hrsg.) Regieren in entgrenzten Räumen, PVS-Sonderheft 29(1998), Opladen/Wiesbaden: Westdeutscher Verlag, 1998, S. 293-320

Andersen, Svein S./Burns, Tom R.: The European Union and the Erosion of Parlamentary Democracy: A Study of Post-parlamentary Governance. In: Andersen, Svein S./Eliassen, Kjell A. (Hrsg.): The European Union: How Democratic is it?, London: Sage, 1996, S. 227-251

Andersen, Svein S./Eliassen, Kjell A. (Hrsg.): The European Union: How Democratic is it?, London: Sage, 1996

Bach, Mauricio (1999): Die Bürokratisierung Europas. Verwaltungseliten, Experten und politische Legitimation in Europa, Frankfurt a. M./New York: Campus, 1999

Banchoff, Thomas/Smith, Mitchell P. (Hrsg.): Legitimacy and the European Union. The Contested Polity, New York: Routledge, 1999

Bentley, Arthur F.: The Process of Government, Evanston: Principia Press of Illinois, 1908

Benz, Arthur: Ansatzpunkte für ein europafähiges Demokratiekonzept. In: Kohler-Koch, Beate (Hrsg.) Regieren in entgrenzten Räumen, PVS-Sonderheft 29(1998), Opladen/Wiesbaden: Westdeutscher Verlag, 1998a, S. 345-368

Benz, Arthur: Postparlamentarische Demokratie? Demokratische Legitimation im kooperativen Staat. In: Greven, Michael Th. (Hrsg.): Demokratie – eine Kultur des Westens? 20. Wissenschaftlicher Kongress der Deutschen Vereinigung für Politische Wissenschaft, Opladen: Leske+Budrich, 1998b, S. 201-222

Benz, Arthur/Esslinger, Thomas: Compounded Representation in EU Multilevel Governance. In: Auel, Katrin/Benz, Arthur/Esslinger, Thomas: Democratic Governance in the EU. The Case of Regional Policy, Hagen: Fernuniversität – Gesamthochschule, 2000, S. 3-30

Bohman, James: Public Deliberation. Pluralism, Complexity, and Democracy, Cambridge: MIT Press, 1996

Britz, Gabriele/Schmidt, Marlene: Die institutionalisierte Mitwirkung der Sozialpartner an der Rechtsetzung der Europäischen Gemeinschaft. Herausforderungen des gemeinschaftlichen Demokratieprinzips. In: Europarecht (1999)4, S. 467-498

Cohen, Joshua/Rogers, Joel: Secondary Associations and Democratic Governance. In: Politics & Society (1992)4, S. 393-472

Dahl, Robert A.: Who Governs? Democracy and Power in an American City, New Haven: Yale Univ. Press, 1961

Dahl, Robert A.: A Democratic Dilemma: System Effectiveness versus Citizen Participation. In: Political Science Quarterly (1994)1, S. 23-34

Downs, Anthony: An Economic Theory of Democracy, New York: Harper & Row, 1957

Europäische Kommission: Leitfaden für die territorialen Beschäftigungspakte 2000-2006, 1999 [http://www.inforegio.cec.eu.int./pacts/DE/biblio_de.html]

Europäische Kommission: White Paper on European Governance, 2001 [http://www.europa.eu.int/comm/governance/white_paper/index_en.htm]

Evers, Adalbert/Leggewie, Claus: Der ermunternde Staat. Vom aktiven Staat zur aktivierenden Politik. In: Gewerkschaftliche Monatshefte (1999)6, S. 331-340

Follett, Mary P.: The New State – Group Organization the Solution of Popular Government, New York: Longmans, Green, 1918

Fung, Archon/Wright, Erik Olin: Deepening Democracy: Innovations in Empowered Participatory Governance. In: Politics & Society (2001)1, S. 5-41

Grande, Edgar: Demokratische Legitimation und europäische Integration. In: Leviathan (1996)3, S. 339-360

Haldenwang, Christian von: Staatliches Handeln und politische Regulierung. Die Legitimität politischer Ordnungen im 21. Jahrhundert. In: PVS (1999)3, S. 365-389

Hamilton, Alexander/Madison, James/Jay, John: Die Federalist Papers, herausgegeben und kommentiert von Adams, Angela und Adams, Paul Willi, Paderborn: Schöningh, 1994

Heinelt, Hubert: Zivilgesellschaftliche Perspektiven einer demokratischen Transformation der Europäischen Union. In: Zeitschrift für Internationale Beziehungen (1997)1, S. 79-107.

Hirschman, Albert O.: Exit, Voice and Loyality, Cambridge: Harvard Univ. Press, 1970

Hoskyns, Catherine/Newman, Michael (Hrsg.): Democratizing the European Union. Issues for the Twenty-First Century, Manchester: Manchester Univ. Press, 2000

Laski, Harold: Studies in the Problem of Sovereignty, Ed. and with an Introduction by Paul Hirst, London: Routledge, 1997 (Original 1917)

Lehmbruch, Gerhard: A Non-competitive Pattern of Conflict Management in Liberal Democracies: The Case of Switzerland, Austria and Lebanon. In: McRae, Kenneth (Hrsg.): Consociational Democracy: Political Accommodation in Segmented Societies, Toronto: McClelland and Stewart, 1974, S. 90-97

Lijphart, Arend: Typologies of Democratic Systems. In: Comparative Political Studies (1968)1, S. 3-44

Lodge, Juliet: The European Parliament. In: Andersen, Svein S./Eliassen, Kjell A. (Hrsg.): The European Union: How Democratic is it?, London: Sage, 1996, S. 187-214

March, James G./Olsen, Johan P.: Democratic governance, New York: Free Press, 1995

Mayntz, Renate: Modernisierung und die Logik von interorganisatorischen Netzwerken. In: Journal für Sozialforschung (1992)1, S. 19-32

Mayntz, Renate: Soziale Dynamik und politische Steuerung. Theoretische und methodologische Überlegungen, Frankfurt a. M./New York: Campus, 1997

Merkel, Wolfgang: Legitimacy and Democracy: Endogenous Limits of European Integration. In: Anderson, Jeffrey J. (Hrsg.): Regional Integration and Democracy. Expanding on the European Experience, Lanham u.a.: Rowman & Littlefield, 1999, S. 45-67

Neyer, Jürgen: Administrative Supranationalität in der Verwaltung des Binnenmarktes: Zur Legitimität der Komitologie. In: Integration (1997)1, S. 24-37

Neyer, Jürgen: Legitimes Recht oberhalb des demokratischen Rechsstaates? Supranationalität als Herausforderung für die Politikwissenschaft. In: PVS (1999)3, S. 390-414

Neyer, Jürgen: Justifying Comitology: The Promise of Deliberation. In: Neunreither, Karlheinz/Wiener, Antje (Hrsg.): European Integration after Amsterdam: Institutional Dynamics and Prospects for Democracy, Oxford u.a.: Oxford University Press, 2000, S. 112-128

Oates, Wallace E.: Fiscal Federalism, New York: Harcourt Brace Jovanovich, 1972

Offe, Claus: Politische Herrschaft und Klassenstrukturen – Zur Analyse spätkapitalistischer Gesellschaftssysteme. In: Kress, Gisela/Senghaas, Dieter (Hrsg.): Politikwissenschaft: eine Einführung in ihre Probleme, Frankfurt a. M.: Europ. Verl.-Anst., 1969, S. 135-164

Olson, Mancur: Die Logik des kollektiven Handelns. Kollektivgüter und die Theorie der Gruppen, Tübingen: Mohr, 1968

Roth, Christian/Schmid, Josef: Steuerungsprobleme in der europäischen Arbeitsmarkt- und Beschäftigungspolitik. Zur Dialektik von Mehrebenensystemen. http://www.uni-tuebingen.de/uni/spi/steuerungsprobleme.pdf (Stand 12/01), 2001

Sartori, Giovanni: Demokratietheorie, Darmstadt: Wiss. Buchgesellschaft, 1992

Scharpf, Fritz W.: Demokratietheorie zwischen Utopie und Anpassung, Konstanz: Univ.-Verlag, 1970

Scharpf, Fritz W.: Versuch über Demokratie im verhandelnden Staat. In: Czada, Roland/Schmidt, Manfred G. (Hrsg.): Verhandlungsdemokratie, Interessenvermittlung, Regierbarkeit. Festschrift für Gerhard Lehmbruch, Opladen: Westdeutscher Verlag, 1993, S. 25-50

Schiller, Theo: Prinzipien und Qualifizierungskriterien von Demokratie. In: Berg-Schlosser, Dirk/Giegel, Hans-Joachim (Hrsg.): Perspektiven der Demokratie. Probleme und Chancen im Zeitalter der Globalisierung, Frankfurt a. M./New York: Campus, 1999, S. 28-56

Schmalz-Bruns, Rainer: Deliberativer Supranationalismus. Demokratisches Regieren jenseits des Nationalstaates. In: Zeitschrift für Internationale Beziehungen (1999)2, S. 185-244

Schmidt, Manfred G.: Demokratietheorien. Eine Einführung, Opladen: Leske+Budrich, 2000

Schmitt, Hermann/Thomassen, Jacques (Hrsg.): Political Representation and Legitimacy in the European Union, Oxford : Oxford Univ. Press, 1999

Schmitter, Philipp C.: Still the Century of Corporatism? In: Review of Politics (1974)1, S. 85-131

Schubert, Klaus: Pluralismus, Korporatismus und politische Netzwerke, Duisburg: Gerhard Mercator Universität, FB 1, 1995

Schumpeter, Joseph A.: Kapitalismus, Sozialismus und Demokratie, Tübingen: Francke, 1993

Staeck, Nicola: Politikprozesse in der Europäischen Union. Eine Policy-Netzwerkanalyse der europäischen Strukturfondspolitik, Baden-Baden: Nomos, 1997

Thomas, Sven: Handbuch europäischer Beschäftigungspolitik: Programme – Organisation – Handlungsschwerpunkte, Frankfurt a. M.: Peter Lang, 1999

Tömmel, Ingeborg: Staatliche Regulierung und europäische Integration. Die Regionalpolitik der EG und ihre Implementation in Italien, Baden-Baden: Nomos, 1994

Tömmel, Ingeborg: Jenseits von regulativ und distributiv: Policy-Making der EU und die Transformation von Staatlichkeit. In: Grande, Edgar/Jachtenfuchs, Markus (Hrsg.): Wie problemlösungsfähig ist die EU? Regieren im Europäischen Mehrebenensystem, Baden-Baden: Nomos, 2000, S. 165-187

Truman, David B.: The Governmental Process, New York: Knopf, 1951

Weale, Albert/Nentwich, Michael (Hrsg.): Political Theory and the European Union. Legitimacy, Constitutional Choice and Citizenship, London: Routledge, 1998

Weber, Max: Wirtschaft und Gesellschaft, Tübingen: Mohr, 1980

Wolf, Klaus Dieter: Die neue Staatsraison - Zwischenstaatliche Kooperation als Demokratieproblem in der Weltgesellschaft. Plädoyer für eine geordnete Entstaatlichung des Regierens jenseits des Staates, Baden-Baden: Nomos, 2000

Zürn, Michael: Über den Staat und die Demokratie im europäischen Mehrebenensystem. In: PVS (1996)1, S. 27-55

Geschlechterpolitik in Europa: Supranationale Gestaltungsimpulse und mitgliedstaatliche Systemtraditionen

Nora Fuhrmann

Einleitung

Die papierenen und elektronischen Veröffentlichungen des Europäischen Parlaments und der Europäischen Kommission offenbaren eine starke geschlechterpolitische Aktivität dieser beiden Gremien. Das Zeitalter der Gleichberechtigung scheint (wieder einmal) eingeläutet. In der Tat sind die Vorsätze aus gleichstellungsorientierter Sicht groß und gut: Direkte und indirekte Diskriminierung sollen im politischen Prozess dort vermieden werden, wo sie entstehen, nämlich bei jeder einzelnen Entscheidung in jeglichem Politikbereich.[1] Die Vereinbarkeit von Familie und Beruf für Männer steht auf der Tagesordnung; damit ist die klassische bürgerliche, geschlechtsspezifische Zweiteilung und Zuweisung der Sphären Öffentlichkeit und Privatheit berührt. Zusätzlich zur „Einbindung der Chancengleichheit in sämtliche politischen Konzepte und Maßnahmen der Gemeinschaft" (Kommission 1996) werden die früheren „Frauenpolitischen Aktionsprogramme", die jeweils für einen Zeitraum von fünf Jahren galten, fortgesetzt. Das neue Aktionsprogramm für die Jahre 2001 bis 2005 ist ambitioniert und mit 50 Mio. € etwas besser ausgestattet als die vorangegangenen Programme (vgl. Rat 2001). Es ist eingebettet in eine von der Kommission initiierte und vom Rat bestätigte umfassende „Rahmenstrategie der Gemeinschaft zur Förderung der Gleichstellung von Frauen und Männern" (vgl. Rat 2001; Kommission 2000a).

Viele RegierungsvertreterInnen agieren auf supranationalem und internationalem Parkett geschlechterpolitisch progressiver als in der nationalen Politik. Supranationales Recht bricht nationales Recht und die Mitgliedsländer der EU sind verpflichtet, Richtlinien der Gemeinschaft binnen bestimmter

---

[1] So sieht es der Mainstreaming-Beschluss der Kommission von 1996 vor und so ermöglicht es der Amsterdamer Vertrag. Vgl. Abschnitt 2.

Fristen umzusetzen. Die Mitgliedstaaten beginnen, den neuen geschlechterpolitischen Ansatz der Gemeinschaft zu implementieren. Im Implementationsprozess muss der supranational entwickelte Ansatz allerdings, so
Lewis/Ostner (1998: 218), das „Nadelöhr (...) [der] Vielfalt nationaler Rahmenbedingungen, Präferenzen und kultureller Einstellungen" passieren. Die
Politik wird gefiltert durch die national gültigen Begriffe, die vorhandenen
Institutionen, Gesetze, politischen Traditionen und üblichen Praxen, auch
durch den jeweils spezifischen Feminismus (vgl. ebd.: 215-218; weiterhin
Berger/Luckmann 2000). Das heißt, und das möchte ich hier nachweisen, die
geschlechterpolitische Modernisierung – als solche bezeichne ich die supra-
nationale Politik der jüngeren Zeit – findet unter höchst unterschiedlichen
Voraussetzungen statt, was entsprechend sehr unterschiedliche Ergebnisse der
Implementation vermuten lässt.

1. Geschlechterpolitik:
Der unterliegende Begriff von „Mann" und „Frau"

Geschlechterpolitik ist sowohl ein *eigenständiges Politikfeld* – dieses könnte
(allerdings etwas ungenau) als „Frauen-" oder „Gleichstellungspolitik" bezeichnet werden – als auch ein *Querschnittsthema*, das alle anderen Politikbereiche durchzieht. Der Begriff der Geschlechterpolitik ist ein analytischer
Begriff. Er bezeichnet aus der Vogelperspektive all diejenigen Bestandteile
jeglicher Politik, die Auswirkungen auf das Geschlechterverhältnis haben
(vgl. Kulawik/Sauer 1996: 29).
   Die Voraussetzung jeder Geschlechterpolitik ist, sich einen Begriff vom
sozialen Individuum zu bilden. Grundlage der Politik ist die Entscheidung
darüber, ob man von der Existenz eines *geschlechtsneutralen* Individuums
ausgeht, oder ob man Mann und Frau als grundsätzlich oder im Detail *unterschiedliche* Individuen mit differenten Fähigkeiten und Bedürfnissen imagi-
niert und definiert. Die Europäische Gemeinschaft hat ihrer Gleichstellungspolitik von Anfang an ein geschlechtsneutrales, also nicht zwischen Männern
und Frauen differenzierendes soziales Individuum zugrundegelegt (vgl.
Schunter-Kleemann 1993: 87-90). Bis Anfang der 90er Jahre wurde daraus
die Schlussfolgerung gezogen, dass Mann und Frau gleichberechtigt *sind,*
nicht aber gleichberechtigt *werden müssen,* und dass bestehende Ungleichheiten durch die bessere Verbreitung von Informationen zum Thema und einzelne, ausbessernde Programme oder Maßnahmen leicht zu beheben seien
(vgl. z.B. Kommission 1988). Diese Annahme einer „eigentlich" schon ver-
wirklichten Chancengleichheit war, neben der Beschränkung der Gleichstellungspolitik auf den Bereich des Arbeitsmarktes, ein Hindernis für aktive, intervenierende Geschlechterpolitik, die den gebotenen umfassenden Einfluss-
bereich hat. Der Mainstreaming-Ansatz und die Artikel 2, 3 und 13 des

Amsterdamer Vertrages verändern die Chancengleichheit vom *schon er-*
reichten zum *zu erreichenden* Ziel, indem die Thematisierung der *mangeln-*
den Chancengleichheit in allen Politikbereichen als Voraussetzung der Herstellung *tatsächlicher* Gleichstellung erkannt und vorgesehen wird. Damit
sind größere Möglichkeiten politischen Intervenierens gegeben.

2. Geschlechterpolitik auf supranationaler Ebene

Die europäische Geschlechterpolitik ist seit Mitte der 90er Jahre in eine neue
Phase eingetreten. Lewis/Ostner (1998) unterteilen die bisherige Entwicklung
in vier Phasen: eine erste bis 1972, während der das Rechtsinstrument des
Lohngleichheitsartikels nicht angewendet wurde; eine zweite Phase von 1973
bis 1983, in der der Lohngleichheitsartikel das einzig verfügbare Instrument
war, aber trotzdem eine starke Aktivität entwickelt wurde; eine dritte Phase
der Stagnation bis Anfang der 90er Jahre. Während der (andauernden) vierten
Phase seit Mitte der 90er Jahre ist wieder eine verstärkte Aktivität mit neuen
Ansätzen und Veränderungsimpulsen zu beobachten.

Der Amsterdamer Vertrag schreibt in den Artikeln 2, 3 und 13 die Förderung der Gleichstellung von Männern und Frauen als Gemeinschaftsaufgabe
fest. Zusätzlich zum älteren Instrument der „Positiven Aktionen" zugunsten
von Frauen, die geschlechtsspezifische Nachteile ausgleichen sollen, gibt es
seit 1996 als zweites, neues Standbein der Geschlechterpolitik das „Gender-
Mainstreaming". Dieser Ansatz bezieht sich auf die Forderungen der Pekinger
Weltfrauenkonferenz 1995.[2] „Gender-Mainstreaming" bedeutet die Einbindung des Ziels der Chancengleichheit von Männern und Frauen in sämtliche
allgemeinen politischen Konzepte und Maßnahmen der EU (vgl. Kommission
1996). In der Praxis heißt das, schon während der Politikformulierung zu
kontrollieren, ob ein zu fassender Beschluss ein Geschlecht diskriminieren
könnte. Alle beschlussfassenden Gremien sollen ihre Tätigkeit selbst an diesen Kriterien orientieren.

Der „Ausschuss für die Rechte der Frau und Chancengleichheit" des Europaparlaments und das „Büro für Chancengleichheit" bei der Kommission
engagieren sich sehr für die Umsetzung des Gender-Mainstreaming-
Beschlusses.[3] Obwohl die Kommission Romano Prodis politisch insgesamt
eher zurückhaltend agiert (vgl. Falkner 2000), sind bei der internen Umsetzung des Gender-Mainstreamings in der Kommission Fortschritte erkennbar,

---

[2] Vgl. Pollack/Hafner-Burton 2000;
   http://www.un.org/Depts/german/conf/beijing/beij1.htm#res.

[3] Vgl. http://europa.eu.int/comm/employment_social/equ_opp/index_de.htm;
   http://www.europarl.eu.int/committees/femm_home.htm.

insbesondere in der Personal- und der Arbeitszeitpolitik (vgl. Kommission 2000b, 2000c).

Konsequent umgesetzt, bedeutet diese Praxis der Geschlechterpolitik eine deutlich größere Teilhabe von Frauen und eine stärkere Präsenz von Gleichstellungsinteressen in der Politikentwicklung insgesamt. Diese Veränderung lässt sich durchaus als Umverteilung von Machtressourcen und finanziellen Mitteln bezeichnen und ist damit eine qualitative Neuerung, die potentiell in den bestehenden Geschlechtervertrag der bürgerlichen Gesellschaft (vgl. Pateman 1988) eingreifen und die Zuordnung der öffentlichen und der privaten Sphäre zu Männern bzw. Frauen überwinden könnte (vgl. Fuhrmann/Liegl 2001).

Die Frage nach der Quantität, also der Finanzierung von Positiven Aktionen, etwa der Frauenpolitischen Aktionsprogramme, ist weniger optimistisch zu beantworten, weil die Programme nur über geringe Geldmittel verfügen. Der quantitative Gewinn liegt also in der Nutzbarmachung „allgemeiner" Mittel für *beide* Geschlechter. Zusätzlich ist Eurostat endlich dazu übergegangen, das der Gemeinschaft zur Verfügung gestellte Datenmaterial auch nach der Kategorie „Geschlecht" aufzuschlüsseln und bietet damit wichtige Informationen für die Entwicklung geschlechtersensitiver Politiken.

Auch in den gemeinschaftlichen Institutionen funktionieren allerdings die bekannten Verweigerungs- und Dethematisierungsstrategien (vgl. Lovenduski 2000). Aber die jahrzehnte-, sogar jahrhundertealten, politisch, kulturell, sozialstaatlich und kognitiv eingeschriebenen spezifischen Hierarchien und Rollenmuster sind hier erheblich weniger verbreitet und weniger wirksam, denn zum einen galt die Besetzung des Europaparlaments in der Vergangenheit in einigen Nationalstaaten als weniger wichtig und war darum nicht so stark umkämpft und männerdominiert (vgl. Abels 1997), und zum anderen sind viele Kernbereiche maskuliner Hegemonie nach wie vor auf nationaler Ebene angesiedelt, z.B. die spezifische Ausgestaltung des Systems der sozialen Sicherung und die Schaffung eines Bürgerlichen Gesetzbuches. Und schließlich muss und will man mit den VertreterInnen anderer Mitgliedsländer Kompromisse finden (zu letzterem vgl. Falkner 2000: 293). Diese Faktoren tragen zur Erklärung dessen bei, dass in der regulativen Geschlechterpolitik der EU gleichstellungspolitische Fortschritte erreicht worden sind.

3. Verschiedene Geschlechterordnungen in den Mitgliedsländern der EU

In den Mitgliedstaaten sind die Beharrungstendenzen der jeweiligen, über Jahrzehnte verankerten Geschlechterordnung ganz erheblich. Verschiedene Autorinnen unterscheiden Typen von Geschlechterregimen (von Wahl 1999), verschiedene „Brotverdienerregime" (Lewis/Ostner 1994), differente gesellschaftliche Leitbilder (Behning 1999) oder typische Modi, wie Männer und Frauen im Wohlfahrtsstaat inkorporiert sind (Leitner 1999). Die Klassifizierung von Sainsbury (1996) erlaubt die Differenzierung zweier idealtypischer Modelle der Geschlechterordnung: des hierarchiestabilisierenden und des enthierarchisierenden Modells. Das enthierarchisierende Modell ist an der sukzessiven Aufhebung verbliebener Ungleichheiten orientiert. In diesem Modell sind nicht nur Männer, sondern auch Frauen im Geschlechtervertrag (vgl. Pateman 1988) schon längere Zeit als *Individuen*, nicht als *Abhängige* repräsentiert. Das gegenläufige Idealmodell, das hierarchiestabilisierende, kennt beständig unterschiedliche Rechte und vor allem Pflichten für Mann und Frau. Traditionell und in Teilbereichen bis heute sind Frauen hier nicht vollständig in die bürgerliche Gesellschaft aufgenommen, sondern „nur als Frau, nicht als Mensch". Männer hingegen gelten als Mann *und* als Mensch. Wenn man anhand von Indikatoren wie dem System der sozialen Sicherung, der Arbeitsmarktsituation, der rechtlichen Regulierung des Geschlechterverhältnisses und anderen die realtypische Entsprechung dieser Idealtypen untersucht, dann ergibt sich für Europa eine Zweiteilung in skandinavische und außerskandinavische Länder.

Zur Illustration des enthierarchisierenden, skandinavischen Typs wähle ich das Beispiel Dänemark (vgl. auch Fuhrmann 2000). Der „Begriff vom Individuum" oder das gesellschaftliche Leitbild ist der und die geschlechtsneutrale Erwerbsbürger/in (vgl. O'Reilly 1996). Trotz einer starken Segregation des Arbeitsmarktes nach Tätigkeiten ist die Lohnungleichheit hier nur schwach ausgeprägt (vgl. Eurostat 1998). Die Kategorie „Hausfrau" ist in Vergessenheit geraten, soziale wie auch Geschlechtergleichheit sind hohe Ideale, die politische Partizipation von Frauen wie von Männern nähert sich in Parlamenten und Regierungen den 50% aller Mandate. Die Vereinbarkeit von Familienarbeit und Beruf ist im Ländervergleich weit fortgeschritten, öffentliche Kinderbetreuung ist leicht verfügbar und qualitativ hochwertig. Berufstätigkeit und Betreuungsarbeit lassen sich aufgrund relativ flexibler Arbeitszeitregelungen vereinbaren (vgl. Kommission 1998a).

In der Gruppe der nichtskandinavischen, hierarchiestabilisierenden Länder ist der „Begriff vom Individuum" ein anderer: *Das Individuum ist zwei.* Dem männlichen und dem weiblichen Individuum sind je unterschiedliche Aufgaben und Biographien zugemessen. Zur Illustration kann die Bundesrepublik Deutschland dienen. Fortschritte in Sachen Geschlechterdemokratie finden hier entweder sehr verspätet und in winzigen Schritten statt (vgl. Ostner 1998) oder verspätet und nur auf externen Druck durch den Europäischen Gerichtshof (z.B. die Entscheidung über die beruflichen Möglichkeiten von Frauen in der Bundeswehr). Es gibt kein geschlechtsneutrales Leitbild des und der Erwerbsbürger/in, sondern das eines Haushalts mit einem kontinuierlichen, existenzsichernden und einem diskontinuierlichen, einkommensverbessernden Einkommen (vgl. Behning 1999). Das Steuerrecht sanktioniert ungleiche

Einkommen von Ehepartnern positiv, die Vereinbarung von Familie und Beruf ist in Familien mit durchschnittlichem Einkommen nur sehr eingeschränkt möglich, weil günstige und umfassende Betreuungsmöglichkeiten fehlen und die aushäusige Betreuung für die Erziehenden daher mit hohem organisatorischem Aufwand verbunden ist (vgl. Kommission 1998a; 1998b). Modelle flexibler, familienverträglicher Arbeitszeit sind immer noch Einzelfälle, das Gleichstellungsgesetz für die Privatwirtschaft scheint nicht durchsetzbar (vgl. FR vom 30.4.01).

4. Schlussfolgerungen

Nähern sich die Mitgliedsländer verschiedenen Typs dem geschlechterpolitischen Ansatz der europäischen Ebene an? Die Praxis in den Ländern des skandinavischen Typs kommt den Grundannahmen der supranationalen Politik und der Praxis des Mainstreamings, zumal im Ergebnis, nahe. In den nordeuropäischen Ländern ist die entwickelte relative Geschlechterdemokratie das Resultat allgemeiner Gleichheits- und Umverteilungsideale. Eine Politik, die spezifische Anliegen von Frauen fokussiert, ist in Dänemark sehr schwer zu legitimieren (vgl. Borchorst 1995). Die mangelnde Reformierbarkeit der bundesdeutschen Geschlechterordnung lässt sich nach fast drei Jahren rot-grüner Regierung gut beobachten: Das Gleichstellungsgesetz für die Privatwirtschaft wird nicht durchgesetzt und die inzwischen gesetzlich garantierte Versorgung mit Kinderbetreuung wird nicht verwirklicht (vgl. FR vom 5.5.99 und 30.4.01; Weber/Schaeffer-Hegel 2000).

Die Empirie zeigt also, dass sich die traditionsbestimmten Beharrungskräfte auf nationaler Ebene trotz aller Modernisierungsanreize, die die EU-Politik bietet, mittelfristig standhaft zeigen: Die Union bleibt ein Europa der unterschiedlichen Geschlechterordnungen. Offenbar ist in diesem Bereich die Existenz eines starken „Misfits", den Börzel/Risse (2000) als notwendige Bedingung administrativer und politischer Veränderung konstatieren, nicht ausreichend, um die zentralen politischen Instanzen zum Umsteuern zu bewegen. Dass politisches Handeln auf Bundesländer- oder lokaler Ebene quasi an der deutschen Bundesregierung vorbei Wirkung entfaltet, ist vorstellbar, aber derzeit nicht ausreichend zu belegen (vgl. Stiegler 2000).

Das Dargestellte erlaubt einige Schlussfolgerungen: Die dichten und etablierten institutionellen Arrangements in den Mitgliedstaaten und die starke Verrechtlichung eines Politikfeldes verengen den Spielraum reformorientierter europäischer Politik. Andersherum garantiert eine starke europäische Verrechtlichung nicht unbedingt demokratische Durchbrüche. Die großen Fortschritte der Geschlechterpolitik wurden in schwach verrechtlichten Bereichen gemacht. Hier konnten auf Unionsebene mehrere Male Handlungsfenster geöffnet werden, die in althergebrachten gesellschaftlichen und politischen

Strukturen nicht entstehen können, z.B. bei den Verhandlungen zum Amsterdamer Vertrag. Das ist letztlich nicht anders als bei anderen historischen Fortschritten, etwa der breiten Durchsetzung des Frauenwahlrechts zu Zeiten des Ersten Weltkrieges, als die politischen Systeme der meisten europäischen Länder grundlegend umgestaltet wurden. In der EU werden diese Handlungsmöglichkeiten einerseits durch Erweiterungen und Vertragsrevisionen geschaffen und andererseits durch die erwähnte schwache Verrechtlichung zentraler Politikfelder, während die sozialstaatlichen und bürgerrechtlichen Institutionen und Traditionen der Mitgliedsländer sich veränderten gesellschaftlichen Leitbildern gegenüber als standhaft erweisen. Die Entwicklung einer *gemeinsamen Politik* z.B. im Bereich der (geschlechterpolitisch hoch relevanten) sozialen Sicherung müsste also auf einander widersprechenden mitgliedstaatlichen Vorstellungen über den Bürger und die Bürgerin und ihre Lebensmöglichkeiten und -aufgaben aufbauen – zumindest dann, wenn eine *Politische Gemeinschaft* allgemeinverbindliche Politiken nicht nur im Bereich der Marktregulierung oder -deregulierung entwickeln soll.

Literatur

Abels, Gabriele: Geschlechterdemokratie in der EU. Empirische Befunde und Thesen. In: Forum Wissenschaft (1997)14, S. 25-28

Behning, Ute: Zum Wandel der Geschlechterrepräsentationen in der Sozialpolitik. Ein policy-analytischer Vergleich der Politikprozesse zum österreichischen Bundespflegegeldgesetz und zum bundesdeutschen Pflege-Versicherungsgesetz. Opladen: Leske + Budrich, 1999

Berger, Peter L./Luckmann, Thomas: Die gesellschaftliche Konstruktion der Wirklichkeit. Frankfurt a. M.: Fischer, 17. Auflage 2000

Börzel, Tanja A./Risse, Thomas: When Europe Hits Home: Europeanization and Domestic Change. Paper presented at the Annual Convention of the American Political Science Association. Washington D.C., 31.8.-3.9. 2000

Borchorst, Anette: A Political Niche. Denmark's Equal Status Council. In: McBride Stetson, Dorothy/Mazur, Amy G. (Hrsg.): Comparative State Feminism. Thousand Oaks: Sage, 1995, S. 59-75

Eurostat: Sozialporträt Europas. Luxemburg: 1998

Falkner, Gerda: Problemlösungsfähigkeit im europäischen Mehrebenensystem: Die soziale Dimension. In: Grande, Edgar/Jachtenfuchs, Markus (Hrsg.): Wie problemlösungsfähig ist die EU? Regieren im europäischen Mehrebenensystem. Baden-Baden: Nomos, 2000, S. 283-311

FR vom 5.5.99: Vom schwierigen Umgang mit dem „Gedöns". Die Frauenministerin Christine Bergmann hat mit ihren Anliegen im Kabinett Schröder keinen leichten Stand. In: Frankfurter Rundschau(1999), S. 3

FR vom 30.4.01: Familienfreundliche Politik bedeutet mehr als ein erhöhtes Kindergeld. In: Frankfurter Rundschau(2001), S. 5

Fuhrmann, Nora: Dänemark: Arbeitsmarktpolitik im universalistischen Wohlfahrtsstaat. In: femina politica (2000)9, S. 18-26

Fuhrmann, Nora/Liegl, Michael: Wer weckt den Riesen? Gesellschaftliche Verände-
rungspotentiale von „Gender-Mainstreaming". In: Forum Wissenschaft(2001)18,
S. 42-45

Kommission der Europäischen Gemeinschaften: Positive Aktion. Leitfaden für die
Chancengleichheit der Frauen in der Arbeitswelt. Luxemburg: 1988

Kommission der Europäischen Gemeinschaften: Mitteilung: Einbindung der Chancengleichheit in sämtliche politischen Konzepte und Maßnahmen der Gemeinschaft. Brüssel: 1996

Kommission der Europäischen Gemeinschaften: Care in Europe. Joint Report of the
„Gender and Employment" and the „Gender and Law" Groups of Experts.
Luxemburg: 1998a

Kommission der Europäischen Gemeinschaften: Working Time Patterns in the Euro-
pean Union: Policies and Innovations from a Gender Perspective. Report of the
European Commission's Group of Experts on „Gender and Employment".
Luxemburg: 1998b

Kommission der Europäischen Gemeinschaften: Mitteilung der Kommission an den
Rat, das Europäische Parlament, den Wirtschafts- und Sozialausschuss und den
Ausschuss der Regionen für eine Rahmenstrategie der Gemeinschaft zur Förde-
rung der Gleichstellung von Frauen und Männern (2001-2005). Brüssel: 2000a

Kommission der Europäischen Gemeinschaften: Beschluss der Kommission vom
19.6.2000 über die ausgewogene Vertretung von Frauen und Männern in den von
ihr eingesetzten Ausschüssen und Sachverständigengruppen. ABl. L 154/34 vom
27.6.2000. Brüssel: 2000b

Kommission der Europäischen Gemeinschaften: Mitteilung der Kommission vom
7.7.2000 über die ausgewogene Vertretung von Frauen und Männern in den von
ihr eingesetzten Ausschüssen und Sachverständigengruppen. ABl. C 203/4 vom
18.7.2000. Brüssel: 2000c

Kulawik, Teresa/Sauer, Birgit: Staatstätigkeit und Geschlechterverhältnisse. Eine
Einführung. In: Dies. (Hrsg.): Der halbierte Staat. Grundlagen feministischer
Politikwissenschaft. Frankfurt a. M. und New York: Campus, 1996, S. 9-44

Leitner, Sigrid: Frauen und Männer im Wohlfahrtsstaat. Frankfurt a. M.: Peter Lang,
1999 (Europäische Hochschulschriften, Bd. 379)

Lewis, Jane/Ostner, Ilona: Gender and the Evolution of European Social Policies.
ZeS-Arbeitspapier Nr. 4/94 des Zentrums für Sozialpolitik der Universität
Bremen, 1994

Lewis, Jane/Ostner, Ilona: Geschlechterpolitik zwischen europäischer und nationalstaatlicher Regelung. In: Leibfried, Stephan/Pierson, Paul (Hrsg.): Standort Europa. Europäische Sozialpolitik. Frankfurt a. M.: Suhrkamp, 1998, S. 196-239

Lovenduski, Joni: Change in Women's Political Representation. In: Rossilli,
Mariagrazia (Hrsg.): Gender Policies in the European Union. New York: Peter
Lang, 2000, S. 87-105

O'Reilly, Jacqueline: Arbeitsmarkt, Arbeitsentgelt und Arbeitszeit von Frauen in den
Mitgliedstaaten der Europäischen Union. In: Piepenschneider, Melanie (Hrsg.):
Frauenpolitik in der Europäischen Union. Beiträge einer Tagung des Arbeitskrei-
ses Europäische Integration e.V. und der Vertretung der Europäischen Kommission in der Bundesrepublik Deutschland. Bonn: 1996, S. 63-73

Ostner, Ilona: Quadraturen im Wohlfahrtsdreieck. Die USA, Schweden und die Bundesrepublik im Vergleich. In: Lessenich, Stephan/Dies. (Hrsg.): Welten des Wohlfahrtskapitalismus. Der Sozialstaat in vergleichender Perspektive. Frankfurt a. M. und New York: Campus, 1998, S. 225-252

Pateman, Carole: The Sexual Contract. Cambridge: Polity Press, 1988

Pollack, Mark A.; Hafner-Burton, Emilie: Mainstreaming gender in the European Union. In: Journal of European Public Policy (2000)7, S. 432-456

Rat der Europäischen Union: Entscheidung des Rates über ein Aktionsprogramm der Gemeinschaft betreffend die Gemeinschaftsstrategie für die Gleichstellung von Frauen und Männern (2001-2006). ABl. L 17/22 vom 19.1.2001. Brüssel: 2001

Sainsbury, Diane: Gender, Equality, and Welfare States. Cambridge: University Press, 1996

Schunter-Kleemann, Susanne: Die Gleichstellungspolitik der EG − Formaler Anspruch und politische Praxen. In: Deppe, Frank/Weiner, Klaus-Peter (Hrsg.): Die Perspektive der Arbeitsbeziehungen in der EG und die soziale Dimension des Binnenmarktes '92. Marburg: Forschungsgruppe Europäische Gemeinschaften 1993 (Arbeitspapier Nr. 4), S. 79-92

Stiegler, Barbara: Wie Gender in den Mainstream kommt: Konzepte, Argumente und Praxisbeispiele zur EU-Strategie des Gender Mainstreaming. Bonn: Friedrich-Ebert-Stiftung, 2000

Wahl, Angelika von: Gleichstellungsregime. Berufliche Gleichstellung von Frauen in den USA und in der Bundesrepublik Deutschland. Opladen: Leske + Budrich, 1999

Weber, Ulla/Schaeffer-Hegel, Barbara: Geschlechterarrangements in der Bundesrepublik. Kontinuität und Wandel. In: Aus Politik und Zeitgeschichte. Beilage zur Wochenzeitung *Das Parlament*(2000)31-32, S. 5-10

II.

System-Entwicklung und Außenbeziehungen: Die Interaktion zwischen EU und Drittstaaten

Regional Integration as Response to External Challenge

Walter Mattli

1. Introduction

The Westphalian state is commonly defined as a system of political authority based on territory and autonomy. Territoriality implies that political authority is exercised over a defined geographic space; and autonomy means that no external actor enjoys authority within the borders of the state (Krasner 1995/96: 115-116). As recently noted by Stephen Krasner, breaches of the Westphalian model – through conventions, contracting, coercion, or imposition – have been an enduring characteristic of the international environment (Krasner 1993; 1995/96).

An increasingly prominent type of international contractual arrangement that frequently violates the Westphalian model, even though it remains consistent with a legal understanding of sovereignty, is the creation of regional economic and political unions. The violation occurs when these unions establish authority structures that supersede territorial boundaries and transgress autonomy by conferring control to supranational actors. A recent example is the European Union (EU). It possesses the most far-reaching supranational institutions of any recent regional integration scheme. The Commission, for example, is both the executive and the main administrative body of the EU. It has the 'right of initiative', i.e., the right to draft EU legislation. It also discharges an important monitoring task, seeing that member states do not act in ways which run counter to EU law. It can take a member state to task by demanding termination of an infringement, or by taking the matter to the European Court of Justice (ECJ) for a final decision. The Court, too, plays a key monitoring and enforcing role. Most notably, it has improved the effectiveness of the EU enforcement mechanism through two judge-made doctrines: supremacy and direct effect. The supremacy doctrine holds that EU law has primacy over national legislation; and the direct effect doctrine provides that EU law is directly applicable to the citizens of the member states without prior intervention by their governments (Burley and Mattli 1993). In a significant step to further the Court's effectiveness, the EU empowered the ECJ to impose heavy penalties upon member states that fail to comply with Court rulings.

Driving regional integration is the assumption or belief that the benefit of integration, namely increased national prosperity, is worth the cost in terms of diminished national policy-making autonomy and power. British Prime Minister James Callaghan echoed this theme in the late 1970s while debating whether the United Kingdom should become a member of the European Monetary System (EMS):

"When we joined NATO we removed some powers from ourselves but it was the general view of the House, continued for a quarter of a century, that in removing these powers we increased our security. That is surely the test that one needs to apply to this sort of proposal. If it means less power in order to increase prosperity, the House would have to take a decision whether it wished to remain poor and independent or whether it was willing to sacrifice some powers and be more prosperous" (Ludlow 1982: 144).

Prosperity, however, is not the only benefit of regional integration. Participation in a regional union may increase the influence that any one member has over others, thereby helping it to attain certain policy objectives more directly. For example, when British Eurosceptics demanded that Britain leave the EU in protest over the refusal of the French government to lift its ban on imports of British beef, the current British Prime Minister Tony Blair reminded them that it is only thanks to UK membership that he is able to sue France, adding: "Where we have difficulties with Europe we will sort them out ... [and] I will not give up [the UK]'s influence in Europe."[1]

This example highlights the relevance of the concept of 'sovereignty bargains' – a term recently coined by Karen Litfin – to the study of regional integration (Litfin 1997). States engage in sovereignty bargains in which they voluntarily accept some limitations in exchange for certain benefits. "It is more accurate to say that states engage in sovereignty bargains ... than [to say that they] ced[e] some monolithic principle of sovereignty" (Litfin 1997: 169). In this view, sovereignty becomes an aggregated concept that varies according to historical and social circumstances. Its constituting elements are autonomy, control, and legitimacy. Autonomy refers to independence in policy-making and action; control is the ability to produce an effect; and legitimacy refers to the recognized right to make rules. In a sovereignty bargain, control may be enhanced by sacrificing autonomy; or increased control

---

[1] Quoted in Robert Preston, „Beleaguered Blair maintains tough line amid attacks on European policy," Financial Times, December 11/12, 1999, p. 5.

may undercut a state's legitimacy. For example, developing countries may find their autonomy and certain elements of control and internal legitimacy diminished by their participation in international environmental regimes, whereas capabilities and external legitimacy may be promoted. Conversely, industrialized countries may find their autonomy diminished by the expectation that they should pay for conservation in developing countries, even as their external legitimacy may be increased by such trends. In sum, Litfin's argument is that sovereignty has been reconfigured over time and that this process, induced by pressure from both below and above the state, can only be grasped by disaggregating the key elements that constitute the term. While sovereignty bargains reconfigure sovereignty, they do not necessarily diminish it; reduced autonomy, for example, may be the price to pay for enhanced control or legitimacy.

This study argues that a multidimensional conceptualization of sovereignty, similar to the one proposed by Litfin, is a fruitful way of gaining an analytical understanding of the trade-offs that outsider countries face when debating whether or not to join an economic union. Litfin correctly notes that states enter sovereignty bargains that impose limitations in exchange for certain benefits. The following analysis pays considerable attention to the costs and benefits of membership in an economic union. The study, however, also extends Litfin's work by carefully specifying the background conditions of sovereignty bargains, thus introducing a temporal or dynamic element into the analysis. That is, it seeks to specify the factors that affect states' assessment of the costs and benefits of membership.

Membership in a union may have advantages but it often exacts a heavy toll in terms of foregone policy-making autonomy, especially if the union is economically successful. For example, membership in the European Union requires that an applicant be willing and able to accept the so-called *acquis communautaire*, a body of rules that comprises not only union law as enshrined in the Treaty of Rome but also a very extensive body of secondary law as defined in the European Union's directives and regulations. Membership in the North American Free Trade group is similarly costly. A Latin American applicant must accept what John Williamson dubs the "Washington Consensus", which includes reducing fiscal deficits, shifting expenditure priorities, tax reform, interest rate reform, exchange rate adjustment, liberalization of rules governing foreign direct investment, privatization, deregulation, and protection of property rights (Williamson 1995: 7). Or consider a 19th century example: Prussia required prospective members of the Zollverein, the German customs union, to adopt Prussian customs law, tariffs, and auditing procedures. In some cases, Prussia even demanded that a newcomer agree to restrict its participation in future changes of the common legislation as well as in negotiations of commercial treaties between the Zollverein and neighboring states.

Despite this heavy price, membership may be worth the candle, especially in times of economic decline. The analysis assumes that leaders value both policy-making autonomy and material resources (tax revenues etc.). It also assumes that politicians' ability to hold on to political power depends on their relative success in managing the economy. Leaders who fail to maintain relatively high levels of economic growth will be ousted.[2]

These postulates imply that leaders in outsider countries that prosper economically may have little incentive to join a union since the price of integration is substantial while the expected marginal benefits from integration in terms of improved re-election chances (or more broadly, the leaders' chances of staying in office) are minimal during a period of relatively rapid national economic growth. In hard times, leaders may be more willing to embrace pro-integration agendas. The reason is that the expected marginal value from integration is likely to increase as the economy declines. And as this value grows larger than the price of integration, rational outsiders will seek to become union insiders (Mattli 1999). Frequently, the economic difficulties in outsiders' economies are attributable, in part, to the negative economic effects of regional integration among neighboring states. These effects can take the form of trade and investment diversions, that is, outsiders may face temporary or lasting discriminatory trade policies, and rapid economic growth within a union as well as the large size of its single market may attract a larger share of international capital at the expense of outsiders; some new investment may be triggered by the need to get around the union's external tariff. Furthermore, improved competitiveness of the industries in a union could lead to increased production and lower prices, thus putting producers outside the union at a competitive disadvantage and resulting in a reduction of external trade.

Evidence of the logic of the autonomy-prosperity trade-off which determines outsiders' decisions to join unions is presented from two cases: the enlargement of the EU and the Zollverein. In sum, the analysis finds that eighteen out of twenty applications for EU membership by eleven West European states were submitted in times of sustained economic difficulties. Similarly, the results from the Zollverein show that the rulers of the many German kingdoms, electorates, and duchies clung to their sovereign rights and obstructed proposals for economic unification till economic crisis and empty treasuries forced them to seek membership in the Zollverein. The general pattern is that these outsiders sought no integration when there was no performance gap with the union, and sustained performance gaps always eventually triggered moves toward integration. Countries that failed to experience such a gap saw no reason to pay the price of integration and thus opted to stay out.

---

2   For evidence on the link between economic performance and re-election chances, see Erikson 1989; 1990; also Norpoth/Lewis-Beck/Lafay, 1991, and Eulau/Lewis-Beck 1985.

Relative prosperity, however, is not the only benefit of integration. Co-decision and participation in collective problem-solving will offer former outsiders a voice in (and thus some control over) the affairs of the union. For example, the members of the Zollverein sent representatives to the General Congress. This political platform provided them with a formal channel to express their policy preferences and participate in the management of the union. The Congress acted as legislative body, settled accounts, and solved problems arising from the common administration of the Zollverein. Important decisions were always taken by consent. Similarly, the UK came to realize in the early 1960s that membership in the EU would not only help her to restore economic health but also give her an effective way to influence the course of European integration. Small countries may also gain control by joining a union. For example, when the candidate members from Central and Eastern Europe join the EU, they will increase the collective political weight of the group of poor member states, which includes Greece, Ireland, Portugal, and Spain.

In conclusion, it is worth noting that sovereignty bargains are many; or as Litfin put it: "[S]overeignty bargains are structured differently for different states" (Litfin 1997: 196). Switzerland, whose powerful multinational corporations operate all over Europe and beyond and derive up to 95 percent of their revenues from international business, may be less worried about market access to the EU than say Romania, a predominantly agricultural state. Further, as one of the wealthiest countries, Switzerland would be a net contributor to the budget if it became an EU member state – consideration that, in isolation, militates against membership. Romania, however, sees one of the biggest attractions of membership in the generous transfer payments that it would be entitled to as one of the poorest countries in the EU. Finally, Switzerland possesses the technical expertise to adjust its laws unilaterally to EU norms to avoid regulatory discrepancies that may adversely affect its economy. Romania, in contrast, has neither the infrastructure nor the expertise to keep up with regulatory developments in the Union, but as a candidate country it would receive extensive financial and technical support to establish a modern administrative and judicial apparatus capable of implementing and enforcing union rules. The more general point is that very poor outsiders have a strong preference to join successful unions because membership is likely not only to boost economic growth but also to help bridge the glaring income gap between them and insiders. Rich outsiders, however, will be more reluctant to join since the costs will weigh more heavily. But in times of relative economic decline, even wealthy states may find membership in a union economically advantageous.

Before proceeding, I would like to preempt some possible criticism. The analysis of sovereignty bargains proposed in this study gives pride of place to economic variables. Some readers may find such a focus too narrow and the framework too parsimonious. I do not wish to imply that other variables, such as security or domestic politics, are irrelevant or that economic variables are all that matter. Nevertheless, a few broad questions about the external dimension of integration are formed within a context of unchanging military alliance patterns or domestic political structures. In such a context, economic variables may take us a long way toward explaining puzzling aspects of integration. Second, the study looks at sovereignty bargains primarily form the perspective of the applicant country. It assumes that the union is interested in enlargement. At times, however, a union may have no interest in accepting new members. If an outsider is not a desirable candidate in the sense of being able to make a net positive contribution to the union (e.g., through net payments into the common budget, or by offering obvious commercial advantages), the union is unlikely to accept it, unless exclusion of such a candidate is costlier to the union than accepting it.[3]

The study is organized as follows: Section 2 examines sovereignty bargains in the context of the German Zollverein, highlighting the context of the bargains and discussing the price and benefits of membership. Section 3 looks at sovereignty bargains that resulted in the first few rounds of EU enlargements, focusing primarily on the trade-off between autonomy and prosperity and the basic logic of the enlargement process from the point of view of the applicant. Section 4 spells out the elements of the sovereignty bargain for very poor countries. It analyzes the costs and benefits of potential EU membership for Central and East European countries. Conclusions are drawn in section 5.

2. Sovereignty Bargains and the German Zollverein

In the early years of the 19th Century, Germany was fragmented into over three hundred independent kingdoms, electorates, duchies, imperial cities, ecclesiastical territories, and estates of imperial kings (Henderson 1958: 1). These territories had enjoyed increasing independence ever since the close of the Middle Ages, but were able to claim full sovereignty only with the abolition of the Holy Roman Empire in 1806 (Price 1949: 12-19). After the defeat of Napoleon in 1815, Germany's political entities were consolidated into 38 states, which grouped themselves into the German Confederation (*Deutscher Bund*) (Oncken and Saemisch 1934; Aegidi 1865). This union of sovereign states (*Staatenbund* as opposed to *Bundesstaat*), where unanimity was re-

---

[3]   A union may have an interest in accepting 'undesirable' candidates when negative externalities originating in outsider countries threaten to disrupt the union's prosperity, stability, and security. See Mattli 1999: 94-99.

quired for joint action, proved utterly inadequate to provide for either economic or political unity. Political jealousies and the desire for autonomy by each state blocked any attempt at economic unification. In a period where income taxes were non-existent, and customs and excise duties were the main sources of state revenues, the submission to a common customs system with an independent customs administration would have amounted to giving away a vital part of sovereignty. Not surprisingly, the many conferences of the postwar period which were convened to discuss the rationalization of the German economy came to nought. Price notes:

"It is ... almost unbelievable that negotiations were kept up for so many years, and it is easily understood why they failed in their purpose ... [E]verybody was thinking first of his own state and hardly anybody ever considered the interests of the union they were going to establish, took broad views, or pursued a farsighted policy ... [A]ll of them refused to give up an iota of their own sovereignty" (Price 1949: 90).

Benaerts likewise observes that the formation of an integrated German market was not the spontaneous national movement which German legend ascribed to it. He points out that, on the contrary, the rulers of the many kingdoms, electorates, and duchies exhibited the most narrow-minded spirit of *Kleinstaaterei*, clinging to their sovereign rights and obstructing proposals for economic unification till empty treasuries forced them to seek membership in the Zollverein (Benaerts 1904: 63-72).

The first step towards an improvement of Germany's antiquated economic structure was taken by Prussia when it announced a customs reform in 1818 that abolished internal duties, established one single customs line along the boundaries of the monarchy, and replaced the chaotic system of over sixty different rates of customs and excises by a standardized tariff (Marriott and Robertson 1915: 290). In addition, transit dues were introduced in the Eastern and Western parts of Prussia, which lay on important European trade routes.[4] This new customs law put Prussian state finances back on a sound basis, aided Prussian industry and commerce and thus consolidated Prussian monarchy (Hahn 1984: 20-27).[5]

---

[4] Prussia's Eastern possessions stretched from the Memel at the mouth of the Vistula to Mühlhausen in the South of the Harz mountains. They comprised East Prussia, Posen, Pomerania, Brandenburg, Saxony and Silesia. The Western possessions included Westphalia and the Rhineland Province (from 1824). Prussia was divided by Hesse-Cassel, Brunswick, and the Southern portion of Hanover.

[5] A good measure of the relative efficiency of the new law is reflected by the fact that it reduced administrative costs in Prussia to only 14 to 15 per cent of total receipts (see Price 1949: 121). This contrasts with rates well over 50 percent for most other states. See also von Waltershausen 1923: 1-69.

2.1 The Cost of Exclusion and the Price of Membership

The construction of a single Prussian market, however, had negative effects on surrounding territories. Prussia's external tariff contributed to the economic weakening of neighboring territories by raising the prices on imported manufactured goods on which they heavily depended and by limiting the access of their exports to the large Prussian market. Thus isolated and destitute, these small countries faced the unenviable choice of remaining poor and autonomous or trading some of their sovereignty for market access and prosperity.

Hesse-Darmstadt was the first state to wake up to the inevitable. Its linen industry and viticulture were badly injured by the loss of Prussian markets. Cheap foreign manufactured articles grew scarce (Henderson 1958: 50). The introduction in 1824 of a boundary tariff system failed to stem the economic decline. Owing to the length of the frontier, the cost of maintaining the new customs line absorbed most of the collected revenues. Smuggling began to flourish and seriously compete with legitimate trade (Price 1949: 203). Hesse-Darmstadt approached Prussia in 1825 for an economic agreement. Three years later, a treaty was signed establishing a joint Customs Union.[6] This greatly benefited Hesse-Darmstadt's state finances through increased customs revenues and provided a much-needed boost to its economy. In return, Hesse-Darmstadt agreed to pay the price of membership in terms of foregone autonomy; this meant adoption of Prussian customs law, tariffs, and auditing procedures. It was allowed to administer the collection of customs duties in its own territory but only according to Prussian practices. Inspections were designed to assure uniformity. Secret treaty articles further limited Hesse-Darmstadt's sovereign rights: Its participation in future changes of the common legislation was restricted, and the Prussian customs inspectors at Darmstadt were given wider powers than those laid down in the principal treaty.[7] In addition, Prussia undertook all important negotiations with foreign countries on behalf of the union, and it distributed the customs revenues.

The creation of the Prussia-Hesse Darmstadt union was received with great apprehension in neighboring states. The British envoy Milbanke wrote to the Earl of Dudley from Frankfurt-am-Main on March 14, 1828:

"The news of this negotiation [between Prussia and Hesse-Darmstadt] has created ... no small alarm among the merchants and others connected with the trade in this part of Germany who will undoubtedly suffer considerably by it, as the Prussian custom house establishment is conducted with the utmost severity and the adoption of that system in the

---

6   The best discussion of the causes and consequences of the adhesion of Hesse-Darmstadt and the remaining Middle German states to the Prussian Zollverein is Hahn 1982; see also Schmitt 1828, and Eckert 1902.

7   The secret articles are reprinted in Oncken/Saemisch 1934: 207-211.

dutchy of Hesse-Darmstadt will have the effect of raising the duties upon a great number of articles of commerce" (Henderson 1958: 53).

Unsurprisingly, the sequence of events by which most other German states acceded to the Prussian Customs Union followed the pattern of the Hesse-Darmstadt case: first, loss of easy access to the large market, then economic deterioration (at times combined with social unrest) and, finally, resignation to the inevitable, i.e., economic merger with Prussia. The terms of membership were essentially the same as those which Hesse-Darmstadt had accepted. In some cases, however, unwillingness to pay the price of membership led affected outsiders to search for substitute export markets or to organize rival commercial unions (the second integrative response). Only after these efforts had failed did these outsiders approach Prussia. Three such temporary unions were established, a customs union between Bavaria and Württemberg, the Middle German Commercial Union, and the Tax Union (*Steuerverein*).

The Bavaria-Württemberg customs union came into force in July of 1828 in response to the Prussian treaty with Hesse-Darmstadt. Bavaria and Württemberg were, however, too small and their economies too much alike to form a powerful and efficient union. The customs revenues per head of population were only 9.5 silver groschen; Prussia collected 24 silver groschen. Administrative costs absorbed 44 percent of receipts which compared poorly to Prussia's 14 percent (Benaerts 1904: 46).

The Middle German Commercial Union (*Mitteldeutscher Handelsverein*) was set up in September of 1828, only a few months after the Bavaria-Württemberg union. It comprised Hanover, Saxony, Hesse-Cassel, Nassau, Brunswick, Oldenburg, Frankfurt-am-Main, Bremen, the Saxon duchies, the Reuss principalities, Hesse-Homburg, Schwarzburg-Rudolfstadt, and the Upper Lordship (*Oberherrschaft*) of Schwarzburg-Sonderhausen. The oppositional or anti-Prussian character of this union was unmistakable. The union prohibited its members from concluding individual customs or trade agreements with non-members and sought to keep open the North-South main trade routes from Hamburg and Bremen to Frankfurt-am-Main and Leipzig, but to restrict the traffic on the West-East routes in so far as they ran through Prussian lands (Henderson 1958: 68).

Efforts to turn this counter-union into a true common market foundered, as did attempts to use the union as a collective bargaining agency in negotiations with neighbouring states (Hahn 1984: 43-51). The economies of their members exhibited little complementarity, and lack of clear leadership rendered consensus elusive. Furthermore, the economic conditions in the member-states of the Middle German Commercial Union deteriorated rapidly and gave rise to widespread revolts in 1830. The Union's demise had begun. Sachse-Weimar was the first to defect, followed by Hesse-Cassel which joined the

Prussian Customs Union in 1831 on essentially the same terms as Hesse-Darmstadt.[8] Most of the remaining states now considered themselves at liberty to approach Prussia. Prussia signed treaties in 1833 with the Thüringen States,[9] Saxony, Bavaria and Württemberg. These all came into force on January 1, 1834 and on that day the German Zollverein was born. Thirty years after its foundation, Gustav Fischer wrote that

"the elder generation can still remember how joyfully the opening hour of the year 1834 was welcomed by the trading world. Long trains of wagons stood on the high roads, which till then had been cut up by tax barriers. At the stroke of midnight every turnpike was thrown open, and amid cheers the wagons hastened over the boundaries, which they could thenceforward cross in perfect freedom. Everyone felt that a great object had been attained."[10]

Baden, an agricultural state that traditionally exported wine, tobacco, hemp, hops and cattle, joined the Zollverein in 1835 when it became clear that substitute trade with Switzerland and Holland was no adequate compensation for the loss of German markets (Wallschmitt 1904: 1-75). It was shortly followed by Nassau and the Free City of Frankfurt-am-Main, where commercial isolation was threatening utter ruin (Henderson 1958: 110-121).[11]

The only states to demur further were Hanover and Brunswick. They formed the Tax Union (*Steuerverein*) in 1834, which Oldenburg joined in 1836. Unlike the Middle German Commercial Union, this *Steuerverein* was a genuine customs union with a common tariff, a joint customs administration and common excise duties. In its early years it obtained a revenue of a thaler per head of population from these duties, which was a third more than was raised by the Zollverein (Henderson 1958: 88). With no domestic manufacturing industry to protect, the *Steuerverein* pursued a policy of free trade to obtain English clothes, colonial goods and wines as cheaply as possible in exchange for its agricultural goods. It also turned a blind eye on the smuggling

---

8 Hesse-Cassel agreed, in addition, to introduce the same excise duties as those imposed in Prussia on wine, cider, and tobacco.

9 The Thüringen States included Sachse-Weimar, the smaller Saxon duchies, the Reuss principalities, the Prussian district of Erfurt, Schleusingen and Ziegenrück and the Hesse-Cassel district of Schmalkalden.

10 Gustav Fischer: Über das Wesen und Bedingungen eines Zollvereins. In: Hildebrands Jahrbuch für Nationalökonomie und Statistik (1865), p. 375; quoted in Henderson 1958: 94.

11 A dispatch to the British Foreign Office from the British envoy to the German Diet of December 1834 reads: „[H]emmed in by a line of Customs Houses all round the gates of the town ... [Frankfurt's] commercial intercourse with the interior of Germany was greatly harassed and restricted ... [I]ts commerce and trade had already fallen off considerably, and ... great apprehensions were entertained that its fairs would be irretrievably injured unless the union with Prussia was speedily effected; ... the British houses ... finding their old customers deterred from frequenting the fairs and their buyers diminish, had themselves become the advocates of the union with Prussia." Quoted in Viner 1950: 62.

of foreign merchandise into the Zollverein.[12] By 1840, the revenue differential between the Zollverein and the Tax Union had disappeared. In 1841, Brunswick announced its decision to leave the Tax Union for the Zollverein.[13] Exasperated at Brunswick's desertion, Hanover entered into negotiations with the Zollverein but failed to reach an agreement because Prussia was not prepared to grant the far-reaching concessions demanded by Hanover. A few years later, plagued by severe financial troubles, Hanover reopened talks and agreed to Prussia's terms.[14] It duly signed a treaty with the Zollverein in 1851. Oldenburg joined in 1852.

2.2 The Benefits of Membership

How did the states fare as members of the German customs union? In a nutshell, overwhelmingly well. Bavaria, for example, had drawn about 2.1 million florins from the revenues of its customs union with Württemberg in 1831. It obtained 3.86 million florins in its first year of membership in the Zollverein. Frankfurt-am-Main reported excellent business at its first fair after accession to the Zollverein, and watched with satisfaction the decline of its arch-rival Offenbach (Henderson 1958: 121). Agriculture revived in Baden and sugar refining was introduced under the protection of the Zollverein. Similar examples abound. In general, the extension of the market, along with improved communications by road, inland waterways and railways, permitted the expansion of existing manufacturers and the development of new ones. Tax collection costs fell from an overall German average of 44 percent of total receipts prior to the Zollverein to 9 percent in the late 1830s. Tax revenues increased by 71 percent between 1834 and 1843 while population increased by only 21.7 percent.[15]

The Zollverein also brought Germany a broad institutional framework in which technological improvements of the industrial revolution could flourish. The executive body of the Zollverein was the 'annual' General Congress,

---

[12] See Arning 1930.

[13] According to Hilde Arning, Brunswick refused to renew its membership in the Steuerverein after Hanover turned down a request by Brunswick to discontinue the construction of a road from Uelzen to Salzwedel connecting Prussia and Hanover. Brunswick feared that this road would compete with its own trade road to Hamburg. The prospects of sharing the rapidly growing revenues of the Zollverein arguably also played an important role in Brunswick's decision.

[14] The extent of Hanover's financial and economic difficulties are detailed in Arning 1930: 74-78.

[15] Another measure of success is the fact that German mercantile tonnage doubled between 1835 and 1855; in 1870 it was three and a half times the level of 1835. See Hoffmann 1963: 104-105.

which met each time in the capital of a different member state.[16] It was composed of official delegates from the member states, thus offering the various states some voice in the management of the Zollverein. The Congress solved problems arising from the common administration of the Zollverein, settled the accounts, and acted as legislative body.[17] To be sure, Prussia played a leading role in these institutions. Two factors explain this: First, Prussia was by far the largest and wealthiest state in the customs union. Second, Prussia always served as recipient of requests for union membership. This gave it considerable freedom in defining the terms and conditions under which a new state became a member. Nevertheless, despite its political preponderance, Prussia cannot be said to have abused its position. Its fellow-members joined the union voluntarily and were free to leave as they pleased. No state ever left; all remained members and had strong material incentives to do so. Bowden, Karpovich, and Usher write:

"[Their] financial return made an end of any hostility that might [have been] felt towards Prussia. The gains in revenue soothed the pain of losing complete independence" (Bowden, Karpovich, and Usher 1970: 338).

Prussia distributed the proceeds of the customs in proportion to the population of the various states. This was highly favorable to nearly all the other members of the union because their per capita consumption was considerably smaller than the Prussian average. At times, this arrangement imposed important financial costs on Prussia. For example, Prussia experienced a decline in receipts following the establishment of the Zollverein, while the other member states registered strong gains. Its revenue per capita was 20 silver groschens in 1833. It then declined to 15.5 groschens and reached the 1833 level again only in 1838 (Henderson 1958: 141-142). Nevertheless, Prussia remained the region's paymaster throughout the existence of the Zollverein, despite occasional misgivings by Prussian officials,[18] and despite some changes to the system of revenue distribution over the years.

Participation in the Zollverein brought another benefit to many German rulers, namely control of the smuggling problem. Prior to the Zollverein,

---

[16] Only fifteen General Congresses were held between 1834 and 1863.

[17] After the Seven Weeks' War of 1866, the old General Congress was replaced by a Federal customs council. In addition, a popularly elected customs parliament was introduced that was called in session when business required it or when one-third of the customs council demanded a meeting.

[18] In a memorandum of December 22, 1839, for example, the Prussian government complained: „Although Prussia fully recognizes that its subjects have shared in the general advantageous results of the customs union ... the position is quite different when viewed from the financial standpoint ... Prussia ... has good reasons for having considerable misgivings if it is to hold no other prospect save that of new financial sacrifices in the future while all other members of the union look forward to a permanent increase of customs revenue." Quoted in Henderson 1958: 142.

smuggling had contributed to the weakening of the financial health of several treasuries, particularly in South-Western Germany. A Prussian commissioner reported in 1835 that

"smuggling on a very large scale takes place from Frankfurt to all the neighboring parts of the Zollverein ... Open smuggling is done partly by carriers ... and partly by vehicles, particularly coaches, which travel in large numbers every day between Frankfurt and Offenbach; large quantities of goods are smuggled in the vehicles and in the clothes and on persons of the passengers. Secret smuggling is generally done by means of forged customs-seals with the cooperation of those who issue certificates of origin" (Henderson 1958: 114).

Much smuggling occurred also through forests and mountainous terrain. With the creation and the gradual enlargement of the Zollverein, smuggling ceased to be a major problem because the single customs line was shorter relative to the size of the common market and easier to control. For example, the first few enlargements gave the Zollverein an easily guarded river frontier in the South-West in place of a difficult frontier in the Hills of the Black Forest. Likewise, the adhesion of Nassau and Frankfurt-am-Main eliminated convenient pockets for smuggling in South-Western Germany. Finally, contraband trade in the Harz mountains along the Hanoverian frontier with Prussia disappeared when Hanover joined the Zollverein.

3. Sovereignty Bargains and the Early Enlargements of the EU

The logic of enlargement of the EU is quite similar to the one of the Zollverein. Membership, however costly in terms of foregone national policy-making autonomy, was often viewed as the most effective means by which to remedy economic malaise. In the case of the Zollverein, the main cause of relative economic decline of outsiders' economies was the loss of easy access to the rapidly growing single German market. Faced with sagging economic fortunes, outsiders became willing to trade much of their autonomy for market access, prosperity, and some measure of control. In the case of the EU, outsiders' economic difficulties have also often been triggered or aggravated by negative economic effects due to trade and investment diversions.[19] In some instances, export oriented firms in non-EU countries were faced with discriminatory trade policies in the Community; in others, outsiders suffered be-

---

[19] Integration may of course benefit outsiders when positive income effects pull in greater amounts of trade than it diverts. The argument here is not to say that this is a rare event but to point out that in cases where integration has overall negative effects on outsiders, these countries will have an incentive to respond in ways that brings them closer to the union.

cause international investors pulled capital out and channeled it into the large common market. Finally, outsiders may also be adversely affected because integration puts some of the domestic producers in outsider economies who do not benefit from new market efficiencies (due to economies of scale and greater competition) at a competitive disadvantage, reducing their exports to the union.

As illustrated below, when these negative economic effects were strongly felt, outsiders were compelled to seek closer links with the EU. Sovereignty bargains, however, were structured differently for different states. The UK, for example, stood to gain economically from membership; but it was also determined to use its political clout as a major power to influence the pace and nature of European integration. The poorer candidate countries were hoping for a big boost in foreign private capital, generous aid packages in support of regional and social development policies, solidification of democratic principles, as well as greater political stability. Finally, the small but mostly wealthy European neutrals also sought closer ties with the EU in times of economic difficulties. Their greater reticence towards membership may be attributable, in part, to an attachment to the principle of neutrality, or – perhaps more persuasively – to an aversion to becoming net contributors to the common budget or a concern about gaining only a trifling voice in the union.

The following section will primarily focus on the trade-off between autonomy and prosperity and describe the basic logic of the enlargement process from the point of view of the applicant.

3.1 Trading Autonomy for Prosperity

The Treaty of Rome establishing the European Communities came into force on January 1, 1958. It committed the EC-Six (Germany, France, Italy, the Netherlands, Belgium, and Luxembourg) to a far-reaching exercise in economic integration which envisaged free movement of goods, services, capital and labor, aided by common policies in agriculture, transport, regional development, external commerce, economic cohesion, and other domains. By the end of the transition period in 1969, the basic ingredients of the customs union – elimination of internal tariff and quotas and erection of a common external tariff – were established. The member-states agreed to deepen integration on two further occasions: in the mid-1980s by signing the Single European Act, and in the early 1990s by agreeing to the Maastricht Treaty on European Union.

The United Kingdom, Sweden, Norway, Denmark, Austria, Switzerland, and Portugal were among the outsiders of European integration. At first, they reacted to the formation of the European Community by establishing the

European Free Trade Association (EFTA) on January 4, 1960.[20] This rival organization with a minimalist integrative program committed its members to establishing free trade in industrial goods only. The economic rationale for integration among EFTA countries, however, was not particularly compelling. These countries were strewn in a loose circle around the Community and traded primarily with Community members rather than with each other.

Unsurprisingly, foreign investors considered the European Community more promising than EFTA and redirected their capital accordingly. For example, the percentage of the value of U.S. direct investment in Western Europe which was apportioned to Community countries rose from 40.5 percent in 1957 to 44.7 percent in 1964. Yannopoulous relates this increase to a diversion of the flow of U.S. investment from the non-EC countries of Western Europe, particularly the United Kingdom, to members of the Community (Yannopoulos 1990: 366). Numerous other studies have likewise concluded that the EC attracted significantly more of the growth in total U.S. foreign direct investment than EFTA countries (Schmitz 1970; Schmitz/Bieri 1972; Lunn 1980, 1983; Balough 1983).

This investment diversion undoubtedly contributed to the U.K.'s worsening economic condition. The U.K. grew in the late fifties and early sixties well below the Community average. To stem economic losses, the United Kingdom formally announced in 1961 that it had decided to apply for full membership in the EC. Startled by the sudden reversal of British policy and deeply worried about the possibility of economic isolation, most other EFTA countries rushed to submit separate applications for association with the Community. Negotiations dragged on until January 13, 1963, when General de Gaulle declared at a Paris press conference that Britain was not ripe for membership. Two weeks later, all negotiations were adjourned indefinitely.

Continuing poor economic performance relative to that of the EC-Six led the British Prime Minister, Harold Wilson, to announce on May 1967, that the United Kingdom had decided to submit its second application.[21] Ireland, Denmark and Norway followed suit. Negotiations were immediately initiated, but only a few months later de Gaulle, in one of his famous press conferences, declared that full membership for Britain would lead to the destruction of the Community. This closed the door to entry yet again. Events in May 1968 led to the resignation of de Gaulle, and under President Pompidou France no longer objected in principle to British membership. The United Kingdom, along with the three other applicants, was invited back to the negotiating table.[22] The United Kingdom, Ireland and Denmark continued to grow at

---

20 Finland signed an association agreement with EFTA in 1961.
21 For a lucid study on the economic performance gap between the EC-Six and the EFTA countries, see Breuss 1990.
22 For an overview of this enlargement process, see Preston 1997: 23-45.

rates substantially below the Community average after the resumption of talks. This trend narrowed or reverted only as the three acceded to membership in 1973.

Norway's planned membership in the Community was vetoed by a national referendum held in October 1972. Why? Norway was the only country of four applicants where the performance gap of the years 1968-70 had completely disappeared in 1971-72, thus possibly giving Norwegians the impression that membership was no longer worth the cost. This is not a farfetched conclusion considering that membership entails not only a relative loss of policy-making autonomy but usually also net contributions to the Community's budget by wealthy members.[23] The reversal of Norway's economic fortune can be attributed to a stroke of good luck. In 1969, the first commercially important discovery of petroleum on Norway's continental shelf was made at the Ekofisk field, just as foreign oil companies were about to give up after four years of exploratory drilling. Later major finds have included the Frigg field, one of the largest offshore natural gas deposits, and the huge Statfjord field. The estimated reserves below the 62nd parallel alone ensured an annual production for 20 years that is several times Norway's domestic consumption of petroleum products.

Nevertheless, in the early 1970s Norway and other outsiders, including Austria, Portugal, Sweden, Switzerland, and Iceland, signed agreements with the European Community for free trade in industrial goods. A decade later, a joint EC-EFTA ministerial meeting in Luxembourg produced a declaration which sought to continue, deepen and extend cooperation between the EC and the EFTA with the aim of creating a dynamic European Economic Area (EEA) (Nell 1990). The dialogue on the EEA intensified and in 1992 a treaty signed by the two organisations established a European free trade zone in goods, services, labor and capital. The EEA came into force on January 1, 1994.[24] Clearly, therefore, while not officially applying for EC membership, outsider countries have demonstrated recognition of the benefits of association with the successful regional grouping.

Besides trade agreements, outsiders resorted to policy mimicry (i.e., unilateral adoption of rules, regulations, and policies forged outside their jurisdiction) to narrow the institutional gap with the Community and thus mitigate the negative effects of European integration on their economies. For instance, in 1988 the Swiss government introduced the so-called 'Europe Clause' requiring all proposed legislation or amendments to be examined for compati-

---

[23] Christopher Anderson and Shawn Reichert write: "[P]ublics in ... member states ... that are considering membership ... will be more reluctant to support integration if they will be net payers." See Anderson/Reichert 1996: 246.

[24] In a referendum held in December 1992, Switzerland rejected the EEA by a narrow majority.

bility with Community rule (Senti 1991: 220). In 1993 the Swiss government announced plans to press ahead on harmonizing of its laws and regulations with those of the Community, even though it did not consider membership. In the same year, Switzerland introduced a value added tax as a further step to align its fiscal and economic policies with those of the European countries.

In Norway, steps were taken as early as 1987 to create a new Secretariat in the Foreign Ministry, together with a Committee of Permanent Secretaries, in order to ensure better coordination of European policies. These agencies were mandated to scrutinize all new Community directives and to seek to involve a wider range of bodies in European affairs. Legislative adaptation proceeded on a wide scale in various ministries, in close consultation with export industries, labor and employers' organizations, and other interest groups. It is telling that these steps were taken at a time of rapid economic decline in Norway. World crude oil prices fell to $8 a barrel in 1985-86, delivering a severe blow to Norway's economy from which it took a long time to recover. The reduction in petroleum revenue slashed Norway's spendable real income by 9 percent. By the late 1980s registered unemployment climbed to nearly 6 percent, the highest suffered in Norway for over sixty years.[25]

In Sweden, an extraordinary decree was adopted by the government in June 1988 that required every expert inquiry or Royal Commission proposing a policy in fields related to the internal market or European integration to evaluate the policy's compatibility with corresponding EC legislation and EC Commission proposals. The burden of proof of compatibility rested on the proposer and every proposal that diverged from Community legislation had to be justified. EC compatibility also needed to be considered in the judicial review of government bills (Stalvant/Hamilton 1991: 203). Furthermore, a secretariat for integration questions was established, which was responsible for internal adjustments and the implementation of domestic integration policy. Sweden unilaterally adopted and implemented more than 20 directives by the end of 1989. At the same time, it enlarged its value added tax base in line with that of the Community, changed its somewhat restrictive banking and currency laws, and undertook some deregulation.[26]

In the monetary domain, acts of mimicry were also quite common. For example, in the 1980s and early 1990s neither Austria nor Switzerland nor Sweden were members of the European Monetary System (EMS). Yet their respective central banks pegged their currencies to the Deutschmark, the EMS's anchor currency.[27]

---

[25] See survey on Norway in Financial Times, June 2, 1992, Section IV.

[26] Finland also followed the beat of legislative calibration to Community norms. See Antola 1991.

[27] A Swedish diplomat was quoted in the Washington Post as saying: "How long can anyone remain 'independent' vis-a-vis a decision by the *Bundesbank* to change the interest rate or

In short, even before seeking formal membership European outsider states went a long way down the road of unilateral adaptation to EC law and policies to avoid being effectively left out. Their national policy-making autonomy remained intact *de jure*, but *de facto* it had lost much of its value (Nell 1990: 352).[28]

Yet, despite rapid progress towards a European Economic Area and despite sweeping policy mimicry, outsiders were unable to reverse relative economic decline in the late 1980s and early 1990s. Corporate pressure on governments to move towards full membership grew intense in those years. Big firms became increasingly discontented with the uncertainty and lack of transparency of many of the measures taken by their governments to bridge the institutional gap with the EU. They argued that such measures did not provide conditions favorable enough to successfully compete with the big firms within the common market. In particular, they felt that their governments could not commit themselves to implement EC policies as credibly as EC governments (Stalvant/Hamilton 1991: 208). This created lingering doubts about the comprehensiveness and thoroughness of policy mimicry and also made outsiders vulnerable to discriminatory treatment by the EC in several domains, such as research and development and public procurement. As a result, multinationals in outsider countries began to invest more and more of their resources away from home, within the EC. This enabled them to lower production costs and to get a stronger foothold in the European market (Fioretos 1997: 312).

In Sweden, the result of this process was a striking gap between outward investment and inward investment in the late 1980s. Disinvestment of such magnitude came at a particularly inopportune time. Sweden was grappling with its most severe recession since the 1920s.[29] The recovery package that the government had designed was to a large extent dependent on retaining Swedish companies. In dire need to improve the investment climate, the Swedish government was left with no option but to apply for full EC member-

---

28 the value of the German Mark? About 20 minutes?" Quoted in an article by Jim Hoagland, 'A Bogeyman Theory of Government', Washington Post, June 2, 1992.
An interesting example of the logic of policy mimicry in a different historical era can be found in Spruyt 1994. Spruyt writes that "sovereign states proved better at mobilizing their societies and enhancing their domestic economies [than the cities of the Hanseatic league]. Territorial units gradually encroached on the independence of the cities ... The German princes thus started to *mimic the administrative processes and legal framework of territorial states* ... When political elites recognized the consequences of localism and the lack of economic integration in their city-states, they turned to the territorial rules of Frederick and Catherine the Great as models worthy of emulation ... [I]ndividuals had reasons to mimic those successful institutions ... [They] emulated what they perceived to be successful arrangements in order to reduce uncertainty and gain legitimacy." (*Ibid.*, 546 and 550, emphasis added).

29 Sweden's economy declined by 1.2 percent in 1991 and 1 percent in 1992.

ship. Even after the application was filed in 1991, Swedish firms kept pressing government officials for rapid membership negotiations, repeatedly issuing explicit threats of exit.[30] Fioretos concludes unequivocally:

"The engine of Sweden's integration ... has been its large multinational corporations ... The Swedish government had little option but to secure access for Swedish firms to the Union if it was to retain domestic investment, promote growth and employment, as well as make Sweden an attractive site for foreign investment in the future" (Fioretos 1997: 313).

The Austrian case is similar to the Swedish one. In a recent case study, Tim Büthe summarized the key motives of Austrian membership application as follows:

"Austria – first some of its firms, eventually its government on behalf of Austria's economic growth perspective – had sought EC membership to insure access to the EC market for Austrian exports and ... to insure competitiveness" (Büthe 1995: 22).

The membership issue was first brought up in Austria by export-oriented firms in the mid-1980s, during the period of negotiations for the Single European Act. The textile industry of Vorarlberg in Western Austria felt increasing discrimination from the EC, despite free trade agreements (Luif 1991: 135). The Federation of Austrian Industrialists was the first important interest group to endorse the demands for EC membership made by the textile industry. In 1987 it issued an "urgent appeal to the Federal Government to do everything so that full membership in the EC can be accomplished at the earliest possible moment."[31] The idea of membership was also endorsed by the Federal Chamber of Commerce and quickly enjoyed widespread popularity. Such positive public response is best understood against the backdrop of an Austrian economy in distress. Paul Luif notes:

"In November 1985, Austria's large state-owned industry was on the brink of bankruptcy and the federal government had to come to the rescue, but the already high budget set limits for such intervention. The nationalized industry had to abandon one of its most cherished policies and to dismiss workers and employees on what was, for Austria, a massive scale. These problems were only one indication of the precarious state of the Austrian economy,

---

30 Moses and Jenssen, 'Nordic Accession: An Analysis of the EU Referendums', 217. The two authors also note that in public opinion polls conducted in the run-up to the referendum, a majority of Swedes thought that EU membership would improve domestic economic fortunes. In contrast, only 28 percent of Norwegians felt that membership would be an advantage to Norway's economy.
31 Vereinigung Österreichischer Industrieller, 'Europa – unsere Zukunft. Eine Stellungnahme der Vereinigung Österreichischer Industrieller zur Europäischen Integration', Vienna, May 1987, 46; quoted in Luif 1994: 129. Note that most of Austria's trade has always been with Community members. In 1985, for example, the EC countries received 56.1 percent share of Austrian total exports whereas the EFTA countries got only 10.5 percent. At the same time, Austria imported 62.1 percent of goods from the EC and only 7.6 percent from EFTA countries. See International Monetary Fund, various issues.

which in the mid-1980s was growing more slowly than ... the EC economies taken as a whole" (Luif 1991: 135).

On July 17, 1989, Austria submitted its EC application to the Commission – an application that had been authorized by a 95% majority of the lower chamber of the Austrian Parliament (Büthe 1995: 7).

Like big firms in Sweden, firms in Austria strongly preferred full EC membership over membership in the EEA (Kurzer 1993). They felt that EEA membership alone would neither provide a sufficient guarantee against EC discrimination nor create the right investment climate. Büthe notes, for example, that investments in Austria which were financed on international capital markets in 1994 still cost a premium over investments in the EU, despite Austrian membership in the EEA (Büthe 1995: 23). Only EC membership seemed to offer big Austrian business the necessary safeguards and advantages to compete effectively with EC firms.

The more general expected gains from full membership on Austria were illustrated in a series of influential studies published in the early 1990s by the Austrian Institute of Economic Research. The studies predicted that GDP would be 2.8 percent higher by the year 2000 if Austria were a full EU member instead of simply belonging to the EEA (Arndt 1998: 260-261). Persuaded by such arguments, two-thirds of Austria's voters endorsed EU membership in a 1994 referendum. The strong vote in favor of membership was possibly influenced by renewed economic difficulties in the early 1990s. Austria's recession peaked in 1993 when GDP declined by about 0.25 percent. Along with Sweden and Finland, Austria joined the European Union on January 1, 1995.

The Swiss case is, at least in part, consistent with the logic of integration. In the early 1990s, Switzerland entered into a recession that lasted for several years.[32] At the same time, internationalized sectors of the Swiss economy, most notably the engineering and chemical industries, began to lobby for EU membership. In 1988, engineering exports represented 28.3 percent of total Swiss exports to the EC market. Products by the chemical industry accounted for 21.4 percent of total Swiss exports to the EC (Plavsak 1996: 32). These industries expressed concern about negative externalities from the deepening process of European integration, particularly in the form of discrimination in the areas of technical harmonization, public procurement, and research and development. In light of growing economic unrest, the Swiss government declared its intention to seek EU membership in October 1991. It sent a formal application to the Community on May 18, 1992. How did it justify such move, considering the 'sacredness' of Swiss neutrality? In a 1993 foreign

---

[32] The Swiss economy started to move back into growth in the last quarter of 1993. The jobless rate rose to over 5 percent during the recession.

policy report, the Swiss government explained that neutrality had never been an end in itself but merely a means of preserving Swiss independence. In the post-Cold War World, Swiss independence was threatened more by not having a say in EU matters than by any hostile military power. Prosperity through integration became the declared objective of Swiss foreign policy (Bundesrat 1993).

Unexpectedly, however, 50.3 percent of Swiss opposed EEA membership against 49.7 percent favorable votes in December 1992, thus in effect also barring any further talks on EU membership. The economic cost of the 'no' vote was estimated to be high. Several studies suggested that by not joining the EEA, investments in Switzerland would grow at a rate of only 0.5 percent instead of 3.5 percent. As a result, GNP would rise by less than 1 percent, compared to 2.3 percent, and unemployment would double. The prolonged period of economic difficulties of the Swiss economy in the wake of the 'no' vote seemed to have confirmed many of these predictions (Schwok 1994: 34).

Why this negative vote? The theoretical argument developed in section 2 cannot explain it. This need not imply that the approach is wrong. First, many of the dynamics leading up to the referendum were well captured by the approach; further, the outcome of the referendum was extremely tight, thus it is not an outcome that convincingly 'falsifies' the approach. Nevertheless, it does suggest that, at least in the Swiss case, the type of economic calculus proposed in this study is *analytically* incomplete. But the approach remains useful because it provides a benchmark by which to assess the extent and impact of non-economic motivations in deciding for or against integration. It thus suggests that a more fine-grained analysis is needed in the Swiss case that takes into consideration factors such as the country's socio-political characteristics, or elements that capture the peculiarity of Swiss political decision-making (Sciarini/Listhaus 1997).

4. Sovereignty Bargains and EU Enlargement to the East

Enlargement of the EU to the East is a process that started timidly in the early 1990s. The Central and East European countries (CEECs) were moving from an era of communism and rigid command economies towards a goal of democratic pluralistic regimes with market economies. This transformation represented a gargantuan social experiment of uncertain outcome. Rising unemployment, food shortages, and a decline in the already precarious standard of living, combined with ethnic tensions and mounting criminality, posed a serious threat to the pace and scope of economic and political reforms.

The West responded to the plight in the East initially by offering technical assistance and advice in areas such as food distribution, privatization, banking, civil service reform, education, environment and energy through the

127

PHARE and the TACIS programs.[33] In addition, loans were provided by the European Investment Bank (EIB) and the European Bank for Reconstruction and Development (EBRD). Such traditional aid, however, proved insufficient. The attempted Soviet coup of August, 1991, signaled to the West that more effort was needed to avert chaos (Mortimer 1992: 21).

Only the integration of Eastern and Western Europe seemed to offer a way of stimulating economic growth and producing sufficient political stability to mitigate the pressure for large-scale migration. Jackie Gower notes that

"[u]ntil the summer of 1991 the prevailing view in Brussels was that none of the former Comecon states could realistically be regarded as candidate members of the Community until well into the next century. Indeed, it is arguable that the EU's overriding objective at this time was to avoid the question of membership."

Gower concludes that the shock of the attempted Moscow coup changed the EU's attitude towards enlargement (Gower 1993). Avoidance was simply no longer a sensible policy option.

Instead, the EU initiated negotiations on gradual integration with Czechoslovakia, Hungary and Poland. On December 16, 1991, far-reaching association agreements (also called "Europe Agreements") were signed, under which the EU promised to remove its barriers to industrial imports from these three countries within five years. Each of the three states in turn committed itself to taking concrete steps towards a market economy and pluralist democracy (Commission of the EC 1990, 1992).[34] Romania and Bulgaria signed similar association agreements with the EU in 1993.[35]

During the Copenhagen Summit in June 1993, the EU offered more formal political ties and greater market access. New vehicles for cooperation – so-called "association councils" composed of foreign ministers of the Twelve and their counterparts in the "associate" states – were set up. Foreign minis

---

33 PHARE is the acronym for "Pologne, Hongrie: Activité pour la Restructuration Economique." (The word "phare" also means lighthouse in French.) The PHARE program now includes ten countries in Eastern Europe. It is funded by the EU budget and the money is given by way of grants. The total sum allocated to PHARE was raised to 1 billion ECU in 1992. (See Kramer 1993, especially 221-226.) TACIS stands for Technical Assistance to the Commonwealth of Independent States. Its budget amounted to 450 million ECU in 1992.

34 After the dissolution of the Czechoslovakia, separate negotiations were conducted between the EU and the Czech and Slovak Republics.

35 The association agreements sought to establish not only gradual market integration but also wide-ranging cooperation, such as industrial collaboration aimed at structural change, promotion of scientific research and technological development, support of vocational training and higher education, cooperation in the energy, environmental and telecommunications sectors, regional development, and joint undertakings in the fight against money laundering and drug trafficking. See Kramer 1993: 229-230.

ters also agreed to an Anglo-Italian plan for formal co-operation at international conferences and joint foreign policy actions with the associate states. Two years later, the EU issued a so-called "white paper" on Eastern Europe. The 300-page paper was addressed to Poland, Hungary, the Czech Republic, Slovakia, Bulgaria and Romania; it constituted a road-map for these countries on how to align their economies to the internal market as a step towards full membership of the European Union (Commission of the EC 1995). In 1997, the EU recommended the opening of accession negotiations with Poland, the Czech Republic, Slovenia, Hungary, and Estonia; the negotiations with these five countries and Cyprus began in late 1998. The EU also proposed preaccession talks with Bulgaria, Slovakia, Romania, Latvia, and Lithuania in 1997; and in December of 1999, the EU agreed to launch accession negotiations with these five East European countries and Malta.

4.1 The Price of Membership

Membership in the prosperous and influential European Union exacts a heavy toll on newcomers in terms of foregone policy-making autonomy. Prospective members are required to satisfy three sets of conditions, often referred to as the Copenhagen criteria, namely to ensure 1) the stability of institutions guaranteeing democracy, the rule of law, human rights, and respect for the protection of minorities; 2) the existence of a functioning market economy as well as the capacity to cope with competitive pressure and market forces within the Union; and 3) the ability to take on the obligations of membership, including adherence to the aims of political, economic and monetary union; that is, candidate countries must bring their laws and regulations into line with the *acquis communautaire* – the rules developed and accepted by EU member states during the 42 years since the six founder members signed the Treaty of Rome. These rules are sweeping in scope, covering virtually every aspect of a modern economy: science and research, education and training, small and medium-sized enterprises, cultural and audio-visual policy, telecommunications, industrial policy, common foreign and security policy, company law, statistics, consumer and health protection, fisheries, competition policy, free movement of goods, customs duties, external relations, social policy, monetary policy, free movement of capital, energy, transport, taxation, freedom to provide services, environment, agriculture, regional policy, free movement of persons, justice and home affairs, financial control, financial and budgetary provisions, and institutions.[36]

---

36 Some observers have argued that the imposition of the *acquis communautaire* does not only impose a cost in terms of foregone policy-making autonomy but may potentially have more sinister effects. Fritz Scharpf (2001), for example, recently wrote: "My concern ... is

The process of adopting this enormous body of Community rules, regulations, and policies by the candidate countries is closely monitored by the EU. The Commission published a first assessment of the progress made by candidate countries in 1998; a second report was issued in 1999 (Commission of the EC 1999). In the latter report, the Commission noted, for example, the sluggish pace of transposition of EU law in Poland and the Czech Republic and concluded that "the slow and piecemeal approach to alignment in these countries is not consistent with their political aspiration for rapid accession to the EU." The report lauded Latvia for progress in the sectors such as state aids and standards and certification, but urged it to devote more attention to general public administration and judicial reform. Hungary received high marks for having developed "a reasonably consistent track record in setting up and strengthening its institutions to implement and enforce the *acquis*," but Estonia's performance was criticized for being sketchy, "resulting in a situation where certain parts of the administration are well equipped to effectively implement the *acquis* while others have serious weaknesses." The report also stipulated that the opening of negotiations with Bulgaria was conditional on Bulgarian authorities offering acceptable closure dates for Soviet-designed reactors that cannot be upgraded to EU safety standards. Similarly, negotiations with Romania would start only if the government agreed to provide adequate resources to reform the institutional care system for some 100,000 orphan children.

4.2 The Benefits of Accession

The intrusiveness of many of the accession demands has been sweetened by the willingness of the EU to share the enormous costs of modernizing the economies of the candidate countries and aligning their laws and infrastructures with the *acquis communautaire*. The EU provides extensive financial and expert assistance through the PHARE program, which has been remodeled to become an accession-targeted instrument. The program's budget of 1.5 billion Euros supports the effort of candidate countries to build strong administrative and judicial apparati capable of effectively implementing and enforcing the *acquis*. The EU's policies toward CEECs are also supported by the lending activities of the European Investment Bank (EIB). The Bank dis-

---

with the Commission's role in imposing the acquis on new Member States that had no voice in its definition and whose economic and social conditions differ fundamentally from those of the Member States from whose self-interested bargains these rules had emerged. If they are enforced with all the legalistic determination of which the Commission and Court are capable, the fragile economies of new Member States will be destroyed just as the East German economy was destroyed when the acquis of the West German legal order was imposed and enforced without modification."

bursed some 7 billion Euros in the region between January 1997 and January 2000 (Commission of the EC 1999).

The EU also dispatches technical experts from ministries, regional bodies, public agencies, and professional organizations in the member states to counsel and instruct their homologues in the candidate countries. Regular high-level contacts between representatives of the CEE ministries and the various directorates of the European Commission, as well as a multitude of other meetings within the framework of several partnership programs, have established dense political and bureaucratic networks. These provide continuing legal guidance and technical support, and closely monitor the process of implementation of EU rules, regulations, and policies.

The gradual adoption of the Union's *acquis* is enhancing the transparency, stability, and predictability of the legal and regulatory environment in CEECs, thus mitigating the risks of investing in CEE economies. The result has been a rapid increase in the flow of transnational capital into the region – arguably the greatest economic benefit of the accession process (Mattli 1999: 44-50 and 105-108; Baldwin/François/Portes 1997: 125-76; Lankes/Venables 1996: 331-347).[37] Foreign direct investment (FDI) has grown from $3.6 billion in 1992 to $5 billion in 1994 and $11.3 billion in 1997.[38] Not surprisingly, the EU countries have been the most important source of foreign direct investment in CEECs. In 1997, for example, the EU accounted for 61 percent of the FDI stock in the Czech Republic, 63 percent in Hungary, and about 55 percent in Poland (United Nations 1998). Several recent studies predict that the influx of capital into the region will double or triple once the CEECs attain the status of full members of the EU.[39]

Full membership will offer other advantages: CEECs will have unrestricted access to the single European market and will no longer have to fear reversals of free trade in sensitive areas. In particular, agriculture, a large segment of CEE economies, is likely to see its exports boosted with accession. Both influx of capital and free trade will improve economic growth in the region, which, in turn, will attract more capital and further increase the volume of exports. And as prosperity spreads and tax revenues grow, the political leaders will have the means – propped up by generous EU transfer payments – to better control and guide the development of the national economies and to effectively attend to society's needs.

---

37 'Eastern Europe Economy: Costs/Benefits of EU Membership to FDI,' The Economic Intelligence Unit – EIU Views Wire 28 June 1999, http://www.viewswire.com/; European Roundtable of Industrialists, 'The East-West Win-Win Business Experience', 12 December 1999; http://www.ert.be/.

38 These figures are for FDI in Bulgaria, Czech Republic, Hungary, Poland, Romania, Slovakia, Slovenia, Latvia, Lithuania, and Estonia. See United Nations 1998.

39 See, for example, Welfens 1997 and Brenton/Di Mauro 1998.

Finally, membership will not only help CEE leaders to augment their domestic control, but also their external control, that is, their influence in European matters. As members, CEECs will be represented in the key decision-making bodies of the Union. As they are for the most part small and poor countries, their entry into the Council and Commission will increase the collective political weight of the group of relatively poor EU member states, which currently includes Ireland, Greece, Portugal, and Spain. On issues such as structural funds for training government officials and money for cleaning up the environment, they are likely to see eye to eye. Further, poor incumbents have managed over the past few years to channel an important share of agricultural spending towards poor regions. This trend is certain to become more accentuated in an EU of 27 member states.

This conjecture is contingent on the assumption that in an enlarged EU the group of poor countries (the incumbent poor-4 and the 12 newcomers) will have blocking power under the decision-making procedures adopted during the Nice summit of 2000. The Nice Treaty reforms (which will take effect in 2005) change qualified majority voting in one key way. They add two new criteria that a winning majority must meet. Specifically, a winning coalition must have at least 71 percent of the Council votes (rising to 74 percent when all 12 candidates are members) and must represent at least 50 percent of the EU member states, and at least 62 percent of the EU population.

The addition of the two criteria for a qualified majority will give the coalition of poor countries the ability to block any decision in the Council of Ministers. Indeed, based on the member criterion, the group of poor EU countries will have 2 more votes than the needed 14 to block a proposal; and based on the votes criterion, they will have 80 percent more votes than what is needed for blockage (that is, a total of 91 votes are needed in the Council to block a proposal and the group of poor EU countries has 166 votes; see Figure 1).

The group of poor countries does not meet the population criterion since the blocking threshold is 183 million citizen in an EU of 27 member states (the group has a population of only 170 million); however, this does not diminish the political power of the group of poor countries since a proposal can be blocked by any of the other two thresholds, votes and members.[40]

---

[40] This section draws on Baldwin/Berglöf/Giavazzi/Widgren 2001; see also Baldwin/ Haaparanta/Kiander 1995; Mayhew 1998; Nicoll/Schoenberg 1998; and Preston 1997.

Figure 1: Blocking Power of East and Poor Coalitions in the EU 27

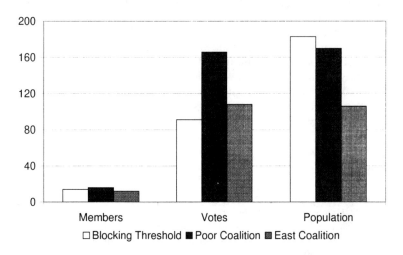

Members   Votes   Population
□ Blocking Threshold ■ Poor Coalition ■ East Coalition

5. Conclusion

This study has examined the nature of sovereignty bargains in the context of regional integration. Drawing on and extending recent work by Karen Litfin, the study has described the types of trade-offs that countries contemplating membership in an economic union face, and has specified the factors that affect states' assessment of the costs and benefits of membership and thus the nature of sovereignty bargains. Membership in successful economic unions tends to exact a heavy toll in terms of foregone national policy-making autonomy. The most dramatic example is the EU, where an applicant must accept extraterritorial institutions and enforcement mechanisms as well as the so-called *acquis communautaire*, a set of rules that comprises not only union law as enshrined in the Treaty of Rome but also a very extensive body of secondary law on issues as wide-ranging as competition, intellectual and commercial property, public procurement, banking, financial services, company accounts and taxes, indirect taxation, technical rules and standards, consumer protection, health and safety, transport, and the environment.

Despite such high a price, membership may be worth the candle. The scope and nature of the benefits from inclusion into a union vary depending on such factors as relative economic health of a state's economy, level of socio-economic development, as well as size and political clout of a country. It is for this reason that no two sovereignty bargains are structurally identical.

A large and rich newcomer will reap obvious economic gains but also quite possibly win considerable control over the pace and direction of integration. A small and poor country is unlikely to exert much political influence as a union member, but it still has much gain; membership may help it to attract foreign capital, improve the competitiveness of its economy, generate wealth across society, solidify domestic institutions, and contribute to political stability. Finally, wealthy but small countries may be more reluctant applicants since their costs are likely to weigh more heavily than those of poor countries. But in times of economic decline, even small and wealthy states may find it advantageous to seek closer ties with economic unions.

Bibliography

Aegidi, Karl Ludwig: Aus der Vorzeit des Zollvereins. Beitrag zur Deutschen Geschichte. Hamburg: Noyes&Geister, 1865

Anderson, Christopher/Reichert, Shawn: Economic Benefits and Support for Membership in the EU: A Cross-National Analysis. In Journal of Public Policy (1996)15, pp. 246-267

Antola, Esko: Finland. In: Wallace, Helen (ed.): The Wider Western Europe: Reshaping the EC/EFTA Relationship. London: Pinter Publishers, 1991, pp. 146-158

Arndt, Sven: Alpine Contrasts: Swiss and Austrian Responses to the EU. In: Eichengreen/Frieden (eds.): Forging an Integrated Europe. Ann Arbor, MI: University of Michigan Press, 1998, pp. 260-280

Arning, Hilde: Hannovers Stellung zum Zollverein. Hannover: Culemannsche Buchdruckerei, 1930

Baldwin, Richard/Haaparanta, Pertti/Kiander, Jaakko (eds.): Expanding Membership of the European Union. Cambridge: Cambridge University Press, 1995

Baldwin, R./François, J./Portes, R. (1997): The Costs and Benefits of EU Enlargement: The Impact on the EU and Central Europe. In: Economic Policy (1997)24, pp. 125-76

Baldwin, Richard/Berglöf, Erik/Giavazzi, Francesco/Widren, Mika: Nice Try: Should the Treaty of Rome be Ratified? London: Center for Economic Policy Research, 2001

Benaerts, Pierre: Les Origines de la Grande Industrie Allemande. Paris: Librairie Nouvelle de Droit et de Jurisprudence, 1904

Bowden, Witt/Karpovich, Michael/Usher, Abbott Payson: An Economic History of Europe since 1750. New York: AMS Press, 1970

Brenton, Paul/Di Mauro, Francesca: The Potential Magnitude and Impact of FDI Flows to CEECs. CEPS Working Document (1998)116

Breuss, Fritz: Integration in Europa and gesamtwirtschaftliche Entwicklung: EG- und EFTA-Staaten im Vergleich. Wien: Österreichisches Institut für Wirtschaftsforschung, 1990

Bundesrat: Bericht über die Aussenpolitik der Schweiz in den 1990er Jahren. Bern: Bundesrat, 1993

Burley, Anne-Marie/Mattli,Walter: Europe Before the Court: A Political Theory of Legal Integration. In: International Organization (1993)47, pp. 41-76.

Büthe, Tim: European Union and National Electorates: The Austrian Public Debate and Referendum on Joining the European Union in June 1994. Cambridge, MA.: Harvard University, Center for European Studies. Working Paper (1995)5.8

Commission of the EC: Association Agreements with the Countries of Central and Eastern Europe: A General Outline. Brussels: Commission, 1990

Commission of the EC: Association Agreements with Poland, Czechoslovakia and Hungary, Background Briefs. Brussels: Commission, 1990

Commission of the EC: White Paper on the Preparation of the Associated Countries of Central and Eastern Europe for Integration in the Internal Market of the Union. Brussels: Commission, 1995

Commission of the EC: Composite Paper: Reports on the progress towards accession by each of the candidate countries. Brussels: Commission, 1999

Eckert, Christian: Zur Vorgeschichte des deutschen Zollvereins. Die preussisch-hessische Zollunion vom 14. Februar 1828: In: Schmoller, Gustav (ed.): Jahrbuch für Gesetzgebung, Verwaltung and Volkswirtschaft im Deutschen Reich 26. Leipzig: Dunker&Humblot, 1902, pp. 51-102

Erikson, Robert: Economic Conditions and the Presidential Vote. In: American Political Science Review 83(1989), pp. 567-576

Erikson, Robert: Economic Conditions and the Congressional Vote: A Review of the Macrolevel Evidence. In: American Journal of Political Science 34(1990), pp. 373-399

Eulau, Heinz/Lewis-Beck, Michael: Economic Conditions and Electoral Outcomes: The United States and Western Europe. New York: Agathon Press, 1985

Fioretos, Karl-Orfeo: The Anatomy of Autonomy: Interdependence, Domestic Balances of Power, and European Integration. In: Review of International Studies 23(1997)

Gower, Jackie: EC Relations with Central and Eastern Europe. In: Lodge, Juliet (ed.): The European Community and the Challenge of the Future. New York: St. Martin's Press, 1993, pp. 289-290

Hahn, Hans-Werner: Wirtschaftliche Integration im 19. Jahrhundert: Die hessischen Staaten und der Deutsche Zollverein. Göttingen: Vandenhoeck&Ruprecht, 1982

Hahn, Hans-Werner: Geschichte des Deutschen Zollvereins. Göttingen: Vandenhoeck&Ruprecht, 1984

Henderson, William Otto: The Zollverein. Chicago: Quadrangle Books, 1958

Hoffmann, Walther: The Take-off in Germany. In: Walt Rostow (ed.), The Economics of Take-off into Sustained Growth. London: Macmillan, 1963, pp. 104-112

International Monetary Fund (various years). Directions of Trade. Washington DC: IMF

Kramer, Heinz: The European Community's Response to the New Eastern Europe. In: Journal of Common Market Studies 31(1993), pp. 213-244

Krasner, Stephen: Westphalia and All That. In: Goldstein, Judith/Keohane, Robert (eds.): Ideas and Foreign Policy: Beliefs, Institutions, and Political Change. Ithaca: Cornell University Press, 1993, pp. 235-264

Krasner, Stephen: Compromising Westphalia. In: International Security (1996/96)20, pp. 115-116

Kurzer, Paulette: Business and Banking: Political Change and Economic Integration in Western Europe. Ithaca: Cornell University Press, 1993

Lankes, Hans-Peter/Venables, A.: Foreign Investment in Economic Transition: The Changing Pattern of Investments. In: Economics of Transition 4.2(1996), pp. 331-347

Litfin, Karen: Sovereignty in World Ecopolitics. In: Mershon International Studies Review 41(1997), pp. 167-204

Ludlow, Peter: The Making of the European Monetary System: A case study of the politics of the European Community. London: Butterworth Scientific, 1982

Luif, Paul: Austria. In Wallace, Helen (ed.): The Wider Western Europe: Reshaping the EC/EFTA Relationship. London: Pinter Publishers, 1991, pp. 135-138

Lunn, John: Determinants of US Direct Investment in the EEC: further evidence. In: European Economic Review 13(1980), pp. 93-101

Lunn, John: Determinants of US Direct Investment in the EEC: revisited again. In European Economic Review 21(1983), pp. 391-393

Marriott, J. A. R./Robertson, C. G.: The Evolution of Prussia. Oxford: Clarendon Press, 1915

Mattli, Walter: The Logic of Regional Integration: Europe and Beyond. Cambridge: Cambridge University Press, 1999

Mayhew, Alan: Recreation Europe: The European Union's Policy Towards Central and Eastern Europe. Cambridge: Cambridge University Press, 1998

Mortimer, Edward: European Security after the Cold War. London: International Institute for Strategic Studies. Adelphi paper no. 271, 1992

Nell, Philippe: EFTA in the 1990s: The Search for a New Identity. In: Journal of Common Market Studies 28(1990), pp. 352-358.

Nicoll, William/Schoenberg, Richard (eds.): Europe Beyond 2000. The Enlargement of the European Union towards the East. London: Whurr Publishers, 1998

Norpoth, Helmut/Lewis-Beck, Michael/Lafay, Jean Dominique: Economics and Politics: The Calculus of Support. Ann Arbor, MI: University of Michigan Press, 1991

Oncken, Hermann/Saemisch, F. E. M (eds.): Vorgeschichte und Begründung des Deutschen Zollvereins 1815-1834. Akten der Staaten des Deutschen Bundes und der Europäischen Mächte. Berlin: Reimar Hobbing, 1934

Plavsak, Kristina: Why Do Small States Want to Join European Integration? Responses of Austria, Norway, and Switzerland to the EC Challenge. New York: Columbia University, Department of Political Science (unpublished), 1996

Preston, Christopher: Enlargement and Integration. London: Routledge, 1997

Price, Arnold: The Evolution of the Zollverein. Ann Arbor: University of Michigan Press, 1949

Roussakis, Emmanuel: Friedrich List, The Zollverein, and the Uniting of Europe. Bruges: College of Europe, 1968

Scaperlanda, Anthony/Balough, Robert: Determinants of U.S. Direct Investment in the EEC: revisited. In: European Economic Review 21(1983), pp. 381-390

Scharpf. Fritz: European Governance: Commmon Concerns Versus The Challenge of Diversity. Working paper. New York: New York University Law School, 2001

Schmitt, H.: Die Begründung des Preussisch-Hessischen Zollvereins vom 14. Februar 1828. Giessen: Philosophische Fakultät der hessischen Ludwigs Universität, 1926

Schmitz, Andrew: The Impact of Trade Blocs on Foreign Direct Investment. In: Economic Journal 80(1970), pp. 724-31

Schmitz, Andrew/Bieri, Jurg: EEC Tariffs and U.S. Direct Investment. In: European Economic Review 3(1972), pp. 259-70

Schwok, Rene: Switzerland: The European Union's Self-appointed Pariah. In: Redmond, John (ed.): Prospective Europeans: New Members for the European Union. New York: Harvester Whatsheaf, 1994, pp. 34-42

Sciarini, Pascal/Listhaug, Ola: Single Case or a Unique Pair? The Swiss and Norwegian "No" to Europe. In Journal of Common Market Studies 35(1997), pp. 407-437

Senti, Richard: Switzerland. In: Wallace, Helen (ed.): The Wider Western Europe: Reshaping the EC/EFTA Relationship. London: Pinter Publishers, 1991, pp. 220-228

Spruyt, Hendrik: Institutional Selection in International Relations: State Anarchy as Order. In International Organization 48(1994), pp. 527-557

Stalvant, Carl-Einer/Hamilton, Carl: Sweden. In: Wallace, Helen (ed.): The Wider Western Europe: Reshaping the EC/EFTA Relationship. London: Pinter Publishers, 1991

United Nations: World Investment Report 1998: Trends and Determinants. New York: United Nations, 1998

Viner, Jacob: The Customs Union Issue. New York: Carnegie Endowment for International Peace, 1950

Von Waltershausen, August Sartorius: Deutsche Wirtschaftsgeschichte 1815-1915. Jena: Gustav Fischer, 1923

Wallschmitt, Ferdinand: Der Eintritt Badens in den Zollverein. Hanau: Waisenhaus Buchdruckerei, 1904

Welfens, Paul: EU Eastern Enlargement and the Russian Transformation Crisis. Berlin: Springer, 1997

Williamson, John: Latin American Adjustment: How Much Has Happened? Washington: Institute for International Economics, 1990

Yannopoulos, George: Foreign Direct Investment and European Integration: The Evidence from the Formative Years of the European Community. In: Journal of Common Market Studies 28(1990), pp. 366-387

Die politischen Strukturen der EU in der Osterweiterungspolitik

Patricia Bauer

1. Einleitung

Die Osterweiterung ist eines der derzeit wichtigsten und umfangreichsten Tätigkeitsfelder der EU. Auch über die für 2004 geplanten ersten Beitritte hinaus wird der Prozess der Osterweiterung noch längere Zeit ein wichtiges Handlungsfeld der EU-Politik sein, denn weitere Beitritte sollen in den Jahren danach folgen. Seit nunmehr zehn Jahren hat der Erweiterungsprozess bereits erhebliche Auswirkungen auf die Interaktionsprozesse zwischen der EU und den Transformationsländern (MOEL)[1] gezeigt, aber auch Auswirkungen auf die politischen Strukturen innerhalb der EU erzeugt.

In diesem Beitrag werden die Auswirkungen des Erweiterungsprozesses auf die politischen Strukturen der EU im Mittelpunkt stehen.[2] Dabei ist zwischen den Konsequenzen eines Beitritts der MOEL für das institutionelle Gefüge der EU (Polity) einerseits und den Wirkungen, die durch die konkreten Handlungsbedarfe nach dem Ende des Ost-West-Konflikts durch die Politikformulierung der EU entstanden sind (Policy), andererseits zu unterscheiden. Der Polity-Aspekt der Konsequenzen eines Beitritts wurde unter dem Stichwort der „Erweiterungsfähigkeit" seit dem Kopenhagener Gipfel auf den intergouvernementalen Konferenzen von Amsterdam und Nizza behandelt.[3]

---

[1]   Nachfolgend werden die Begriffe „mittel- und osteuropäische Transformationsländer", „mittel- und osteuropäische Transformationsstaaten" und „mittel- und osteuropäische Beitrittskandidaten" synonym gebraucht und mit „MOEL" abgekürzt.

[2]   Zu den Wirkungen der Beitrittsoption auf die mittel- und osteuropäischen Transformationsstaaten existiert eine Fülle kontrovers diskutierender Literatur. Stellvertretend für viele seien hier genannt: Herrnfeld 1995; Iorga 1995/96; Sedelmaier/Wallace 1996; Mayhew 1998; Bauer 1998; Grabbe 1999; Lippert 2000; Mildenberger 2002.

[3]   Verschiedene Autoren, die zur Funktion der institutionellen Reform für die Osterweiterung

Der Policy-Aspekt der Weiterentwicklung gemeinschaftlicher Systemstrukturen durch die Formulierung, Reformulierung und instrumentelle Ausstattung der politischen Strategien der EU gegenüber den Transformationsstaaten ist dagegen weniger klar konturiert, obwohl ein Rückblick auf die Entwicklung der Politik der Union gegenüber den MOEL eine Fülle von Entscheidungen und Maßnahmen zeigt, die der Systematisierung und Analyse wert wären. Auf den ersten Blick scheinen diese Maßnahmen nur wenige Bezüge zum genannten Polity-Aspekt der Erweiterung zu haben. Dennoch können – und das ist die zugrundeliegende Annahme dieses Beitrags – Policies erhebliche Rückwirkungen auf das institutionelle System der EU entfalten, indem das Zusammenspiel der Organe durch eine Reihe von Einzelentscheidungen über Verfahren und Instrumente neu geordnet oder zumindest in Akzenten verschoben wird.

Im Folgenden soll daher die Entwicklung der Osterweiterungspolitik der Europäischen Union unter dem zuletzt genannten Blickwinkel dargestellt und analysiert werden.

Die zugrundeliegende These lautet, dass die Osterweiterungspolitik der EU als Europäisierungsprozess zu werten ist. Ein solcher Prozess ist gekennzeichnet durch eine durch die Formulierung und Weiterentwicklung von Programmen und Instrumenten hervorgerufene Anlagerung und damit Ausweitung von Kompetenzen auf der supranationalen Ebene, die eine Veränderung der Kooperationsstruktur von Kommission und Europäischem Rat[4] zur Folge hat.

Im folgenden Beitrag soll daher die Entwicklung der Osterweiterungspolitik der EU von der Kontaktaufnahme mit den Transformationsstaaten bis zur letzten Reform des EU-Hilfsprogramms Phare im Jahr 2000 nachgezeichnet werden. Dieser Prozess lässt sich in drei Phasen unterteilen. Man kann anhand dieser Phasen den Verlauf der Anlagerung und Ausweitung von Kompetenzen auf der europäische Ebene und insbesondere bei der Kommission verfolgen. Diese These soll hier anhand der Darstellung und Systematisierung der von der Gemeinschaft eingesetzten politischen Instrumente belegt werden.

---

[4] arbeiten, bewerten diese je nach Standpunkt als mehr oder weniger erfolgreich, etwa: Donat 1996; Giering 2001; Wessels 2001; Kyaw 2001.
In der These von der Europäisierung von Politikfeldern, die sich in der Neuanordnung der Kooperationsstrukturen der zentralen Organe äußert, wird meist die Veränderung der Rolle des Ministerrates hervorgehoben. Dies stellt sich in der Osterweiterungspolitik der Union anders dar. Hier wurden und werden die Entscheidungen und Beschlüsse hauptsächlich vom Europäischen Rat der Staats- und Regierungschefs getroffen. Welche genaue Organqualität dieser besitzt, soll hier nicht geklärt werden. Er stellt jedoch einen intergouvernementalen Entscheidungsprozess dar, der als Analogon zum Ministerrat angesehen werden kann.

2. Die Phasen der Osterweiterungspolitik der EU

Wie bereits erwähnt, werden die Ereignisse und politischen Entscheidungen seit dem Systemumbruch als Entwicklung in drei Phasen begriffen. Im Folgenden soll diese Phaseneinteilung vorgestellt und begründet werden. Als Wendepunkte der Politik der EU, die jeweils eine neue Phase einleiteten, werden die folgenden gesehen: 1. der Systemumbruch 1989/90 als Startpunkt einer neuen Politik der EU gegenüber den mittel- und osteuropäischen Transformationsstaaten, 2. der Kopenhagener Gipfel der Staats- und Regierungschefs der Europäischen Union 1993, auf dem der Beschluss zur Erweiterung gefällt wurde, und 3. die Agenda 2000 von 1997, in der eine neue Erweiterungsstrategie der Union entwickelt wird.

2.1 Nach dem Systemwechsel von 1989: Beziehungspflege

Die erste Phase der Beziehungen zwischen der EU und den osteuropäischen Reformstaaten stand von Seiten der Europäischen Union im Zeichen der engeren Kontaktaufnahme und Transformationshilfe für die MOEL. Die engeren Kontakte zwischen der EU und den Transformationsstaaten und die durch Hilfeleistungen für die Transformation verstärkten Bindungen sollten mit zwei unterschiedlichen Instrumenten erreicht werden: mit den Assoziierungsabkommen und dem Hilfsprogramm Phare.

Nach dem Zusammenbruch der sozialistischen Regime in Osteuropa 1989/90 bekundete der Europäische Rat von Edinburgh 1990 seine Verantwortung, einen Raum der Stabilität in ganz Europa zu schaffen. Erste Schritte des Aufbaus engerer Beziehungen folgten der Logik dieser grundsätzlichen politischen Aussage. Schnell wurden Assoziierungsabkommen mit den osteuropäischen Staaten abgeschlossen. Die Abkommen beinhalten die Umsetzung von Freihandel, allgemeine Absichtserklärungen bezüglich politischer, wissenschaftlicher und kultureller Kooperation und die einseitige Marktöffnung der EU zugunsten der osteuropäischen Vertragspartner. Sie sehen auch schon die Möglichkeit eines späteren Beitritts zur Europäischen Union vor. Gleichzeitig enthalten sie Schutzklauseln der EU für ihre sensiblen Bereiche (Kohle-, Stahl-, Textil- und Agrarsektor). In diesen Bereichen wurde die Marktöffnung durch Kontigentierungen beschränkt. Da der größte Teil der konkurrenzfähigen Produkte der assoziierten Transformationsstaaten in diesen Sektoren produziert wird, schränkten die in den Assoziierungsabkommen enthaltenen Schutzklauseln die Exportmöglichkeiten der Transformationsstaaten empfindlich ein. Die EU errichtete also mit der Marktöffnung gleichzeitig Handelsschranken, die den Absichtserklärungen in den Assoziierungsabkommen teilweise entgegenstanden.

Assoziierungsabkommen sind seit den 70er Jahren ein üblicher Weg der engeren Kontaktaufnahme der EG/EU mit Drittstaaten (Gower 1999). Eine Besonderheit stellt die inhaltliche Ausführung der Abkommen mit den MOEL dar, insbesondere die Eröffnung einer – wenn auch vagen – Beitrittsperspektive und die asymmetrische wirtschaftliche Kooperation. Mit der Beitrittsperspektive wurde ein Anreiz zur Verstärkung der Transformationsbemühungen gesetzt und die asymmetrische Ausgestaltung der Handelskooperation kam den wirtschaftlichen Problemen der MOEL durch Schaffung eines neuen Absatzmarktes entgegen. Steigende Exporte der MOEL sollten Kapital in die Länder bringen, das dort wiederum die Transformation unterstützen sollte. Die Ausklammerung der genannten sensiblen Bereiche stellt jedoch ein erhebliches Hindernis für diese Strategie dar. Deshalb werden die Effekte der Assoziierungsabkommen eher im Bereich der Kooperationsbereitschaft der Europäischen Union gesehen, also der politischen Signale. Viele Autoren interpretieren die Abkommen sogar als ein Instrument der Verzögerung oder Verhinderung des Beitrittswunsches der MOEL (Friis 1998; Bauer 2000).

Schon vor dem Abschluss der Abkommen legte die EU 1989 das Hilfsprogramm Phare auf. Zunächst für Polen und Ungarn vorgesehen, wurden dann bis 1992 alle 10 osteuropäischen Transformationsländer durch Phare gefördert (EU-Kommission 1995a). Ziel des Programms war die Unterstützung der Transformation in Schlüsselbereichen: Privatisierung, Landwirtschaftsreform, Verwaltungsreform und Bereitstellung eines institutionellen Rahmens für die Marktwirtschaft, Reform des Sozialsystems, Bildungswesen, Gesundheitswesen, Infrastruktur, Umwelt und nukleare Sicherheit. Diese Förder- und Hilfestrategie kann in drei Bereiche eingeteilt werden (Tömmel 1996: 151):

- direkte Wirtschaftsförderung, also Restrukturierung von Unternehmen und deren Privatisierung,

- indirekte Wirtschaftsförderung, also die Restrukturierung des öffentlichen Sektors, und

- politisch-gesellschaftliche Transformation.

Ziel war insbesondere für die beiden erstgenannten Bereiche – sowohl innerhalb der Wirtschaftssektoren wie im öffentlichen Sektor – die Stärkung von Marktkräften und Marktmechanismen.

Die Wirkung des Programms sollte über die Gewährung von technischer Hilfe erzielt werden, die durch den Transfer von Know-how in Management und öffentliche Verwaltung bewerkstelligt werden sollte. Das wichtigste Mittel der technischen Hilfe war die Heranziehung von professionellen Beratern und Beratungsfirmen. Dementsprechend beinhaltete das Programm relativ wenige finanzielle Transfers; für den Kapitaltransfer wurde auf andere Organisationen verwiesen, etwa auf die Europäische Investitionsbank (EU-Kommission 1995b). Der Prozess der Mittelvergabe wurde selbst marktförmig über Ausschreibungen innerhalb der EU und der teilnehmenden Transformationsstaaten organisiert. Die Mittel von 5,25 Mio. ECU zwischen 1990 und 1995 wurden zur Vergabe von Liefer- und Dienstleistungaufträgen als nicht rückzahlbare Zuschüsse verausgabt. Im Jahresdurchschnitt wurden die MOEL also mit 875 Mio. ECU gefördert, was etwa einem Dreißigstel der Strukturfondsförderung innerhalb der EU entsprach. Diese geringe Summe ist angesichts der Tragweite des zu bearbeitenden Problems oft kritisiert worden (Hirschmann/Hirschmann/Bode 1993; Bauer 1998), und die Beauftragung privater Beratungsunternehmen, die zunächst vor allem direkte Einkommenseffekte bei westlichen Beratungsfirmen erzielte, wurde als „Bonanza" charakterisiert (W. Wallace 1995/96).

Die Methode der Ausschreibung der technischen Hilfe bot der Kommission erhebliche Ausgestaltungsmöglichkeiten bei der Mittelvergabe (Tömmel 1996: 151ff.). Grundsätzlich war das Phare-Programm als bilateraler Dialog zwischen Kommission und Transformationsstaat organisiert. Die Prioritäten der Förderung sowie die Zuteilung von Mitteln nach „objektiven" Kriterien und nach erreichten Transformationserfolgen wurden zunächst durch die Kommission festgelegt. Die Kommission formulierte die grundsätzlichen Ziele der Förderung und evaluierte die Förderstaaten, bevor sie Verhandlungen mit ihnen aufnahm. Die Verhandlungen zwischen der Kommission und dem geförderten Transformationsstaat bestanden aus der Aushandlung indikativer Programme, die alle Projekte und Maßnahmen für ein Land für den Zeitraum von mehreren Jahren umfassten. Die indikativen Programme wiederum wurden in den Transformationsstaaten von nationalen Programm-Koordinatoren zusammengestellt, die von externen Beratern unterstützt wurden. Der Verhandlungsprozess, der die Förderprojekte und deren Implementation in einem operationellen Programm konkretisierte, war zwischen den zuständigen Dienststellen der Kommission und denen des Bewerberstaates organisiert. Das gesamte Verfahren wurde durch den Phare-Verwaltungsausschuss überwacht.

Die Politik der Union gegenüber den mittel- und osteuropäischen Ländern in dieser ersten Phase dokumentiert die Übernahme politischer Verantwortung der EU für die MOEL und deren Transformation. Sowohl die Assoziierungsabkommen als auch das Phare-Programm berücksichtigten die besondere Situation der Transformationsstaaten und trugen dieser durch die Beitrittsperspektive und die speziellen Handelspräferenzen in den Assoziierungsabkommen sowie die Ausrichtung auf technische Hilfe im Rahmen von Phare Rechnung. Die konkrete Ausgestaltung der Instrumente zeigt, dass die EU im Rahmen der Assoziierungsabkommen einerseits die marktliche Ausrichtung der MOEL durch den Zugang zum Binnenmarkt der Gemeinschaft förderte, andererseits aber klare Schutzvorrichtungen für die krisenanfälligen eigenen Wirtschaftsbereiche einbaute. Dies relativierte nicht nur die ökonomische

Wirkung, sondern auch die politischen Signale, die mit den Assoziierungsabkommen verbunden waren.

Das Verfahren der Mittelvergabe im Rahmen des Phare-Programms stellt selbst einen simulierten Marktprozess dar. Dies entsprach dem Ziel der Einübung marktlicher Verfahren in den MOEL. Gleichzeitig wurden die Verfahren der Mittelvergabe zwar aus der EU-Regionalpolitik entlehnt und stellen damit keine Neuerfindungen politischer Instrumente dar. Sie wurden aber im Vergleich zu den gemeinschaftsinternen regionalpolitischen Instrumenten hinsichtlich ihres Grades an Autonomie für die nachgelagerten Einheiten und Entscheidungsträger deutlich modifiziert. Die zentrale Rolle der Kommission bei der Vergabe ließ nur begrenzte Möglichkeiten für autonome Entscheidungen über Prioritäten und Projekte durch die MOEL selbst zu.

Insgesamt lässt sich über die Auftaktphase der Ostpolitik der Europäischen Union konstatieren, dass bewährte Politikinstrumente genutzt, gleichzeitig aber den Problemlagen in Mittel- und Osteuropa angepasst wurden. Die Assoziierungsabkommen und die Phare-Hilfe stellen zwei unterschiedliche Zugänge zum Transformationsproblem dar, die nicht miteinander verbunden waren. Beide sind Transformations-, aber keine Erweiterungsinstrumente der Gemeinschaft. Die erste Phase der Beziehungen zwischen der Union und den mittel- und osteuropäischen Transformationsstaaten kann deshalb als (neue) Ostpolitik der EU und nicht als Erweiterungspolitik bezeichnet werden.

2.2. Nach den Kopenhagener Beschlüssen von 1993: Beitrittsoption mit hohen Hürden

Die zweite Phase der Beziehungen zwischen der EU und den MOEL dauerte von 1993 bis 1997. Sie wurde mit der Eröffnung der Beitrittsoption durch den Europäischen Rat von Kopenhagen 1993 eingeleitet. Diese Entscheidung bildete den Anstoß für die Weiterentwicklung der Ostpolitik zu einer Erweiterungspolitik der EU.

Mit den Beschlüssen des Kopenhagener Gipfels von 1993 öffnete sich die Europäische Union den Beitrittswünschen der Transformationsstaaten. Der Beitritt wurde an die Erfüllung folgender Kriterien geknüpft:

- die volle Geltung von Menschen- und Minderheitenrechten,

- eine Ordnung, in der Demokratie, Rechtstaatlichkeit und Marktwirtschaft gegeben sind,

- die Fähigkeit eines Staates, den gesamten Acquis communautaire zu übernehmen, und

- die Fähigkeit eines Staates, dem Wettbewerbsdruck innerhalb der Gemeinschaft standzuhalten (Europäischer Rat 1993).

Diese „Kopenhagener Kriterien" zielen zum einen auf die ökonomische Integrationsfähigkeit der Transformationsökonomien und zum anderen auf die politische Stabilisierung der MOEL. Im Vergleich zu vorangegangenen Erweiterungen der Union wurde mit den Kopenhagener Kriterien der bisher umfassendste Ansatz einer Beitrittsstrategie der Europäischen Union formuliert. Frühere Erweiterungsrunden hatten vorrangig die Marktintegration in den Mittelpunkt des Beitritts gestellt; allerdings hatte die Süderweiterung schon die Besonderheit, dass die Festigung der Demokratie in ehemals autoritär organisierten Staaten ein Hauptmotiv für deren Aufnahme in die Gemeinschaft gewesen war.[5] Die Kopenhagener Kriterien definieren insofern eine umfassende Beitrittsstrategie, indem sie nicht nur die wirtschaftliche Kompatibilität der Transformationsökonomien fordern, sondern auch die Übernahme des gesamten Acquis und die Erfüllung der politischen Kriterien zur Voraussetzung des Beitritts machen. Nicht nur die Breite des Spektrums von Kriterien, sondern auch deren temporale Abfolge stellt eine Neuerung in der Beitrittspolitik der EU dar. Weil die Erfüllung der Kriterien als Voraussetzung des Beitritts formuliert wurde, stellt die Integration in die Gemeinschaft im Gegensatz zur Süderweiterung kein direktes Instrument der Stabilisierung der politischen und Verwaltungssysteme der MOEL dar. Der Kopenhagener Gipfel legte darüber hinaus fest, dass kein Transformationsstaat aus dem Erweiterungsprozess ausgeschlossen werden soll, womit der Beitritt der fortgeschritteneren Transformationsstaaten an Beitritte oder Beitrittsbemühungen der weniger fortgeschrittenen gebunden und eine zusätzliche Konditionalität für Beitrittskandidaten aufgebaut wurde.

Zusätzlich zur erstmaligen Formulierung der Ansprüche an neue Beitrittskandidaten von Seiten der EU beschloss der Kopenhagener Gipfel auch eine innere Konditionalität: Die Union müsse selbst in der Lage sein, den Beitritt zu verarbeiten. Das bedeutete insbesondere, eine institutionelle Reform umzusetzen, die die künftige Entscheidungsfähigkeit der Organe der EU sicherstellen sollte.[6] Gleichzeitig sollten Reformen in den bedeutendsten gemeinschaftlichen Politikfeldern sicherstellen, dass die Politiken der Union dem Beitritt angepasst werden könnten.

---

5   Die Süderweiterung, die als ein historisches Exempel für die Demokratisierungsstrategie der Gemeinschaft gegenüber vorher autoritär organisierten Staaten herangezogen werden kann, bezog sich auf Staaten, die immer marktwirtschaftlich organisiert gewesen waren. Es ging also bei der Süderweiterung nicht um die Verfestigung von wirtschaftlichen und ökonomischen Übergängen, sondern vorrangig um die politische Stabilisierung, die durch die Integration gefestigt werden sollte. Durch entsprechende finanzielle Transfers wurde zusätzlich die Entwicklung der schwachen Ökonomien abgesichert.

6   Dieser Zusammenhang von Erweiterung und Entscheidungsmechanismen wird mit dem Schlagwort der „institutionellen Überdehnung" der Gemeinschaft diskutiert (vgl. für viele: Wessels 2001).

Damit kommt den Kopenhagener Beschlüssen eine ambivalente Wirkung zu: Sie signalisieren die Erweiterungsbereitschaft der EU, setzen aber gleichzeitig die Schwellen für die Beitrittsländer wie auch für die EU selbst sehr hoch. Die Beitrittskriterien wurden nicht an Zeitpläne geknüpft, vielmehr wurden die Beitritte auf den Zeitpunkt nach dem Vollzug der Transformationsprozesse festgelegt. Mit dem Beschluss zu ihrer institutionellen Reform setzte die Union sich selbst unter Zwang, die institutionelle Ausgestaltung der erweiterten EU zu konkretisieren, bevor sie die Beitrittsprozesse forcierte.

Der Gipfel von Essen (1994) konkretisierte erstmals die Erweiterungsstrategie: Als Grundlage dienten die bestehenden Assoziierungsabkommen und das Weißbuch der Kommission zur Vorbereitung der Staaten Mittel- und Osteuropas auf den Beitritt, das erst 1995 allgemein zugänglich gemacht wurde und das die Maßnahmen für den Binnenmarkt und die Rechtsangleichung präzisierte. Die Beschlüsse des Europäischen Rates von Essen riefen den „Strukturierten Dialog" mit den Beitrittskandidaten ins Leben und verwandelten das Phare-Programm in ein Unterstützungsinstrument der „Heranführungsstrategie" (EU-Kommission 2002b). Der „Strukturierte Dialog" sah die Kooperation der EU mit den Kandidatenländern in allen Säulen der Union sowie einen intensivierten politischen Dialog und stärkere wirtschaftliche Kooperation vor (Mayhew 1998).

Diese Gipfelbeschlüsse erscheinen im Rückblick als Startschuss für die Beitrittsaktivitäten der Transformationsstaaten: Zwischen 1994 und 1996 stellten alle 10 mittel- und osteuropäischen Staaten Beitrittsanträge. Damit erhöhte sich wiederum der Druck, die Erweiterungspolitik der Union weiterzuentwickeln. Die Europäische Union reagierte mit weiteren Beschlüssen zur und Konkretisierungen der Erweiterungsstrategie, die allerdings auch die Vorsicht dokumentieren, mit der sie den Beitritt behandelte.

Eine Präzisierung der Beitrittsbedingungen erfolgte durch das bereits erwähnte Weißbuch der Kommission (zur Vorbereitung der Staaten Mittel- und Osteuropas auf den Beitritt) von 1995 (EU-Kommission 1995c). Es besitzt als Weißbuch per se zwar keine Rechtsverbindlichkeit, legte jedoch auch keine Alternativen zur einseitigen Umsetzung der Vorschläge der Kommission dar (Lippert 2000: 144) und setzte damit die Annahme der Vorschläge der Kommission durch die MOEL voraus.

Der Madrider Gipfel (1995) griff die von der Kommission formulierten Bedingungen auf. Die dortigen Beschlüsse bekräftigten diese Bedingungen, während die Beitrittsschwellen gleichzeitig noch höher gelegt wurden. Das Kopenhagener Kriterium der Übernahme des Acquis wurde dahingehend modifiziert, dass es sich um die Fähigkeit zur effektiven Anwendung des Acquis handeln müsse (Europäischer Rat 1995). Neben dem umfassenden, seit 1989 immer wieder bemühten Argument der Union, vermittels der Osterweiterung Stabilität für ganz Europa schaffen zu wollen, wird nun ein weiterer fester Diskursbestandteil in die Osterweiterungsdebatte eingeführt: Indem die Übernahme des Acquis jetzt als Fähigkeit zur Implementation des Rechtsbestandes der EU interpretiert wird, stehen nunmehr alle mit dem Acquis zusammenhängenden Politikfelder der Beitrittsstaaten den Einfluss- und Eingriffsmöglichkeiten der westeuropäischen institutionellen Akteure, insbesondere der Kommission als Implementationsinstanz, offen.

Der Beginn der Beitrittsverhandlungen wurde außerdem an den Abschluss der inneren Reformen geknüpft. Der Europäische Rat von Madrid übertrug der Kommission darüber hinaus die Aufgabe, durch regelmäßiges Monitoring die Fortschritte in den Kandidatenländern zu beurteilen. Damit wurde ein bisher nicht gekanntes Maß an Überprüfungsmechanismen installiert, das der Kommission neue Handlungsmöglichkeiten in der Ausgestaltung der Erweiterungsstrategie und gegenüber den Kandidatenländern eröffnete. Gleichzeitig wurde der Kommission auch die Aufgabe zugewiesen, ihr eigenes Handeln im Rahmen des Phare-Programms ebenfalls ständig zu überprüfen.

Die zweite Phase der Politik der Europäischen Union gegenüber den mittel- und osteuropäischen Transformationsstaaten zwischen 1993 und 1997 ist geprägt durch die Entscheidung zur Erweiterung. Mit den Beschlüssen der Europäischen Räte 1993 bis 1995 wurden auf Grundlage von Initiativen der Kommission, vor allem des Weißbuchs von 1995, die inhaltlichen Schwerpunkte der Erweiterung gesetzt. Die Vorbedingungen für die Erweiterung wurden gegenüber den Beitrittskandidaten mit der Fähigkeit zur Umsetzung des Acquis communautaire und gegenüber den Mitgliedstaaten mit der Notwendigkeit innerer Reformen präzisiert. Diese Ausgestaltung kam den Erweiterungsskeptikern innerhalb der Union entgegen, da die Erweiterung weit in die Zukunft verschoben wurde. Gleichzeitig erhöhte die Formulierung von innerer Konditionalität den Druck, das Institutionensystem der EU selbst zu reformieren. Die Osterweiterung diente also gleichzeitig den Interessen der reformfreudigen Kräfte innerhalb der EU, etwa der Kommission, die die künftige Handlungsfähigkeit der Organe sicherstellen und die Entscheidungsprozesse vereinfachen wollten.

Die Kommission konnte in dieser Phase an Einfluss gewinnen, indem sie während der Vorbereitung der Europäischen Ratsgipfel die Anforderungen an die Beitrittskandidaten sehr präzise formulierte. Im Rahmen ihrer Umsetzungstätigkeit wurden ihr einerseits Monitoring-Aufgaben für die Überprüfung des Beitrittsprozesses übertragen. Andererseits eröffnete die Evaluierung des eigenen Handelns im Rahmen des Phare-Programms der Kommission weitere Möglichkeiten zur Umgestaltung der Erweiterungsstrategie.

Insgesamt ist diese zweite Phase, in der eine Erweiterungspolitik entwickelt wird, durch die Eröffnung neuer Perspektiven und Schwerpunktsetzungen gekennzeichnet, die eine Reihe von Handlungsfeldern für die Gemeinschaftsakteure eröffneten und damit das Potential für weitere Umbauten in der Erweiterungspolitik enthalten. Eine abgestimmte und zusammenhängende politische Strategie der EU gegenüber den Beitrittsstaaten ist jedoch in dieser Phase noch nicht erkennbar.

2.3 Die Erweiterungsstrategie der EU nach 1997: Eine europäisierte Politik

Die dritte Phase der Osterweiterungspolitik der EU begann mit der Überprüfung von Phare durch die Kommission im Jahr 1997 und dauert bis heute an. Die Evaluation von Phare legte die Implementationsdefizite des Programms offen, die nach Ansicht der Kommission die Effektivität und die Einheitlichkeit des Gemeinschaftshandelns gefährdeten. Die Kommission kritisierte die ungenaue Definition der Ziele und Kriterien und sah die Gefahr der Fragmentierung des Programms (EU-Kommission 1997b). Die Nachfrageorientierung des Programms, die zunächst für den Zweck der Transformationshilfe geeignet erschienen war, erfüllte nicht die Anforderung, künftige Mitglieder auf den Beitritt vorzubereiten. Dies lag nach Ansicht der Kommission an der durch die Phare-Projekte nicht im ausreichenden Maße gewährleisteten Heranführung der Kandidatenländer an die Gemeinschaftspolitik (EU-Kommission 2001). Während es der Kommission also mit den Beitrittsbedingungen gelungen war, spezifische Vorgaben für die Kandidaten zu formulieren, drohte das Hilfsinstrument Phare die Anforderungen, die durch den Strukturierten Dialog ins Leben gerufen worden waren, zu verfehlen.

Um diese Mängel zu beheben, wurde das Programm 1997 reformiert. Die Reform war in den größeren Rahmen der Agenda 2000 integriert, die im gleichen Jahr formuliert und beschlossen wurde. In der Agenda 2000 wurde die „intensivierte Heranführungsstrategie" beschrieben, deren Hauptbestandteil, insbesondere in finanzieller Hinsicht, das Phare-Programm darstellt. Damit wurden die auf dem Madrider Gipfel formulierten Aufgaben in Angriff genommen und die zügig vorgelegten Beitrittsanträge der MOEL von der Kommission in einer neuen Politikstrategie verarbeitet. Die in der Agenda 2000 dargelegte politische Strategie führt die bis dahin getrennt gehandhabten Instrumente der EU unter klaren Ziel- und Schwerpunktsetzungen zusammen: Erstens werden die Methode, die Finanzmittel und die Rechtsinstrumente der Erweiterungsstrategie detailliert dargelegt. Zweitens beurteilt die Kommission alle Beitrittsstaaten und qualifiziert diese nach Eignung zur Aufnahme von Beitrittsverhandlungen. Drittens werden als zentrales Rechtsinstrument für den Beitrittsprozess die Beitrittspartnerschaften ins Leben gerufen (EU-Kommission 1997a).

Das zentrale Ziel der kohärenten Vorbereitung der Kandidatenländer auf den Beitritt sollte durch die starke Konzentration der politischen Instrumente der Europäischen Union auf das Institution Building und die Anpassung der Unternehmen an die Gemeinschaftsnormen erreicht werden. Beide Handlungsfelder, Institution Building und Anpassung der Unternehmen an die Gemeinschaftsnormen, wurden an das reformierte Phare-Programm gekoppelt, das entsprechend auf die Ausbildung von Führungskräften und Investitionsfinanzierung ausgerichtet wurde (EU-Kommission 1997b).

Alle Aktionen, die auf den Beitritt gerichtet sind, finden nunmehr im Rahmen der Beitrittspartnerschaften statt, deren Gegenstand einerseits die konkreten Zusagen und Zeitvorgaben zur Erfüllung der Kopenhagener Kriterien sind, andererseits die mobilisierten Mittel des Phare-Programms und anderer gemeinschaftlicher Unterstützungsmaßnahmen.

Die Beitrittspartnerschaften und die Abkommen zur Projektfinanzierung als rechtlich verbindliche Dokumente ersetzen seitdem die Dokumente zur Programmplanung innerhalb von Phare. Innerhalb der Beitrittspartnerschaften wird ein nationales Programm zur Übernahme des Acquis erarbeitet, in dem jedes Bewerberland genau festlegen muss, welche Maßnahmen es ergreifen will und welche finanziellen Mittel dazu erforderlich sind. Die Beitrittspartnerschaft enthält außerdem „Fahrpläne" für den Binnenmarkt, die die zeitliche Abfolge der Übernahme des Binnenmarkt-Acquis sowie die Vorgehensweise bei der Evaluierung der wirtschaftspolitischen Prioritäten regeln und schließlich eine Vereinbarung zur gemeinsamen Bekämpfung der Kriminalität umfassen. Die in der Beitrittspartnerschaft durch den Bewerberstaat eingegangenen Verpflichtungen und Festlegungen sind die Grundlage der seit 1998 jährlich als „Fortschrittsberichte" der Kommission erscheinenden Evaluierungen. Sie geben über den Status der Bewerberländer in allen Kapiteln des Acquis Auskunft und verdeutlichen darüber hinaus das Neuarrangement von Verhandlungen, Beitrittspartnerschaften und Phare in der Erweiterungsstrategie der EU (vgl. Fortschrittsbericht 2001: 11): Die vertraglichen Regelungen der Beitrittspartnerschaften geben den Zeitrahmen und das Pensum zu erfüllender Aufgaben bzw. Desiderate vor. Über die Phare-Hilfe werden nationale Programme initiiert, die auf die Erfüllung der Aufgaben bzw. Aufhebung der Desiderate zielen. Im Rahmen der Phare-Programmdokumente werden damit die Beitrittsziele konkretisiert. Die Implementation von Phare erfolgt mit Hilfe von Beratern aus den Verwaltungen der EU-Mitgliedstaaten, die im Rahmen des „Twinning"-Programms in die Phare-Empfängerländer entsandt werden. Sie leiten das Verwaltungshandeln in den Bewerberstaaten durch Beratung und Trainings vor Ort an. Entsprechend wurde das Phare-Management in die Verwaltungen der Beitrittsstaaten integriert, die auf einen Nationalen Fonds und eine begrenzte Anzahl von Implementationsagenturen zurückgreifen können (EU-Kommission 2002a).

Der Europäische Rat von Luxemburg (1997) beschloss dieses von der Kommission vorgelegte umfassende Reform- und Erweiterungskonzept und billigte die in der Agenda 2000 vorgelegte Beurteilung der Bewerberstaaten (Europäischer Rat 1997).

Seit dem 31. März 1998 verhandelt die EU mit den am weitesten fortgeschrittenen Bewerberstaaten (Estland, Polen, Slowenien, Tschechien und Zypern) über den Beitritt. Damit wurde zunächst vom Modell der Inklusivität des Beitritts (vgl. dazu Kreile 1997) abgegangen und auf Grundlage der Beurteilungen durch die Kommission in der Agenda 2000 eine Einteilung in Gruppen vorgenommen. Schon mit der Aufnahme von Verhandlungen mit weiteren Beitrittsstaaten im Jahr 2000 wurde die Inklusivität formal wieder hergestellt, wenngleich damit Bewerber in die Verhandlungen einbezogen wurden, die allenfalls sehr langfristig Aussichten auf die Aufnahme in die EU haben. Entsprechend der Erweiterungsstrategie der Agenda 2000 konzentrieren sich die Verhandlungen auf die Fähigkeit zur Implementation des Acquis und die von der EU gewährte Heranführungshilfe zur Übernahme des Besitzstandes.

Die Verhandlungen selbst sind unterteilt in die Screening-Phase des Abklärens der Situation und der Verhandlungspositionen der Bewerberstaaten sowie die eigentlichen Verhandlungen. In den eigentlichen Verhandlungen werden die einzelnen, nach Politikfeldern der Gemeinschaft abgegrenzten 31 Kapitel des Acquis nach und nach diskutiert („geöffnet") und einer vorläufigen Klärung unterzogen („vorläufig geschlossen"). Das Screening wiederum umfasst zunächst eine multilaterale und daran anschließend eine detailliertere bilaterale Phase. Die Verhandlungen sind als bilaterale intergouvernementale Konferenzen der Europäischen Union mit den Beitrittskandidaten organisiert. Die Treffen finden halbjährlich auf Ministerebene und monatlich auf Botschafterebene statt (EU-Kommission 2002b). Die Position der EU wird auf Vorschlag der Kommission und mit einstimmigem Beschluss des Rates festgelegt. Das bedeutet, dass innerhalb des EU-Systems selbst erhebliche Abstimmungsprozesse vor der Verhandlung mit einem Bewerberstaat stattfinden müssen. Gleichzeitig werden dadurch die Handlungsspielräume für die Bewerber eingeschränkt, da die einmal erzielte Position der zentralen Institutionen der EU schwer in Frage zu stellen oder zu modifizieren ist.

Bis Ende 2001 wurden fast alle Kapitel der Beitrittsverhandlungen mit allen Bewerbern außer Rumänien geöffnet. Der Stand des provisorischen Abschlusses eines Kapitels ist von Bewerberstaat zu Bewerberstaat sehr unterschiedlich. Tendenziell dokumentiert der Verhandlungsstand, dass die Verhandlungen mit den Bewerbern der ersten Welle schon weiter gediehen sind als die mit den Nachzüglern. Darüber hinaus zeigt sich, dass wichtige Bereiche der Gemeinschaftspolitik noch im Verhandlungsprozess sind. Dies ist Ergebnis der Herangehensweise der Union, die anfangs eher weniger prominente und finanziell weniger umfangreiche Politiken mit den Bewerberstaaten verhandelte und damit die zentralen Politiken der Gemeinschaft auf einen späteren Verhandlungszeitpunkt verschob. Die als schwierige Verhandlungsmaterien angesehenen Bereiche wie die Agrar- und Strukturpolitik sind deshalb noch nicht abschließend behandelt, weil sie einerseits innenpolitische

Abbildung 1: Stand der Beitrittsverhandlungen (Stand: 26.10.2001)

N°	Kapitel	CYP	CZ	EST	H	PL	SLO	BUL	LV	LT	MAL	ROM	SK
1.	Freier Warenverkehr	X	X	(X)	X	X	X	*P	*X	*X	*X	?	*X
2.	Freizügigkeit	X	X	X	X	(X)	(X)	*P	*X	*(X)	*X	?	*X
3.	Freier Dienstleistungsverkehr	X	X	X	X	X	X	*P	X	X	X	?	X
4.	Freier Kapitalverkehr	X	X	X	X	(X)	X	X	X	X	O	*P	*X
5.	Gesellschaftsrecht	X	O	O	O	O	O	X	O	O	X	O	O
6.	Wettbewerbspolitik	O	O	O	O	O	O	*P	O	O	O	O	O
7.	Landwirtschaft	O	O	O	O	O	O	-	P	P	O	O	P
8.	Fischerei	X	X	X	X	O	*X	*X	X	*X	O	*X	X
9.	Verkehrspolitik	X	O	O	O	O	O	*P	O	O	X	*X	O
10.	Steuern	O	O	O	X	O	O	*P	*P	*P	*P	**P	*P
11.	Wirtschafts- und Währungsunion	X	X	X	X	X	X	-	X	*X	*X	?	*X
12.	Statistik	X	X	X	X	X	X	X	X	X	X	X	X
13.	Sozialpolitik und Beschäftigung	X	X	X	X	X	X	*P	*X	X	O	*P	*X
14.	Energie	X	O	O	X	X	X	**	*P	*P	*X	?	*X
15.	Industriepolitik	X	X	X	X	X	X	-	*P	*P	*X	?	*X
16.	Kleine und mittlere Unternehmen	X	X	X	X	X	X	X	X	X	X	X	X
17.	Wissenschaft und Forschung	X	X	X	X	X	X	X	X	X	X	X	X
18.	Allgemeine und berufliche Bildung	X	X	X	X	X	X	X	X	X	X	X	X
19.	Telekommunikation und Informationstechnologien	X	X	X	X	X	X	X	X	X	X	X	X
20.	Kultur und audiovisuelle Medien	X	X	X	O	X	X	X	X	X	X	O	X
21.	Regionalpolitik und Koordinierung der strukturpolitischen Instrumente	O	O	O	O	O	O	**	*P	*P	*P	?	*P
22.	Umweltschutz	X	X	X	X	X	X	*P	X	X	X	X	*P
23.	Verbraucher- und Gesundheitsschutz	X	X	X	X	X	X	X	X	*X	X	***X	X
24.	Zusammenarbeit im Bereich Justiz und Inneres	O	O	O	O	O	O	*P	X	*P	*P	?	*P
25.	Zollunion	X	X	O	X	X	X	*P	*X	X	X	X	X
26.	Auswärtige Beziehungen	X	X	X	X	X	X	X	X	X	X	X	X
27.	Gemeinsame Außen- und Sicherheitspolitik	X	X	X	X	X	X	X	X	X	X	X	X
28.	Finanzkontrolle	X	X	X	X	X	X	*P	X	*P	*X	X	*X
29.	Finanz- und Haushaltsbestimmungen	O	O	O	O	O	O	**	*P	*P	*P	?	*P
30./31.	Institutionen/Sonstiges												
	Eröffnete Kapitel	**29**	**29**	**29**	**29**	**29**	**29**	**23**	**29**	**29**	**28**	**17**	**29**
	Abgeschlossene Kapitel	**23**	**21**	**19**	**22**	**18**	**21**	**12**	**18**	**18**	**18**	**8**	**20**

O   Kapitel noch nicht eröffnet.
(X) Kapitel, für das ein im Gemeinsamen Standpunkt der EU vorgeschlagene Abschluss von den Kandidatenländern nicht akzeptiert wurde.
*   Während der schwedischen Präsidentschaft eröffnetes Kapitel.

X   Kapitel eröffnet, Verhandlungen im Gange.
-   Kapitel noch nicht eröffnet.
** Während der belgischen Präsidentschaft zu eröffnendes Kapitel.

X   Kapitel vorläufig abgeschlossen.

Graphische Bearbeitung: Rabenschlag (2001)
Quelle: Strategiepapier und Bericht der Europäischen Kommission über die Fortschritte jedes Bewerberlandes auf dem Weg zum Beitritt (2001: 99)

151

Reformvorläufe in den Beitrittsstaaten voraussetzen und andererseits Verteilungskonflikte zwischen den von diesen distributiven Politiken profitierenden Mitgliedstaaten der EU und den Beitrittskandidaten hervorrufen. Der Verhandlungsstand in den Bereichen Agrarpolitik, Regionalpolitik, Finanzen und Innenpolitik zeigt entsprechend noch keine oder wenige Ergebnisse: Der Bereich Agrarpolitik ist bisher mit keinem Bewerberstaat abgeschlossen, mit Bulgarien und Rumänien wurden hierzu noch gar keine Verhandlungen aufgenommen. In der Regionalpolitik wurden ebenfalls noch keine Verhandlungen abgeschlossen und mit Rumänien noch gar keine aufgenommen. Der gleiche Stand wie in der Regionalpolitik gilt für den Bereich Finanzen und Haushalt. Für Justiz und Innenpolitik gilt ähnliches; lediglich Ungarn hat dieses Kapitel bisher abgeschlossen und mit Rumänien wurden noch keine Verhandlungen aufgenommen. Das Transportkapitel wurde bisher mit keinem Transformationsstaat vorläufig geschlossen, sondern nur mit Malta und Zypern (zu den einzelnen Verhandlungsständen vgl. Abbildung 1).

Der Europäische Rat von Berlin beschloss im Juni 1999 den neuen Finanzrahmen für die EU und damit auch den der Osterweiterung (Europäischer Rat 1999). Außerdem wurden neben Phare zwei neue Instrumente für die Erweiterungsstrategie ins Leben gerufen: ISPA und SAPARD. ISPA (Instrument for Structural Policies for Pre-Accession) finanziert Investitionen im Umweltschutzbereich und für Verkehrsinfrastrukturmaßnahmen und stellt von seiner inhaltlichen Ausrichtung ein Pendant zur gemeinschaftlichen Strukturpolitik, insbesondere zum Kohäsionsfonds, dar. SAPARD (Special Accession Programme for Agriculture and Rural Development) richtet sich auf die Landwirtschaft und beinhaltet Maßnahmen für die agrarische Produktion, deren Verarbeitung, den Pflanzenschutz und die Veterinärkontrolle, die Kontrolle der Nahrungsmittelqualität sowie Infrastruktur und Umweltschutz in der Landwirtschaft. Das Instrument für die Landwirtschaft soll einerseits den speziellen Agrarproblemen in den Transformationsländern Rechnung tragen und andererseits der künftigen Umsetzung der gemeinsamen Agrarpolitik dienen. Beide neuen Programme werden im gleichen Rahmen wie Phare umgesetzt, da auch für sie die Assoziierungsabkommen die grundlegenden und die Beitrittspartnerschaften die präzisierenden Verpflichtungen zur Programmumsetzung darstellen. Für alle Instrumente gilt das Prinzip der Kofinanzierung. Bei der Implementierung legt die Kommission, unterstützt vom Verwaltungsausschuss Phare, die Leitlinien für die Hilfsmaßnahmen in den einzelnen Ländern fest. Sie wählt die durchzuführenden Projekte aus und ist für Ausschreibungen und Auftragsvergabe zuständig. Sie konnte bis zur Phare-Reform im Jahr 2000 die dezentrale Verwaltung der Mittel in den Kandidatenländern fallweise und nach Prüfung der Verwaltungskompetenzen der Bewerberstaaten gestatten (EU-Kommission 2002b).

Parallel zu den innergemeinschaftlichen Klärungen der institutionellen Reform auf dem Gipfel von Nizza Ende 2000, der eine zeitliche Perspektive für die ersten Beitritte mit dem Jahr 2002 setzte (diese ist inzwischen schon wieder durch eine weitere Verschiebung auf 2004 ersetzt worden), wurde durch eine weitere Phare-Reform die Rolle der Kommission modifiziert. Dabei wurde die starke Zentralisierung des Phare-Managements bei der Kommission in Brüssel durch Ansätze zur Dezentralisierung und Dekonzentration gelockert. Der Zusammenhang dieser Lockerung mit der stärkeren Engführung der Phare-Ziele durch eine dritte Zielsetzung, die Annäherung an die Strukturfonds, scheint evident: Neben dem Institutionenaufbau und der Investitionsförderung wurde die gezielte Einführung von Ziel 1-Mechanismen, die innerhalb der Struktur- und Regionalpolitik der Gemeinschaft die Gebiete mit Entwicklungsrückstand fördern, als dritte Zielsetzung in das Phare-Programm eingeführt. Die Kommission begründete dies mit der Notwendigkeit, die Hilfeleistungen nicht als reine Transformationsleistungen zu gewähren, sondern die Kandidatenstaaten mit der effektiven und effizienten Nutzung der Strukturfondsförderung innerhalb der EU vertraut zu machen. In diesem Zusammenhang sind auch die Dezentralisierung und Dekonzentration des Phare-Programms zu sehen. Dezentralisierung bedeutet die Übertragung der Verantwortung für die unter den Beitrittspartnerschaften eingegangenen Verträge auf verschiedene Akteure im Beitrittsland: einen nationalen Hilfe-Koordinator (zur Formulierung der Ziele und für die Überwachung der Implementation), einen nationalen Finanzkoordinator (zur Verwaltung der Finanzen) sowie Implementationsagenturen in den nationalen Verwaltungen. Dekonzentration soll die Eigenständigkeit der Kommissionsdelegation vor Ort stärken, indem nur noch grundlegende Programmpolitik und die dazugehörigen finanziellen Mittel von der Generaldirektion Erweiterung in Brüssel festgesetzt werden, die Standard-Tender aber von den Vor-Ort-Delegationen vergeben und verwaltet werden (EU-Kommission 2002a).

Die Kommission hat damit nach der grundlegenden Phare-Reform von 1997 einen weniger spektakulären, aber nicht minder folgenreichen Reformschritt innerhalb ihrer Erweiterungsstrategie vollzogen. Hatte die Reform von 1997 die verschiedenen Instrumente zusammengeführt und statt externer Berater die Verwaltungen der Mitglied- und Bewerberstaaten stärker in die Umsetzung der Beitrittsstrategie einbezogen, so setzt die Reform von 2000 deutliche neue inhaltliche und prozedurale Akzente. Die Einführung eines „Trainings" der Kandidaten für die Ziel 1-Mittelvergabe durch die gemeinschaftlichen Strukturfonds ist ein klares Signal der noch engeren Anbindung der Beitrittskandidaten an die politische Praxis der EU. Im Zusammenhang mit den bestehenden agrar- und strukturpolitischen Instrumenten, die ebenfalls auf die Implementierung gemeinschaftlicher Politikfelder zielen, stellt die Erweiterungsstrategie der EU nun inhaltlich wie organisatorisch eine Variante gemeinschaftlicher Politik dar.

Die Politik der EU in der Phase von 1997 bis zur Gegenwart kann als Vorbeitrittspolitik bezeichnet werden, die von folgenden Entwicklungen gekennzeichnet ist: Mit der Formulierung der Erweiterungsstrategie in der Agenda 2000 und den umfassenden Reformen des Phare-Programms gelang es, die unterschiedlichen Policies der Europäischen Union gegenüber den MOEL zu bündeln und auf den Beitritt auszurichten. Die Koppelung der Hilfsinstrumente an die Beitrittsverhandlungen verstärkte diese Konzentration auf die Beitrittsfähigkeit der mittel- und osteuropäischen Kandidatenländer. Mit dieser Umorientierung der Instrumente der Union ging auch eine Neuordnung der Rolle von Kommission, Europäischem Rat und Ministerrat in der Erweiterungspolitik einher. Während der Europäische Rat weiterhin die Richtlinien der Politik formuliert, die von der Kommission vorbereitet und vorformuliert werden, hat sich durch die Ausformulierung der Beitrittsstrategie die Rolle der Kommission verändert. Da die Beitrittsstrategie aus der Kombination von Hilfsmaßnahmen und Verhandlungen besteht, konnte die Kommission ihren Einfluss auf die Beitrittspolitik ausbauen: Die Beitrittsverhandlungen werden vom Ministerrat geführt; Vorschläge für die Verhandlungspositionen der EU werden von der Kommission erarbeitet und im Aushandlungsprozess zwischen Ministerrat und Kommission festgelegt. Außerdem ist die Kommission für die Implementation der Hilfsmaßnahmen zuständig, deren Vergabe an die Beitrittspartnerschaften und Beitrittsverhandlungen geknüpft ist. Sie besitzt deshalb die umfassendsten Informationen über den Stand des Annäherungsprozesses der Kandidaten an die EU und steht so im Zentrum der Erweiterungsaktivitäten der Union.

In mittelbarem Sinne kann von der Steuerung der Erweiterung durch die Kommission gesprochen werden, da die Aufnahme und der Fortgang der Verhandlungen von ihren Empfehlungen abhängt und die Umsetzung der Erweiterungsstrategie in ihren Händen liegt. Die zentrale Steuerungsfähigkeit der Kommission in der Erweiterungspolitik ist ein Indiz für die Übertragung von Handlungsmöglichkeiten auf die supranationale Ebene. Die Kommission ist aber weiterhin, wie in anderen Politiken der Gemeinschaft auch, von den Beschlüssen der Europäischen Räte und Ministerräte abhängig und muss den dort artikulierten Interessen Rechnung tragen, um politische Gestaltungsmöglichkeiten zu erhalten und auszubauen.

In dieser bisher letzten Phase der Politik der Europäischen Union gegenüber den Beitrittsstaaten weisen die dargestellte Akteurskonstellation wie die eingesetzten Instrumente der Politik der Union strukturelle Ähnlichkeiten mit denen innergemeinschaftlicher Politiken auf. Wenn auch der Grad der Entwicklung der Instrumente noch weniger weit fortgeschritten ist als innerhalb der EU und die Akteurskonstellation wegen des fehlenden Mitspracherechts der Kandidatenländer bei Entscheidungen über Politiken, die sie betreffen, asymmetrisch angelegt erscheint, haben sich Vorformen gemeinschaftlicher Politiken entwickelt, die eine bisher für das EU-System kennzeichnende Arbeitsteilung und gegenseitige Abhängigkeit der Organe aufweisen. Kennzeichnend für diese Phase ist aus diesen Gründen die Entwicklung der Vorbeitrittspolitik.

3. Politikformulierung und Europäisierung

Die drei dargestellten Phasen, die hier als durch die schrittweise Herausbildung einer Ostpolitik, einer Erweiterungspolitik und schließlich einer Vorbeitrittspolitik der Europäischen Union charakterisiert wurden, lassen sich wie viele andere Policy-Prozesse in der EU charakterisieren: wenig kohärente Anfänge ab 1989 und vor der Beitrittsperspektive des Kopenhagener Gipfels 1993, zahlreiche Umbau- und Umorientierungsaktivitäten zwischen 1993 und 1997, schließlich Zusammenführung der Politiken in das Gesamtpaket der Erweiterungsstrategie ab 1997.

Diese Entwicklung lässt sich zusammenfassend folgendermaßen darstellen:

Die erste Phase, die hier als „Ostpolitik" der EU bezeichnet wurde, bestand im Aufbau bilateraler Beziehungen mit den jungen Transformationsstaaten durch Assoziierungsabkommen und die Schaffung des Phare-Programms, die beide die Transformation unterstützen sollten. Obgleich die inhaltliche Ausgestaltung dieser Politik die spezifische Problemlage der Transformation berücksichtigte und insbesondere die marktwirtschaftliche Ausrichtung der Transformationsstaaten intendierte, stellen deren Formen einen üblichen Weg der Aufnahme von Beziehungen mit Drittstaaten dar. Eine Beitrittspolitik der EU im Sinne der Herstellung von Kompatibilität der politischen Systeme der MOEL mit den Politiken der Union beinhalteten beide Bestandteile dieser Politik noch nicht.

Die Arbeitsteilung unter den gemeinschaftlichen Organen entsprach beim Abschluss der Assoziierungsabkommen zwischen der EG und den MOEL der in der Assoziierungspolitik eingeübten Verfahrensweise: Die Kommission fungierte als vorschlagendes und beratendes Organ des Ministerrats. Dieser wiederum ermächtigte die Kommission, die Verhandlungen mit den MOEL zu führen. Die Abkommen wurden nach Abschluss der Verhandlungen durch die Kommission vom Ministerrat einstimmig und mit Zustimmung des Europäischen Parlaments beschlossen.

Die zweite Phase zwischen 1993 und 1997, die als (Ost-)Erweiterungspolitik bezeichnet werden kann, ist gekennzeichnet durch die grundsätzliche Entscheidung des Kopenhagener Gipfels zugunsten der Erweiterung. Die in Kopenhagen beschlossenen Kriterien waren der Ansatzpunkt für die Präzisierung der Beitrittsanforderungen durch die Kommission, die der Europäische Rat beschloss. Dadurch wurden die Beitrittsschwellen für die MOEL angehoben, was sowohl den Erweiterungsskeptikern im Europäischen Rat entgegenkam als auch den Interessen der Kommission als Hüterin der Verträge entsprach. Da der Europäische Rat seit 1993 keine offene oder fundamentale Gegenposition zu der der Kommission einnahm, entfaltete sich fortan die hauptsächlich von der Kommission betriebene Steuerung der Osterweiterungspolitik der EU. Diese bestand im wesentlichen auch in der Anhebung der Beitrittsschwellen für die Bewerber, was einerseits mögliche Gegenpositionen von Erweiterungsskeptikern antizipierte, andererseits die Handlungsmöglichkeiten der Kommission gegenüber den Bewerberstaaten weiter ausdehnte.

Die Anhebung der Beitrittsschwellen für die MOEL wurde nach Ansicht der Kommission nicht von einem effektiven Hilfsinstrument begleitet, da Phare sich in seiner bisherigen Ausrichtung als ineffizient für die Erweiterung darstellte. Mit diesem doppelten Problem – hohe Ansprüche an die inneren Reformen der Transformationsstaaten und zu vager Ausrichtung von Phare – konnten Ziele und Mittel des EU-Systems selbst als nicht ausbalanciert dargestellt werden. Dies wiederum diente, zusammen mit der angestrebten Gemeinschaftsfähigkeit der Kandidatenländer, als Hebel für die weitere Ausdehnung der Steuerungsmöglichkeiten der Kommission.

Die Kommission schlug 1997 dem Europäischen Rat eine grundsätzliche Reform der Erweiterungsstrategie vor, die die dritte Phase, die hier als Phase der Vorbeitrittspolitik gekennzeichnet wurde, einläutete:

Phare wurde nicht nur reformiert, sondern mit den Beitrittspartnerschaften gekoppelt. Die Beitrittspartnerschaften wiederum stellen die Grundlage für die Beitrittsverhandlungen dar. Mit dieser Engführung verschob sich die inhaltliche Zielsetzung von Phare von der Transformationshilfe zum Instrument der Einführung EU-kompatibler Strukturen in den Empfängerstaaten. Gleichzeitig stärkte dies die Gestaltungsspielräume der Kommission: Ihre bestehenden Implementations- und Evaluationsaufgaben wurden umfangreicher und darüber hinaus in der Erweiterungsstrategie gebündelt. Die Evaluationen der Kommission bildeten fortan die Grundlage für die Verhandlungen mit den Bewerberstaaten. In den Verhandlungen selbst trat sie neben den Vertretern der Mitgliedstaaten auf.

Bis zur Phare-Reform im Jahr 2000 wurden alle Implementationsmaßnahmen von der Kommission zentral entschieden. Seitdem wurden einerseits neue Förderinstrumente eingeführt, die eine weitere Ausdifferenzierung der Erweiterungspolitik darstellen, andererseits erste Ansätze zu dezentraleren Entscheidungsverfahren praktiziert. Die seither eingesetzten drei Instrumente der Beitrittsstrategie, Phare, ISPA und SAPARD, stellen eine Differenzierung der Einflussmöglichkeiten der europäischen Politik dar, indem sie eine noch gezieltere Steuerung der Beitrittsprozesse über eine Art Vorbeitrittshilfe in den von der EU als conditio sine qua non angesehenen Politikfeldern ermöglichen. Die Einführung von Dezentralisierung und Dekonzentration bezieht sich, anders als in der gemeinschaftlichen Strukturpolitik, nicht auf die regionale Ebene, sondern auf die nationalstaatliche Ebene in den Bewerberstaaten. Die beiden zuletzt eingeführten Prinzipien stellen aber ein Indiz für eine erneute Umorientierung der Vorgehensweise der Kommission dar, die nun von der Zentralisierung aller Entscheidungsprozesse in Brüssel absieht.

Die dargestellte Entwicklung von der Ostpolitik zur Vorbeitrittspolitik der Europäischen Union folgt aus der Entscheidung zur Erweiterung der EU. Die Erweiterungsentscheidung beinhaltete inhaltliche Neuakzentuierungen der Politik der EU gegenüber den MOEL, die sich als Europäisierung dieser spezifischen Politikarena im Sinne der Anlagerung von immer mehr Handlungskompetenzen und Entscheidungsmacht auf der supranationalen Ebene kennzeichnen lassen. Diese Europäisierung erfolgte über die Inkorporation eines neuen Politiksektors in die Politik der EU. Dieser Politiksektor „Osterweiterung" bedeutete für die Union eine territoriale Ausdehnung ihrer gesamten Politiken auf Nicht-Mitgliedstaaten und eine neue inhaltliche Schwerpunktsetzung, die in der simultanen Behandlung von Transformations- und Beitrittsproblematik bestand. Ausdruck dieser Inkorporation der Osterweiterung in das EU-System ist die starke Position der Kommission in diesem Politiksektor.

Die Besonderheit im Vergleich zu anderen Systemerweiterungen durch Einbeziehung weiterer Politiken ist hier die asymmetrische Akteurskonstellation: Der regen Vergemeinschaftungsaktivität der Kommission in der Politik gegenüber den MOEL stand und steht bisher kein Gegengewicht entgegen, das die Interessen der betroffenen mittel- und osteuropäischen Nationalstaaten in den Politikprozess einspeist, weil diese Staaten noch keine Mitglieder der EU sind. Somit können sie bisher den Ministerrat als intergouvernementales Organ, das auf gleicher Augenhöhe mit der Kommission agiert, nicht nutzen. Grundsätzlich entgegengesetzte Interessen traten aufgrund der Besonderheiten der Osterweiterungspolitik bisher nicht zutage. Die Interessen der Erweiterungsskeptiker treffen sich an vielen Punkten mit denen der Erweiterungs- und Europäisierungsbefürworter, denn alle haben und hatten Interesse an der Aufrechterhaltung wichtiger Kernbestände der gemeinschaftlichen Politiken. Die Erweiterungsskeptiker befürchteten Verteilungskämpfe und eine Schwächung ihres Einflusses auf die distributiven Politiken der EU. Die Erweiterungs- und Europäisierungsbefürworter waren an der Beibehaltung gemeinschaftlicher Politiken, der Behandlung des Problems auf europäischer Ebene und der Sicherung von Entscheidungsfähigkeit in einer erweiterten Union interessiert.

Die eingangs aufgestellte These, dass die Osterweiterungspolitik der Europäischen Union einen Europäisierungsprozess durchlaufen hat, könnte vor dem Hintergrund der vorangegangenen Darlegungen als zwangsläufiger Prozess angesehen werden: Nachdem die EU die Entscheidung zur Erweiterung getroffen hatte, folgte daraus die Entwicklung einer Erweiterungsstrategie, die auf die möglichst nahtlose Integration der mittel- und osteuropäischen Transformationsstaaten abzielte und die entsprechenden Zielsetzungen beinhaltete. Die Kommission als Integrationspromotor wurde deshalb das zentrale Organ in der Erweiterungspolitik.

Eine genauere Betrachtung zeigt aber, dass die Union die Erweiterungsstrategie über sich immer wieder verschiebende Problemstellungen weiterentwickelt hat. Ursächlich für diese wechselnden Problemhorizonte ist das doppelte Problem, mit dem die Europäische Union konfrontiert war, nämlich Transformation und Erweiterung: Das anfängliche Problem der Stabilisierung der Transformationsstaaten sollte durch die Ostpolitik bewältigt werden, die aber in den Augen der mittel- und osteuropäischen Transformationsstaaten wie der Erweiterungsbefürworter in der Union die angezielte Stabilisierung nicht sicherstellen konnte. Daraufhin wurde die Möglichkeit des Beitritts unter bestimmten Vorbedingungen beschlossen. Diese erzeugte einen Run auf den Beitritt, den die Europäische Union durch die Präzisierung der Kriterien verlangsamte. Die Beitrittsmöglichkeit verpflichtete die EU wiederum darauf, entsprechende Unterstützungsmaßnahmen zu leisten, die den Transformationsprozess so lenkten, dass sie auch auf den Beitritt vorbereiteten. Die schiere Größe des Transformationsproblems und die begrenzten Mittel der EU erforderten, dass die Hilfeleistungen in bestimmten Schwerpunktfeldern ansetzten, die gleichzeitig mit den gesetzten Beitrittskriterien in Einklang gebracht werden mussten. Diese Problematik, gepaart mit den Ansprüchen an innere Reformen der Institutionen der Europäischen Union, führte dazu, dass die Erweiterungsstrategie erst vier Jahre nach der Erweiterungsentscheidung von Kopenhagen in der Agenda 2000 neu formuliert und zusammengefasst wurde. Mit der Agenda 2000 wurde die Phase der Beitrittsverhandlungen eingeläutet, in denen die Probleme der Verwaltungen, des Agrarsektors und der Regionalentwicklung an prominente Stelle traten. Die Union reagierte mit einer erneuten Reform der Hilfsinstrumente, um die Hilfe präziser auf den Beitritt auszurichten. Insgesamt entsteht also eher das Bild einer ständig nachgebesserten Politik, die auch mit der letzten Phare-Reform nicht ihren Abschluss gefunden haben wird, denn das eines großen Designs.

Insofern werden die Aussagen über die europäische Integration als inkrementellen Prozess (Tömmel i.E.: 44 ff.; H. Wallace 1996) der Anlagerung von Entscheidungskompetenzen auf der europäischen Ebene bei gleichzeitiger Ausdifferenzierung des EU-Systems bestätigt: Die Osterweiterungspolitik der Union hat in ihrer bisherigen Entwicklung immer mehr europäische Zuständigkeiten und Kompetenzen entfaltet; sie stellt gleichzeitig wegen ihrer besonderen Kombination von Transformations- und Erweiterungsproblem eine weitere Ausdifferenzierung des Integrationsprozesses dar. Die Osterweiterungspolitik der Europäischen Union zeigt einerseits, wie unerwartete Entwicklungen das politische System der EU unter Handlungsdruck setzen, diese Entwicklungen als Herausforderung angenommen werden und wie die Strukturen des Systems dann die Ergebnisse der Politik bestimmen. Die Re-

sultate der Politik zeitigen daraus folgend teilweise unintendierte und inadä-
quate Zielsetzungen, Hürden und Lösungswege, von denen fraglich ist, ob die
EU wie auch die Beitrittskandidaten diese erfolgreich werden meistern können.

Literatur:

Bauer, Patricia: Eastward Enlargement – Benefits and Costs of EU Entry for the
Transition Countries. In: Intereconomics, 33(1998)1, S. 11–19

Bauer, Patricia: Friedensstiftende Potentiale gesamteuropäischer Kooperations-
modelle – Perspektiven einer abgestuften Kooperation. In: Elmar Altvater/Birgit
Mahnkopf (Hrsg.): Die Ökonomie eines friedlichen Europa (Studien für
europäische Sicherheitspolitik Bd. 6). Münster 2000, S. 282-302

Donat, Marcell von: Erst Hausputz, dann Einladungen. Hürden vor der Osterweiterung: Schaffen die Westeuropäer ihre Reformen, bevor die neuen Mitglieder eintreten?, in: ZEITpunkte (1996)4, S. 80-82

EU-Kommission: Phare. Was ist Phare? Eine Initiative der Europäischen Union für
die wirtschaftliche Integration mittel- und osteuropäischer Länder, Brüssel:
Phare-Informationsbüro, GD I, 1995 a

EU-Kommission: Phare. Programme and contract information 1995. Multi-country
and cross-border programmes N° 1, Brüssel: Phare-Informationsbüro, GD I,
1995b

EU-Kommission: Weißbuch Preparation of the Associated Countries of Central and
Eastern Europe for Integration into the Internal Market of the Union,
http://europa.eu.int/en/record/white/east955/index.htm   (Download   am
12.4.2002), 1995c

EU-Kommission: Agenda 2000 – 3 Bände, DOC/97/6. Brüssel 1997a

EU-Kommission (GD External relations): The Phare Programme. An Interim Evaluation. Brüssel 1997b

EU-Kommission: GD Enlargement, Preparing Candidate Countries for Accession to
the EU. Phare Institution Building, Brüssel 2001

EU-Kommission: http://europa.eu.int/comm/enlargement/report2001/cz_de.pdf
(Download am 12.4.2002)

EU-Kommission (GD Enlargement): What is Phare.
http://europa.eu.int/comm/enlargement/pas/phare/index.htm (Download am 11.2.
2002), 2002 a

EU-Kommission (GD Enlargement): Erweiterung der Europäischen Union. Instrument zur Koordinierung: Änderung der Gemeinschaftsmaßnahme „Verordnung des Rates vom 21. Juni 1999 zur Koordinierung der Hilfe für die beitrittswilligen Länder im Rahmen der Heranführungsstrategie und zur Änderung der
Verordnung   (EWG)   Nr.   3906/89", http://europa.eu.int
/scadplus/leg/de/lvb/160021.htm (Download am 5.1.2002), 2002b

Europäischer Rat: Essen Press Release vom 9.12.1994 Nr: 00300/94,
http://ue.eu.int/Newsroom/newMain.asp?lang=4 (Download am 20.11.2001),
1994

Europäischer Rat: Madrid, Press Release vom 16.12.1995 Nr. 00400/95, http://ue.eu.int/Newsroom/newMain.asp?lang=4 (Download am 7.11.2001), 1995

Europäischer Rat: Luxembourg Extraordinary European Council Meeting On Employment. CFSP Presidency Statement vom 20.11.1997 Nr. SN 300/97, http://ue.eu.int/en/info/eurocouncil/index.htm (Download am 4.11.2001), 1997

Europäischer Rat: Berlin European Council – Presidency Conclusions. CFSP Presidency Statement vom 25.3.1999 Nr: 100/1/99 rev, http://ue.eu.int/en/info/eurocouncil/index.htm, (Download am 5.11.2001), 1999

Friis, Lykke: Approaching the third half of the EU grand bargaining – the post negotiation phase of the „Europe Agreement game". In: Journal of European public policy (1998)2, S. 322-338

Friis, Lykke/Murphy, Anna: The European Union and Central and Eastern Europe. Governance and Boundaries. In: Journal of Common Market Studies (1999)2, S. 211-232

Giering, Claus: Die Europäische Union vor der Erweiterung – Institutionen, Flexibilität und Zukunftsaussichten nach Nizza. In: Axt, Heinz-Jürgen/Rohloff, Christoph (Hrsg.): Frieden und Sicherheit in (Südost-)Europa. EU-Beitritt, Stabi–litätspakt und Europäische Sicherheits- und Verteidigungspolitik (Südosteuropa-Studien Bd. 70). München 2001, S. 401-427

Gower, Jackie: EU-Policy to Central and Eastern Europe. In: Henderson, Karen (Hrsg.): Back to Europe. Central and Eastern Europe and the European Union. London: UCL Press, 1999, S. 3-19

Grabbe, Heather: A partnership for accession? The implications of EU conditionality for the Central and Eastern European applicants, EUI working papers (1999)12

Herrnfeld, Hans-Holger: Recht europäisch. Rechtsreform und Rechtsangleichung in den Visegrád-Staaten. Gütersloh: Bertelsmann-Stiftung, 1995

Hirschmann, Kai/Hirschmann, Elsbieta A./Bode, Otto F.: Internationalisierung und die osteuropäische institutionelle Integration. In: Dies. (Hrsg.): Weltwirtschaftliche Anpassung und Öffnung der osteuropäischen Reformstaaten. Transformationskosten – Handlungsstrategien – Ökologische Modernisierung – Konsumentenverhalten – Humankapital. Berlin: Spitz, 1993, S. 7-15

Iorga, Roxana: The EU and the Stabilization of the CEEC: Evolving Political Relations and Economic Agreements. In: Bonvicini, Gianni/Cremasco, Maurizio/Rummel, Reinhardt/Schmidt, Peter (Hrsg.): A Renewed Partnership for Europe. Tackling European Security Challenges by EU-NATO Interaction. Baden-Baden: Nomos, 1995/96, S. 245-263

Kreile, Michael: Eine Erweiterungsstrategie für die Europäische Union. In: Weidenfeld, Werner (Hrsg.): Europa öffnen. Anforderungen an die Erweiterung. Gütersloh: Bertelsmann, 1997, S. 203-272

Kyaw, Dietrich von: Weichenstellungen des EU-Gipfels von Nizza. In: Internationale Politik (2001)2, S. 5-12

Lippert, Barbara: Die Erweiterungspolitik der Europäischen Union – Stabilitätsexport mit Risiken. In: Dies. (Hrsg.): Osterweiterung der Europäischen Union – die doppelte Reifeprüfung. Bonn: Europa-Union-Verlag, 2000, S. 105-164

Mayhew, Alan: Recreating Europe. The European Unions Policy towards Central and Eastern Europe. Cambridge: Cambridge University Press, 1998

Mildenberger, Markus: Die Europadebatte in Politik und Öffentlichkeit der ostmittel-
europäischen EU-Kandidatenländer. In: ApuZ (2002) 00/1-2, S. 3-10

Schimmelpfennig, Frank: The Double Puzzle of EU Enlargement. Liberal Norms,
Rhetorical Action and the Decision to Expand to the East. In: Arena Working Papers (1999)15

Sedelmaier, Ulrich/Wallace, Helen: Policies towards Central and Eastern Europe. In:
Wallace, Helen/Wallace, William (Hrsg.): Policy Making in the European Union.
Oxford: 3. Aufl. 1996, S. 353-387

Tömmel, Ingeborg: Die Strategie der EU zur Systemtransformation in den Staaten
Mittel- und Osteuropas. In: Osnabrücker Jahrbuch Frieden und Wissenschaft
1996, S. 145-161

Tömmel, Ingeborg i.E.: Das politische System der Europäischen Union, München:
Oldenbourg

Wallace, Helen: Die Dynamik des EU-Institutionengefüges. In: Jachtenfuchs, Mar-
kus/Kohler-Koch, Beate (Hrsg.): Europäische Integration. Opladen: Leske+
Budrich, 1996, S. 141-163

Wallace, William: Current State and Future Prospects of the Euro-Atlantic Security
Order. In: Bonvicini, Gianni/Cremasco, Maurizio/Rummel, Reinhardt/Schmidt,
Peter (Hrsg.): A Renewed Partnership for Europe. Tackling European Security
Challenges by EU-NATO Interaction. Baden-Baden: Nomos, 1995/96, S. 155-
170

Weidenfeld, Werner: Zur Rolle der Europäischen Gemeinschaft in der Transformation
Europas. In: Kreile, Michael (Hrsg.): Die Integration Europas. PVS-Sonderheft
(1992)23, S. 321-334

Wessels, Wolfgang: Die Vertragsreform von Nizza – zur institutionellen Erweite-
rungsreife. In: integration (2001)1, S. 8-25

Grenzregionen Mittel- und Osteuropas im Vorfeld der EU-Osterweiterung

Kai Rabenschlag

1. Einführung

Der Beginn der Beitrittsverhandlungen der Europäischen Union (EU) mit den Beitrittskandidatenländern Mittel- und Osteuropas am 31. März 1998 konkretisiert den Prozess der Osterweiterung der EU. Im Rahmen der bilateralen Verhandlungen der EU mit den beitrittswilligen Ländern Mittel- und Osteuropas (MOEL)[1] wurden bis zum Herbst 2001 je nach Land 8 bis 23 Kapitel des insgesamt 31 Kapitel umfassenden Rechtsbestandes der EU (*acquis communautaire*) inzwischen geschlossen und werden nun sukzessive von den beitrittswilligen Ländern – spätestens bis zum anvisierten Beitrittstermin – implementiert. Die effektive Umsetzung der Normvorgaben der EU gilt insofern als Kriterium der Beitrittsfähigkeit der Kandidatenländer – und bestimmt letztlich deren Beitrittstermin.

Der vorliegende Beitrag behandelt einen Problemkomplex, der aus einer Erweiterung des Schengen-Raumes auf die beitrittswilligen Staaten Mittel- und Osteuropas resultiert. Entlang der künftigen Außengrenze der EU spiegelt sich die wachsende Spannung zwischen EU-Innen- und Außenpolitik innerhalb der Heranführungsstrategie der EU für die Mittel- und Osteuropäischen Länder wider. Charakteristisch dafür ist einerseits die von der EU mit erheblichen finanziellen Mitteln ausgestattete Förderung grenzüberschreitender Interaktionen – entsprechend dem übergeordneten Ziel einer politischen Stabilisierung Mittel- und Osteuropas (MOE). Auf der anderen Seite forciert die EU umfassende Maßnahmen zur Ausweitung von Grenzkontroll- und Visaregimen.

---

[1] Bulgarien, Estland, Lettland, Litauen, Malta, Polen, Rumänien, Slowakei, Slowenien, Tschechien, Ungarn und Zypern.

Mit der Osterweiterung verschiebt sich die östliche EU-Außengrenze in einen Raum, dessen Regionen im Unterschied zu den Regionen entlang der heutigen EU-Außengrenze grenzübergreifend ethnisch vergleichsweise stark diversifiziert sind. Die diesen Prozess begleitenden Rahmenbedingungen eines europaweit zu beobachtenden Qualitäts- und Funktionswandels von Grenzen, die durch die zunehmende Entgrenzung innerhalb des Territoriums der heutigen EU bei gleichzeitiger Aufwertung substaatlicher Grenzen zu Staatsgrenzen in MOE schlagwortartig charakterisiert werden können, haben durch die Beitrittsverhandlungen eine neue Dynamik erhalten (vgl. Förster 2000; Grabbe 2000; Rabenschlag 2000).

Die Relevanz dieser Problematik verdeutlichen exemplarisch zum einen die aus einem innenpolitischen Druck heraus – und gelegentlich übertrieben polemisch – geführte Diskussion in den EU-Mitgliedstaaten um die Fähigkeit einer raschen und effektiven Umsetzung der Anforderungen aus dem Schengen-Acquis für die Beitrittskandidatenländer, begleitet von einer – innerhalb der Bevölkerung der heutigen EU-Mitgliedstaaten grassierenden – Furcht vor einer Masseneinwanderung von Arbeitskräften aus den künftigen Mitgliedstaaten Mittel- und Osteuropas. Zum zweiten birgt eine Verschärfung der Visaregelungen ein Konfliktpotential für die zwischenstaatlichen Beziehungen innerhalb der Gruppe der Beitrittskandidatenländer sowie zwischen den MOEL und ihren östlichen Nachbarn – exemplarisch sei hier auf die Problematik eines visafreien Transits zur russischen Exklave Kaliningrad für Staatsangehörige Weißrusslands und der Russländischen Föderation durch Polen und Litauen verwiesen (vgl. RFE/RL 2001a).

Mit nicht unerheblichem Aufwand fördert die EU systematisch beispielsweise seit 1994 im Rahmen des PHARE-CBC-Programms die grenzüberschreitende Kooperation. In der Folge dieser Förderung haben sich in einigen Grenzregionen MOEs institutionalisierte Formen grenzüberschreitender Kooperation nach dem Vorbild der Euroregionen entlang der heutigen EU-Außengrenze etabliert. Gleichzeitig unterstützen insbesondere einzelne Mitgliedstaaten die beitrittswilligen Staaten MOEs bei dem Ausbau von Grenzkontrollsystemen beziehungsweise forcieren die möglichst rasche und uneingeschränkte Übernahme der Visaregelungen nach EU-Normen durch die MOEL.

Der vorliegende Beitrag beleuchtet die Konsequenzen für die Ausübung alltäglicher grenzübergreifender Interaktionen für die Bevölkerung der grenznahen Regionen. Diese Folgen resultieren aus einer deutlichen Erhöhung der Transaktionskosten für grenzübergreifende Interaktionen durch die genannten Prozesse.

2. Der Schengenbesitzstand als Beitrittskriterium

Wegen der Überführung der vormals intergouvernementalen Kooperation in den Bereichen Justiz und Inneres (im Rahmen des alten „Dritten Pfeilers") in die Rechtsordnung der Gemeinschaftsinstitutionen durch den Amsterdamer Vertrag, wird der *acquis de Schengen* von den Beitrittskandidaten vollständig zu übernehmen sein. Den Beitrittskandidatenländern wurde erst rund ein Jahr nach der Aufnahme der Beitrittsverhandlungen der volle Umfang ihrer Verpflichtungen im Rahmen des *Raumes der Freiheit, der Sicherheit und des Rechts* mitgeteilt (Monar 2000). Zurückzuführen ist dieses auf erhebliche Differenzen auf Seiten der EU-Mitgliedstaaten, betreffend einer einheitlichen Definition des Schengen-Besitzstandes (vgl. Monar 2000). Dieses spiegelt die innenpolitische Brisanz bestimmter Teilbereiche des Schengen-Besitzstandes für die heutigen EU-Mitgliedstaaten wider, wie beispielsweise die Asyl- und Einwanderungspolitik, die Bekämpfung grenzüberschreitender Kriminalität und Grenzkontrollen (Monar 2000).

Im Verlauf der Beitrittsverhandlungen zeichnet sich bis zur zweiten Hälfte des Jahres 2001 bereits ab, dass den Beitrittskandidaten in diesem Bereich keine *opting-out*-Regelungen gewährt werden, wie sie beispielsweise dem Vereinigten Königreich und Irland in Form einer flexiblen Anwendung der Grenzkontroll- und Visaregelungen derzeit zugestanden werden (vgl. Grabbe 2000; Taschner 1997). Zudem stehen im Bereich der EU-Visapolitik durch die jetzige Zugehörigkeit zum ersten Pfeiler kaum Verhandlungsspielräume auf Seiten der Beitrittskandidaten zur Verfügung. Für diese kommt erschwerend hinzu, dass derzeit von Seiten der EU keine eindeutige Regelung besteht, was noch vor beziehungsweise erst nach einem Beitritt zur EU umgesetzt werden muss (Grabbe 2000).

Die compliance mit den Schengen-Normen und die Ungewissheit im Zeitplan für deren Umsetzung verursacht auf regionaler und lokaler Ebene in den beitrittswilligen Staaten MOEs erhebliche Unsicherheiten im Rahmen der Ausgestaltung bilateraler Beziehungen der MOEL untereinander.

Es steht folglich bereits fest, dass die Beitrittskandidatenländer ihre im Vergleich zu den EU-Anforderungen eher als liberal zu bezeichnenden Visaregelungen gegenüber ihren östlichen Nachbarn verschärfen müssen.

Wollen diese Staaten ihren Beitritt nicht verzögern, werden sie sich einer raschen Einführung eines strengeren Grenzkontroll- und Visaregimes nicht entziehen können. Estland stellt seine *Schengen-Reife* bereits heute unter Beweis, in Form eines konsequenten physischen Ausbaus seines Grenzkontrollregimes vor allem entlang der Grenze zur Russländischen Föderation und insbesondere durch die Verschärfung der Visabestimmungen – „Estonia has replaced the simplified regime of border crossing on Estonian-Russian border with visa regime according to the EU acquis" (Eesti Välisministeerium 2000). Andere Beitrittskandidaten versuchen die Einführung der Visumpflicht gegenüber ihren östlich gelegenen Nachbarn so weit wie möglich herauszuzögern. Litauen plant den derzeit visafreien Transit russischer Staatsangehöriger zur Exklave Kaliningrad durch die Einführung eines Transitvisums erst im Jahre 2003 zu ersetzen (RFE/RL 2001a, 2001b).

Der Druck der EU auf die Beitrittskandidatenländer, die Voraussetzungen für eine effektive Umsetzung eines schengenkonformen Grenzkontroll- und Visaregimes spätestens bis zu einem Beitritt zur EU zu schaffen, beeinflusst nicht nur das Verhältnis zwischen den Kandidatenländern und ihren östlichen Nachbarn. In der Folge erwägt die Ukraine derzeit die Einführung einer Visumspflicht gegenüber Staatsangehörigen der Russländischen Föderation. Dieses geschieht primär vor dem Hintergrund, einerseits die westlichen Grenzen zu den künftigen EU-Beitrittsländern – und damit teilweise angrenzend an die künftige Außengrenze der EU – weitgehend offen zu halten und andererseits finanzielle Mittel zur Sicherung der östlichen Grenzen von der EU zu erhalten (RFE/RL 2001c).

Die Grenzregionen entlang der künftigen östlichen Außengrenze der erweiterten Union bilden die „Widersprüchlichkeit in der Heranführungsstrategie der EU" (Bort 1999) ab: der finanziellen Förderung grenzübergreifender Kontakte – primär in Form eines kulturellen Austausches und wirtschaftlicher Kooperation – steht eine Erhöhung der Barrierewirkung der Staatsgrenzen durch die Verschärfung des Grenzkontroll- und Visaregimes gegenüber. Anhand von zwei Fallbeispielen lassen sich die bereits heute erkennbaren Folgen für die lokale und regionale Dimension dokumentieren.

3. Zur Situation an der künftigen Außengrenze der EU in Mittel- und Osteuropa

3.1 Fallbeispiel 1: Die Außengrenzen Estlands

Am Beispiel einer geteilten Grenzstadt an der estnisch-lettischen Grenze lassen sich die Folgen einer Schengen-Erweiterung auf die grenzüberschreitenden Interaktionen auf lokaler Ebene darlegen. Es handelt sich dabei um die auf estnischem Territorium gelegene Stadt Valga und die auf lettischem Territorium gelegene Stadt Valka.

Im Verlauf der rund 630-jährigen Stadtgeschichte spielte die Grenze eine eher untergeordnete Rolle. Im Zuge der Selbständigkeit der Baltischen Staaten im Jahre 1920 wurde die Stadt nach dem Prinzip der ethnischen Mehrheitsverhältnisse durch eine Staatsgrenze durchtrennt. Infolge des Hitler-Stalin-Paktes wurden Estland und Lettland dem Territorium der UdSSR zugeschlagen, so dass die Grenze nunmehr lediglich den Status einer Republik-

Grenze besaß und dadurch ihre bis dahin geringe Barrierewirkung nahezu vollständig verlor. Zeitgleich wurde mit der Ansiedlung russischsprachiger Arbeitskräfte über das gesamte Stadtgebiet hinweg ein grenzübergreifender Gesellschaftsteil geschaffen.

Mit der wiedererlangten Unabhängigkeit der baltischen Staaten erfolgte im Jahre 1991 die erneute Grenzziehung und ein Jahr später die Grenzsicherung in Form einer, das gesamte Stadtgebiet teilenden Grenzdemarkation und zunehmenden Grenzkontrollen an zwei innerstädtischen Grenzübergängen. Die Unzufriedenheit seitens kommunaler Vertreter über den trennenden Charakter der Grenze wird dadurch verstärkt, dass Estland infolge der Eröffnung der Beitrittsverhandlungen mit einem deutlichen physischen Ausbau der Grenzsicherungs- und -kontrollanlagen begonnen hat. Im Gegensatz zu den Esten und Letten mussten bereits zuvor diejenigen russischsprachigen Bewohner der Stadt, die zu diesem Zeitpunkt nicht im Besitz der estnischen oder lettischen Staatsangehörigkeit waren, erhebliche Einschränkungen in der Ausübung grenzüberschreitender Interaktionen – dazu zählen unter anderem Besuche innerhalb der Familie – aufgrund für sie geltender besonderer Regelungen für Grenzübertritte hinnehmen.

Als Reaktion auf die Abnahme der gegenseitigen Kontakte zwischen den beiden Teilen der Stadt und den zunehmenden Einschränkungen der täglichen Grenzübertritte der estnischen und lettischen Bevölkerungsteile versucht die kommunale Ebene durch grenzüberschreitende Zusammenarbeit gegenzusteuern. Seit 1995 wird im Rahmen des von der EU unterstützten bilateralen *EstLa-Projektes* zunächst die kulturelle Zusammenarbeit gefördert. Darüber hinaus bestehen auf administrativer Ebene erste Ansätze für eine grenzüberschreitende Regionalplanung (vgl. Jauhiainen 2000).

Ungeachtet dessen muss die gesamte Grenzraumbevölkerung – gleich welcher Staatsangehörigkeit – seit Herbst 2000 an den östlichen Grenzen Estlands zur Russländischen Föderation erhebliche Einschränkungen bei der Ausübung grenzüberschreitender Interaktionen in Kauf nehmen: Zum 11. September 2000 führte die estnische Regierung schengenkonforme Grenzkontrollprozeduren an der estnisch-russischen Grenze anstelle der bis dahin gültigen liberalen Regelungen ein (State Chancellery of the Republic of Estonia 2001). Die daraus resultierende Visumspflicht für den Grenzübertritt wurde von der russischen Regierung stark kritisiert. Bereits zuvor schlug das russische Außenministerium am 24. August 2000 eine Übergangsphase – von nicht näher genannter Dauer – vor, um den direkt betroffenen Bewohnern des Grenzgebietes den mehrfachen Grenzübertritt durch vereinfachte Visaregelungen bis zu einer Einführung von Dauervisa zu erleichtern (RFE/RL 2000). Die Bedenken der russischen Regierung und des russischsprachigen Bevölkerungsteils Estlands gegenüber einer Verschärfung des estnischen Grenzkontroll- und Visaregimes teilt auch der *Setu-Kongress*, eine Interessenvereinigung der grenzübergreifend, das heißt im südöstlichen Estland und im russischen Petschora-Gebiet lebenden estnischen Volksgruppe (RFE/RL 2000). Die Vereinigung weist auf die möglichen Nachteile für die grenzüberschreitenden Interaktionen der auf russischem Territorium lebenden Bevölkerungsgruppe estnischer Abstammung durch die im Gegenzug von der Russländischen Föderation zu erwartende Einführung einer Visumpflicht gegenüber der auf dem Territorium der Russländischen Föderation lebenden estnischen Bevölkerung hin.

Dieses Fallbeispiel illustriert einen Fall der Staatsbürgerdiskriminierung als Folge der beitrittsbezogenen Interaktionen zweier Kandidatenländer, auf deren Territorium Nicht-Staatsbürger leben. Dieses äußert sich in der Form, dass sich die Barrierewirkung in umgekehrt proportionalem Verhältnis, wie sie sich für die lettische und estnische Bevölkerung als Folge der Beitrittsperspektive ihrer Länder vermindert, für den Bevölkerungsteil russischer Staatsangehörigkeit beiderseits der Grenze wegen nun geltender rigider Visabestimmungen erhöht.

Die ersten Auswirkungen der Verschärfung des Grenzkontroll- und Visaregimes verdeutlicht der im Verlauf des Jahres 2000 zu beobachtende Rückgang der Grenzübertritte an der östlichen Grenze Estlands. Mit minus 10,48 Prozentpunkten gegenüber 1999 markiert er einen gegenläufigen Trend zu dem im gleichen Zeitraum festzustellenden Anstieg der gesamten Grenzübertritte um 1,6 Prozentpunkten (absolut: 13,1 Millionen). Mit minus 13 Prozentpunkten fällt der Rückgang der Grenzübertritte besonders deutlich an der Grenzkontrollstelle in der ostestnischen Stadt Narva aus (State Chancellery of the Republic of Estonia 2001). Dieses ist der Fall, wenn ein Beitrittsland und ein Nicht-Beitrittsland in Fragen von Visaregelungen interagieren. Das folgende Fallbeispiel zur Karpaten-Euroregion verdeutlicht die angesprochene Problematik anhand folgender Konstellation: grenzübergreifende Interaktionen zwischen Beitrittsländern der *fast-track*-Gruppe und denjenigen Beitrittsländern mit längerfristiger Beitrittsperspektive sowie Nicht-Beitrittsländern.

3.2 Fallbeispiel 2: Karpaten-Euroregion

Am Beispiel der 1993 gegründeten *Karpaten-Euroregion* lassen sich die aktuellen Probleme und möglichen Folgen der Einführung der Schengen-Bestimmungen auf der regionalen Ebene verdeutlichen.

Entlang der gesamten Ostgrenze Polens wurden im Jahre 1999 rund 27,3 Millionen Reisende gezählt (Emerson 2001). Das stellt einen Anstieg gegenüber dem Vorjahr um 16 Prozent dar. Ein Teil dieser Grenze verläuft durch das Gebiet der *Karpaten-Euroregion*. Diese Euroregion repräsentiert die Interessen der jeweiligen grenznahen räumlichen Subeinheiten Polens, der Ukraine, Rumäniens, Ungarns und der Slowakei. Vor dem Hintergrund des chronischen Mangels an finanziellen Mitteln ist neben der Realisierung von Projekten zur Förderung der grenzüberschreitenden Zusammenarbeit in den Bereichen Kultur und Wirtschaft die multilaterale Regierungsvereinbarung über eine regionale Passunion durchaus als wichtigstes Ergebnis der grenzüberschreitenden Zusammenarbeit zu nennen. Den Bürgern der an der Euroregion beteiligten Staaten ermöglicht diese Regelung einen visafreien Aufenthalt innerhalb des Territoriums dieser Region. Als Folge der Beitrittsvorbereitungen Polens und Ungarns werden nun diese gegenüber ukrainischen und zunächst noch rumänischen Staatsangehörigen eine Visumpflicht einführen müssen, gemäß der Umsetzung der Maßnahmen zur Erreichung der *Schengenreife*.

Insgesamt resultiert daraus für die Überwindung der gestiegenen Barrierewirkung der Grenze eine Erhöhung des Zeit-Kosten-Aufwandes durch die Beschaffung gültiger Visa und die Intensivierung der Grenzkontrolle. Polens Außenminister Geremek betonte im März diesen Jahres, die Visumpflicht gegenüber der Ukraine möglichst lange herauszögern zu wollen, um die nachbarschaftlichen Beziehungen nicht zu gefährden. Sein deutscher Amtskollege Schily betrachtet dieses jedoch mit Skepsis, schließt aber Überlegungen zur Einführung von Dauervisa für den kleinen Grenzverkehr nicht aus. Ostpolen, als wirtschaftsstrukturell stark beeinträchtigte und primär von den negativen Transformationsfolgen getroffene Region, profitiert vom schwunghaften grenzüberschreitenden Handel mit der Ukraine und den grenzüberschreitenden *Handelsreisen* der Ukrainer nach Polen wegen des vorhandenen sozioökonomischen Gefälles zwischen den ostpolnischen Regionen und der Westukraine (vgl. Emerson 2001). Stichwortartig sei an dieser Stelle auf die typischen Grenzmärkte hingewiesen, die der Grenzraumbevölkerung zusätzliche oder oftmals die einzigen Erwerbsmöglichkeiten bieten.

Die Auswirkungen der Einführung eines verschärften Visaregimes resultieren damit primär aus der künftig zu erwartenden „nationalitätendifferenzierenden Permeabilität" (Waack 2000) der Grenze. Sie betrifft insbesondere den *kleinen Grenzverkehr* innerhalb der an der Grenze gelegenen Regionen und damit den davon direkt abhängigen lokalen Handel in den östlichen Regionen der MOEL.

Für Polen und Ungarn kann daraus zudem ein Vertrauensverlust ihrer östlichen Nachbarn bezogen auf eine Ausgestaltung nachbarschaftlicher Beziehungen auf staatlicher Ebene folgen. Aber auch die EU muss mit einem Verlust des Vertrauens in ihr Integrationsprojekt rechnen, obgleich sie zuletzt auf dem Europäischen Rat in Köln und in den abschließenden Vereinbarungen des Helsinki-Gipfels stets betonte, die östlichen Nachbarn einer erweiterten Union zwar weder zu integrieren, noch durch den Aufbau neuer Trennlinien diese von der europäischen Entwicklung abzukoppeln.

4. Fazit

Die Beispiele unterstreichen die Feststellung, dass die uneingeschränkte Ausweitung der Schengen-Prinzipien auf die künftige östliche Außengrenze der EU den kommunalen und regionalen Besonderheiten in den Grenzräumen der MOEL unzureichend Rechnung trägt. Gleichzeitig werden die vorhandenen lokalen und regionalen Ressourcen grenzüberschreitender Zusammenarbeit zur Minderung des exogen bedingten Problemlösungsdrucks erheblich belastet.

Es ist anzunehmen, dass die derzeitigen Mitgliedstaaten der EU die Grenzkontrollen entlang ihrer Grenzen zu den künftigen Neumitgliedern nach deren Beitritt erst nach einer Übergangsperiode von mehreren Jahren vollständig aufheben werden. Dieser Ausdruck von Skepsis gegenüber einer effektiven Umsetzung der Schengen-Anforderungen zeigte sich bereits deutlich bei dem Beitritt Österreichs, Italiens und Griechenlands zum Schengenvertrag (vgl. Monar 2000). Die voraussichtliche Beibehaltung von Grenzkontrollen an den künftigen Binnengrenzen zwischen den Alt- und Neumitgliedern der EU unterminiert damit wiederum die ursprüngliche Zielsetzung des Schengenabkommens, also den freien Personenverkehr zwischen den Vertragsstaaten. Die Beitrittskandidatenländer Mittel- und Osteuropas versuchen einerseits ihre Schengenreife bis zum jeweiligen Beitrittstermin unter Beweis zu stellen und gleichzeitig eine Verschlechterung der Beziehungen zu ihren östlichen Nachbarn auch nach dem EU-Beitritt zu verhindern. Damit erfüllt das Territorium der Beitrittsländer die Funktion eines Grenzsaumes – im Sinne einer Wiederentdeckung des Limes – zum östlichen Teil des europäischen Kontinents (vgl. Bort 1999). Es wäre daher in Erwägung zu ziehen, den Schengen-Acquis in den Beitrittsländern stufenweise in Kraft treten zu lassen. Das bedeutet eine Aufhebung von Binnengrenzkontrollen zu einem späteren Termin – also nachdem eine effektive Kontrolle der künftigen Außengrenzen gewährleistet ist – und so einen Erhalt aktueller Formen der Permeabilität der künftigen östlichen Außengrenze der EU. Dieses hieße jedoch, dass die EU von ihrer Position einer strikten Ablehnung von Ausnahmen (*opt-out*-Regelungen) oder anderer Formen flexibler Integration (vgl. Grabbe 2000) abrücken müsste.

Eine Einführung der Visumspflicht stellt bereits heute erhebliche Anforderungen an die betreffenden Verwaltungskapazitäten der Kandidatenländer. So kann Polen beispielsweise die Einführung schengenkonformer Visa für Staatsangehörige Weißrusslands, der Russländischen Föderation und der Ukraine voraussichtlich erst ab dem Jahr 2003 sicherstellen. Die folgenden Zahlen illustrieren, dass die polnischen Konsulate mit den derzeitigen Kapazitäten im Personalbereich die Anfragen zur Ausstellung von Visa nicht werden bewältigen können: im Jahr 2000 wurden die Besuche von 5,9 Millionen Bürgern aus Weißrussland, 2,75 Millionen Bürgern aus der Russländischen

Föderation und 6,1 Millionen Bürgern der Ukraine in Polen registriert. Im gleichen Zeitraum steht diesen insgesamt 14,75 Millionen Grenzübertritten die Ausfertigung von weltweit lediglich 185.000 Visa durch polnische Konsulate gegenüber (RFE/RL 2001d). Unter der Annahme, dass die Mobilität über die Grenze hinweg gleich bliebe und dass Polen gegenüber den Staatsbürgern seiner östlichen Nachbarstaaten eine Visumpflicht einführen müsste, akzentuieren diese Zahlen deutlich den zu erwartenden enormen Anstieg konsularischer Tätigkeiten und den Bedarf an Verwaltungskapazitäten in Polen in diesem Bereich.

Primär sollten die für die außerhalb des erweiterten EU-Territoriums lebende Grenzraumbevölkerung künftig steigenden Transaktionskosten eines Grenzübertritts bis zur vollständigen Durchsetzung der Anforderungen des Schengenbesitzstandes gemildert werden. Eine kurzfristige Lösungsmöglichkeit könnte die Anwendung flexibler Visaregelungen während einer Übergangsphase bis zum Beitrittstermin speziell für die im Grenzraum ansässige Bevölkerung bilden. Diese von den östlichen Nachbarn der Beitrittskandidatenländer wiederholt geforderten Sonderregelungen sollten über einen längeren Zeitraum einen mehrfachen Grenzübertritt ermöglichen und zu erschwinglichen Kosten zu erwerben sein, beispielsweise in konsularischen Einrichtungen in den regionalen Verwaltungszentren der Grenzregionen oder direkt an der Grenze. Dieses setzt jedoch eine Stärkung der Verwaltungskapazitäten in diesem Bereich in den Beitrittsländern voraus.

Eine eher langfristige Perspektive eröffnet der bereits eingeschlagene Weg einer grenzüberschreitenden Zusammenarbeit, die primär auf die Schaffung von Erwerbsmöglichkeiten beiderseits der Grenzen abzielt, um die sozioökonomischen Disparitäten in der Grenzregion – in Anlehnung an die Erfahrung der grenzüberschreitenden Zusammenarbeit entlang der heutigen Außengrenze – zu vermindern. Im Idealfall sollte die Entwicklung dahingehend gesteuert werden, dass ein Grenzübertritt nicht mehr der Sicherung der persönlichen wirtschaftlichen Prosperität dient. Angesichts des chronischen Mangels an finanziellen Ressourcen und der schwachen Institutionalisierung der grenzüberschreitenden Zusammenarbeit in Mittel- und Osteuropa bedürfen diese Maßnahmen auf der Makro- und Mesoebene einer erweiterten finanziellen Hilfe durch die EU.

Die im Herbst des Jahres 2001 von der EU verkündete Aufhebung der Visumspflicht für rumänische und bulgarische Staatsangehörige kann als ein wesentliches Signal einer zukünftigen „neighbourhood policy" der EU (Grabbe 2000) für die östlich der künftigen Außengrenzen der erweiterten Union gelegenen neuen unabhängigen Staaten angesehen werden. Das dieser Politik zugrunde liegende zentrale Prinzip einer Gleichbehandlung aller Beitrittskandidatenländer ist für diese ein wichtiges innenpolitisches Signal für deren politische Stabilität.

Literatur

Baranyi, B./Balcsók, I./Dancs, L./Mezö, B.: Borderland Situation and Periferality in the North-Eastern Part of the Great Hungarian Plain. Pécs: Centre for Regional Studies of Hungarian Academy of Sciences, Discussant Papers(1999)31

Blatter, Joachim: Entgrenzung der Staatenwelt? Politische Institutionenbildung in grenzüberschreitenden Regionen in Europa und Nordamerika. Baden-Baden: Nomos, Weltpolitik im 21. Jahrhundert, Bd. 5, 2000

Bort, E.: Grenzen und Grenzräume in Mitteleuropa. In: WeltTrends(1999)22, S. 75-95

Eesti Välisministeerium (Estnisches Außenministerium): Pressemitteilung vom 4.12.2000. URL: http://www.vm.ee/euro/english/ (Stand vom 3.1.2001), 2000

Emerson, Michael: Borderland Europe: Galicia, Schengen and quid Ukraine? In: Centre for European Policy Studies. 31.05.2001. URL: http://www.ceps.be/Commentary/June01/Emerson.htm, 10.06.2001, CEPS Commentary, (2001)8

Europäische Kommission: An evaluation of Phare Cross-Border Co-operation Programme. Brüssel, 1998

Förster, Horst: Staatsgrenzen übergreifende Regionen an den Außenzonen der Europäischen Union. In: Tömmel, Ingeborg (Hrsg): Europäische Integration als Prozess von Angleichung und Differenzierung. Opladen: Leske + Budrich, Forschungen zur Europäischen Integration, Bd. 3, 2001, S. 235-254

Grabbe, Heather: The sharp edges of Europe. In: International Affairs(2000)76, S. 519-536

Jauhiainen, Jussi S.: Regional Development and Regional Policy. European Union and the Baltic Sea Region. Turku: Centre for Extension Studies, 2000

Kempe, Iris/van Meurs, Wim/von Ow, Barbara: Die EU-Beitrittsstaaten und ihre östlichen Nachbarn. Gütersloh: Bertelsmann, 1999

Kockel, Ullrich: Borderline Cases. The Ethnic Frontiers of European Integration. Liverpool: University Press, Liverpool Studies in European Regional Cultures 3, 1999

Monar, Jörg: Die Bereiche Inneres und Justiz als Herausforderung und Chance des ungarischen Beitrittsprozesses. In: Hrbek, Rudolf: Die Osterweiterung der Europäischen Union. Problemfelder und Lösungsansätze aus deutscher und ungarischer Sicht. Tübingen, Occasional Papers, Nr. 22, 2000

Rabenschlag, Kai: Transnationale regionale Kooperation in Mittel- und Osteuropa und Europäische Integration. In: Tömmel, Ingeborg (Hrsg.): Europäische Integration als Prozess von Angleichung und Differenzierung. Opladen: Leske + Budrich, Forschungen zur Europäischen Integration, Bd. 3, 2001 S. 255-261

Radio Free Europe/Radio Liberty (RFE/RL): Baltic States Report, Ausg.1, Nr. 30, 1. September 2000, URL: http://www.rferl.org/balticreport/, 01.09.2000, 2000

Radio Free Europe/Radio Liberty (RFE/RL): Baltic States Report, Ausg. 2, Nr. 11, 17 Mai 2001, URL: http://www.rferl.org/balticreport/, 17.05.2001, 2001a

Radio Free Europe/Radio Liberty (RFE/RL): Newsline, Ausg. 5, Nr. 192, Teil II, 10. Oktober 2001, URL: http://www.rferl.org/newsline/, 10.10.2001, 2001b

Radio Free Europe/Radio Liberty (RFE/RL): Newsline, Ausg. 5, Nr. 206, Teil II, 30 Oktober 2001, URL: http://www.rferl.org/newsline/, 30.10.2001, 2001c

Radio Free Europe/Radio Liberty (RFE/RL): Newsline, Ausg. 5, Nr. 225, Teil II, 29 November 2001, URL: http://www.rferl.org/newsline/, 29.11.2001, 2001d

State Chancellery of the Republic of Estonia: Progress Report for the Commission Review. Tallinn, 2001

Waack, Christoph (1999): Die gegenwärtige und zukünftige Außengrenze der EU im Osten Europas – Chancen und Risiken betroffener Grenzstädte. In: Pütz, Robert (Hrsg.): Ostmitteleuropa im Umbruch. Wirtschafts- und sozialgeographische Aspekte der Transformation. Mainz, Mainzer Kontaktstudium Geographie, Bd. 5, 1999

Waack, Christoph: Stadträume und Staatsgrenzen. Geteilte Grenzstädte des mittleren und östlichen Europas im Kontext lokaler Alltagswelten, nationaler Politik und supranationaler Anforderungen. Leipzig, Beiträge zur regionalen Geographie, Bd. 51, 2000

III.

Konzeptionen europäischer Identität

Nationale und europäische Identität in historischer Perspektive

Wilfried Loth

Je stärker die Europäische Union die Alltagswirklichkeit der Menschen in den Mitgliedsländern prägt, desto häufiger stellt sich die Frage nach der europäischen Identität: Gibt es eine gemeinsame Identität der Europäer? Bedroht sie die gewachsenen nationalen Identitäten? Kann sie sie ersetzen? Muss sie stärker werden, wenn Europa handlungsfähig bleiben soll?

Die Identitäten von Gemeinwesen sind nicht statisch, sondern in einem permanenten Wandlungsprozess begriffen. Sie basieren, so sagt die Wissenssoziologie (Berger/Luckmann 1980), auf kollektiven Erfahrungen und ihrer Deutung in einem dialektischen Prozess: Individuell erlebte Wirklichkeiten werden im Licht kollektiver Wirklichkeitsmodelle und Wissensbestände gedeutet und tragen damit zur Verstärkung und Verstetigung dieser kollektiven Deutungen bei. Je nach Art der Erfahrungen und Deutungen, die prägend werden, hält das kollektive Selbstbild tatsächliche Erinnerungen und tradierte Geschichtsbilder fest, verallgemeinert es evidente Alltagswahrnehmungen und birgt es mehr oder weniger deutliche Vorstellungen von einer gemeinsamen Zukunft.

1. Nationale Identität

Das gilt in besonderem Maße für die nationale Identität. Bei der Bildung von Nationen spielen dreierlei Komponenten eine Rolle: ethnische Gemeinsamkeiten, gemeinsame kulturelle Traditionen und gemeinsame Erfahrungen. Ihr jeweiliger Anteil kann sehr unterschiedlich sein, objektiv und in der Wahrnehmung. Eine sprachliche Gemeinsamkeit gehört häufig zu den kulturellen Komponenten, sie ist aber weder unerlässlich noch in jedem Fall ausschlaggebend. Dagegen gehört zu jeder gemeinsamen Geschichte auch ein Wissen um diese Geschichte, ein historischer Mythos, der die gemeinsame Identität thematisiert. Im Anschluss an Maurice Halbwachs könnte man auch von einem „kollektiven Gedächtnis" sprechen, das die politische Identität einer Gemeinschaft ermöglicht (Halbwachs 1985a; Halbwachs 1985b).[1]

In der Moderne wurde dieser Mythos regelmäßig mit einem gesellschaftlichen Projekt verbunden, d.h. mit Aussagen darüber, wie die Ordnung der Menschen gestaltet werden soll, die dieser Nation angehören (Anderson 1993; Hobsbawm 1992; Dann 1993; Berding 1994; Hardtwig 1994). Sie blieben notwendigerweise vage, hatten aber stets die rechtliche Gleichheit und die politische Partizipation ihrer Angehörigen im Blick. Gleichzeitig zielten sie auf Vereinheitlichung des Lebensraums und Souveränität des nationalen Willens, mit anderen Worten auf territoriale Staatsbildung mit nationaler Prägung. Nationen wurden zu handelnden Subjekten, die sich der Instrumente des modernen Staates bedienten.

Im Zuge der Nationalstaatsbildung wurde der Begriff der Nation vielfach ideologisch-zivilisatorisch aufgeladen. Die Nation galt jetzt als Willensgemeinschaft derjenigen, die sich einem gemeinsamen gesellschaftlichen Projekt verpflichteten, und zugleich als Solidargemeinschaft, in der Rechte und Pflichten einander entsprachen. „Eine Nation", formulierte das Ernest Renan in seinem berühmten Vortrag an der Sorbonne im März 1882,

„ist eine große Solidargemeinschaft, die durch das Gefühl für die Opfer gebildet wird, die erbracht wurden und die man noch zu erbringen bereit ist. Sie setzt eine Vergangenheit voraus und läßt sich dennoch in der Gegenwart durch ein greifbares Faktum zusammenfassen: die Zufriedenheit und den klar ausgedrückten Willen, das gemeinsame Leben fortzusetzen. Die Existenz einer Nation ist (man verzeihe mir diese Metapher) ein tägliches Plebiszit, wie die Existenz des Individuums eine ständige Bekräftigung des Lebens ist" (Renan 1947: 904).

Diese Vorstellung deckte die Realität der Nation insofern nicht vollständig ab, als sie ihren Zwangs- und Traditionscharakter ausblendete. Sie wirkte gleichwohl mobilisierend und damit nationenbildend.

Erfolgreich war der moderne Nationenbegriff vor allem aus zwei Gründen: Zum einen war er in der Lage, durchaus unterschiedliche Hoffnungen auf Emanzipation unter einem gemeinsamen Dach zu bündeln, das Geborgenheit verhieß. Die Nation versprach damit einen Halt in der Bewegung des Fortschritts oder, von der anderen Seite her gesehen, Dynamik ohne gleichzeitige Entwurzelung. Nationale Identität konnte die Auflösung partikularer Identitätsbindungen im Prozess funktionaler Differenzierung moderner Gesellschaften kompensieren (Maurer 1993: 45-84). Zum anderen entsprach die

---

[1] Zur Rezeption der Schriften Halbwachs', die in den 20er und frühen 30er Jahren entstanden, besonders Assmann/Hölscher 1988, Assmann 1992.

Größe der entstehenden Nationalstaaten in bestimmten Phasen der industriellen Revolution in etwa dem Entwicklungsstand der Produktivkräfte. Sie ließen sich besser erschließen, wenn man für nationale Märkte produzierte statt nur für regionale und wenn kulturelle, infrastrukturelle und institutionelle Rahmenbedingungen auf einem entsprechend breiten Level organisiert wurden.

Der moderne Nationalismus nahm damit in doppelter und vielfach miteinander verschränkter Weise Modernisierungsfunktionen wahr. Mit ihm verband sich nicht nur die Durchsetzung des modernen Rechts- und Verfassungsstaats, sondern auch der Demokratie, des Sozial- und des Wohlfahrtsstaats. Diese Verbindung war zwar nicht zwingend: Modernisierung konnte auch ohne Nationalstaatsbildung erfolgen, und ein allzu integrierender Nationalismus konnte auch modernisierungshemmend wirken (Schödl 1993: 123-155). Doch der Nationalstaat bezog aus den Modernisierungsleistungen vielfach Legitimität, nationale Identität wurde durch sie geprägt.

Mit der zunehmenden Internationalisierung im Zuge der weiteren Entwicklung der Produktivkräfte verloren die Nationalstaaten, zumal in Europa, dann aber an Leistungsfähigkeit und damit auch an Prägekraft. Nationalstaaten konnten die Sicherheit ihrer Bürger nicht mehr garantieren, sie wurden für rationale Produktionsweisen zu eng, sie verloren Macht und Prestige und bekamen Konkurrenz durch größere Erfahrungs- und Kommunikationsräume. Die nationale Identität wurde dadurch in doppelter Weise ausgehöhlt: Nation und Nationalstaat konnten weniger Loyalität einfordern, während die Menschen zugleich eine Umwelt erlebten, die immer weniger von nationalen Besonderheiten geprägt war.

Gleichzeitig erschien die Nation aber einmal mehr als Zufluchtsstätte in der allgemeinen Bewegung des Fortschritts, sowohl als mentales Orientierungsangebot als auch in ihren sozialstaatlichen Rückversicherungsfunktionen (Lipgens 1985; Lipgens 1986; Dumoulin 1995). Es ist leicht zu sehen, dass sie in diesen Funktionen weiterhin nachgefragt werden wird. Folglich ist sie mit der Internationalisierung keineswegs zum Absterben verurteilt, und sie wird auch durch die Dynamisierung der Internationalisierungsprozesse, für die sich der etwas irreführende Begriff der „Globalisierung" eingebürgert hat, nicht obsolet. Die Funktionen des Nationalstaats müssen lediglich in Abgleichung mit staatlichen Funktionen der regionalen und der europäischen Ebene neu justiert werden. Dabei wird nationale Identität so aufgefüllt werden (müssen), dass sie mit dem Bewusstsein der Zugehörigkeit zu regionalen Einheiten wie zur europäischen Gemeinschaft kompatibel ist.

2. Regionale Identitätsbildung

Die Funktion des Horts vor den Zumutungen des Internationalisierungs-prozesses muss die Nation nun allerdings mit kleineren Einheiten teilen, für die sich der Begriff der Regionen eingebürgert hat. Insofern geht mit der Neubestimmung nationaler Identität ein Prozess der Wiederbelebung oder erstmaligen Aktivierung regionaler Identitäten einher (Lindner 1994; Hors-man/Marshall 1994; Morley/Robbins 1995).

Seine Anknüpfungspunkte sind freilich bei weitem nicht so gleichförmig, wie das bei der Herausbildung der modernen Nationalstaaten der Fall war (Brunn 1996). Regionen werden von traditionellen, herrschaftlichen und kul-turellen Zentren (Städten und Landgemeinden) geprägt, sie können aus genos-senschaftlichen Zusammenschlüssen hervorgegangen sein oder aus der Regio-nalisierung von Herrschaft, die politischer oder bloß administrativer Natur sein kann. Regionalisierung kann aufgrund ethnischer, sprachlicher und kultureller Unterschiede erfolgen oder unabhängig davon. Regionen können aufgrund wirtschaftlicher, funktionaler oder sozial-mentaler Zusammenhänge entstehen. Sie können nationale Grenzen überschreiten; dabei bildet oft, aber nicht notwendigerweise, das Faktum der Grenze den Auslöser für die Ausbildung einer grenzüberschreitenden regionalen Identität.

Entsprechend unterschiedlich sind Zuschnitt, Prägekraft und Leistungsfä-higkeit der Regionen. Vielfach überschneiden sich Regionen auch, es gibt Re-gionen innerhalb der Regionen und entsprechend mehrschichtige regionale Identitäten. Von außen gesehen erscheint Wales als eine Region Großbritan-niens. Für einen Waliser macht es aber einen großen Unterschied, ob er in English Wales, British Wales oder Walis Wales zu Hause ist. Der Versuch, Berlin und Brandenburg zu einem Bundesland zusammenzufassen, scheiterte an dem dreifachen Gegensatz zwischen Metropole und Umland, zwischen Ost und West und zwischen Eliten-Identität und Disparität der breiten Bevölke-rung.

Der Übergang von regionaler Identität zu lokaler und Gruppen-Identität einerseits und nationaler Identität andererseits ist fließend. Begrifflich lassen sich Regionalisten von Nationalisten dadurch unterscheiden, dass sie die Le-gitimität und Effektivität des weiteren Staates anerkennen, während Nationa-listen sie bestreiten. Bei Konflikten mit regional verankerten Minderheiten in-nerhalb der Nationalstaaten geht es präzise um diese Differenz.

Aufgrund ihrer Vielfalt sind Regionen nur in begrenztem Maße politikfä-hig. Neben ihrer Funktion bei der Identitätssicherung wächst auch ihre Be-deutung für die Selbsterneuerung der Gesellschaft. Folglich setzt Zukunftsfä-higkeit tendenziell eine Stärkung des institutionellen Gewichts der Regionen voraus. Es ist jedoch nicht abzusehen, dass dies überall in gleicher Weise er-folgt – nicht nur aufgrund der unterschiedlichen historischen Traditionen, die sich in ganz verschiedenartigen politischen und administrativen Strukturen niederschlagen, sondern auch aufgrund der im Einzelnen weiterhin unterschiedlichen Funktionen von Regionen.

Das Schlagwort vom Europa der Regionen führt daher in die Irre. Eine europäische Gemeinschaft lässt sich nicht nach einem abstrakten föderalistischen Muster von gleichförmigen Regionen her aufbauen, schon gar nicht bei gleichzeitigem Abbau der nationalstaatlichen Ebene. Das Gewicht der Regionen bei der Entscheidungsfindung wie bei der Identitätsbildung nimmt zwar zu; auf der Gemeinschaftsebene können Regionen aber nur in dem Maße politisch aktiv werden, wie die innere Föderalisierung der Mitgliedsstaaten weiter vorankommt, wie mit anderen Worten regionale Bewegungen angemessene körperschaftliche Formen und Funktionen finden. Dabei ist zu beachten, dass die Gebote der Leistungs- und Handlungsfähigkeit der Föderalisierung Grenzen setzen, die in der Praxis schwer zu bestimmen sind. Auf europäischer Ebene wird als Region nur vertreten sein, was die Nationalstaaten als nächsten regionalen Unterbau definieren und anbieten. Diese europäische Verankerung mag zur Stärkung der derart definierten politischen Regionen beitragen; gleichzeitig steht dieser Gestaltungsprozess aber in einer anhaltenden Spannung zu anders ausgerichteten regionalen Bewegungen und anders akzentuierten regionalen Bewusstseinsständen.

Daraus kann gefolgert werden, dass regionale Identität die nationale in absehbarer Zukunft ebenso wenig ersetzen wird wie die europäische. Beide spielen aber jetzt schon eine stärkere Rolle als in der klassischen Epoche der Nationalstaaten, und es spricht viel dafür, dass ihre Bedeutung weiter zunehmen wird.

3. Der Prozess der europäischen Einigung

Eine weitere Folge der zunehmenden Funktionsdefizite der Nationalstaaten und des nationalstaatlichen Ordnungssystems in Europa war und ist der Prozess der europäischen Einigung, die seit dem Zweiten Weltkrieg vom Westen Europas ausgehend betrieben wird. Die Entwicklung der modernen Kriegstechnik ließ das Problem der zwischenstaatlichen Anarchie immer unerträglicher und Friedenssicherung (nicht nur, aber auch) zwischen den europäischen Staaten immer dringlicher werden. Damit wurde es ebenfalls dringlicher, die deutsche Frage zu lösen, das heißt zwischen der Selbstentfaltung der stärksten Nation in der Mitte des europäischen Kontinents und der Freiheit und Sicherheit der übrigen Nationen Europas einen dauerhaften Ausgleich zu finden. Gleichzeitig wurden die nationalen Märkte in Europa für rationale Produktionsweisen zu eng; ihre wechselseitige Abschottung war nur temporär und sektoral sinnvoll; langfristig führte sie zu einem Verlust an Produktivität. Eng damit verbunden war schließlich der Bedeutungsverlust der europäischen Nationalstaaten gegenüber den aufsteigenden neuen Weltmächten; damit wurde

Selbstbehauptung gegenüber den USA wie gegenüber der Sowjetunion zu einem gemeinsamen Ziel der Europäer, das sich auch nur in gemeinsamer Anstrengung erreichen ließ.

Zusammengenommen ließen diese vier Impulse eine europäische Einigungsbewegung entstehen, die gemeinsame europäische Institutionen hervorrief (Loth 2000; Loth 1996). Sie sind durch den Wegfall der Blockgrenzen in Europa nicht obsolet geworden, sondern haben im Gegenteil eine höchst eindrucksvolle Bestätigung erfahren. Wirtschaftliche Produktivität und sozialer Konsens sind ohne die Grundlage des Gemeinsamen Marktes nicht mehr denkbar, die gemeinsamen Interessen an Friedenssicherung überwiegen potentielle nationale Rivalitäten bei weitem, Handlungsfähigkeit auf globaler Ebene hängt nach wie vor vom gemeinsamen Auftreten der Europäer ab, und zur Einbindung der deutschen Zentralmacht wird der europäische Rahmen seit der Aufhebung der Ost-West-Spaltung mehr denn je gebraucht.

Die Europäische Union stellt damit einen Versuch dar, die zivilisatorischen Errungenschaften des modernen Nationalstaats unter den Bedingungen der Internationalisierung zu erhalten und weiter zu entwickeln. Sie beruht auf der Wahrnehmung gemeinsamer und komplementärer Interessen der europäischen Nationen und einem Wissen um gemeinsame Werte und Traditionen, das es aussichtsreich erscheinen lässt, die gemeinsame Wahrnehmung dieser Interessen in Angriff zu nehmen. Als gesellschaftliches Projekt weist „Europa" damit Züge auf, die den Nationalstaatsprojekten früherer Entwicklungsphasen entsprechen.

Gefördert wird dieses Projekt zweifellos durch die zunehmende Angleichung wirtschaftlicher, sozialer und gesellschaftlicher Strukturen, die zumindest im westlichen Europa im Zuge und infolge des anhaltenden Wirtschaftsbooms der 1950er und 1960er Jahre eingetreten ist (Kaelble 1987). Ebenso tragen die vielfältigen Verflechtungen in Europa tendenziell zu seiner Durchsetzung bei: die Marktintegration, berufliche und private Mobilität, transnationale Begegnungen und Kontakte, transnational operierende Unternehmen und zunehmend transnational agierende akademische *communities*, schließlich die medial vermittelte Internationalisierung von Einstellungen, Moden und kulturellen Hervorbringungen. Allerdings erfassen diese Verflechtungsprozesse nicht alle Teile der europäischen Gesellschaften gleichermaßen und geht die *western civilization*, die sich damit ausbreitet, auch weit über Europa hinaus. Folglich führt von ihnen auch kein direkter Weg zur Entstehung einer genuin europäischen Öffentlichkeit als Medium der Selbstreferenz einer europäischen Gesellschaft.

Dem entspricht, dass die bisherige institutionelle Entwicklung der Europäischen Union vorwiegend auf technokratischem Wege erfolgte, ohne breite gesellschaftliche Diskussion und nachhaltige Identifizierung der Bürger der Europäischen Gemeinschaft mit ihren Institutionen (Bitsch/Loth/Poidevin 1998). Dies ist auf die vielfach unterschiedlichen Auffassungen zurückzuführen, wie eine Europäische Gemeinschaft gestaltet werden soll, verbunden mit vielfacher Enttäuschung darüber, dass die Gemeinschaft nicht so zu realisieren war, wie man sie sich idealiter wünschte. Die Unfähigkeit, gesellschaftlich zu handeln, die daraus resultierte, führte zu technokratischen Lösungen. Das gilt für die Durchsetzung der Montanunion 1950/51 ebenso wie für die Römischen Verträge von 1957 und das Vertragswerk von Maastricht 1991/92.

Gerade die Diskussion um den Maastricht-Vertrag und die Einführung der europäischen Währung hat aber gezeigt, dass dieser technokratische Umweg nach Europa an sein Ende gelangt ist.[2] Die europäische Ebene hat eine Regelungsdichte erreicht, die der Bürger nicht mehr übersehen kann, weil sie ihn vielfach und täglich betrifft. Entsprechend verlangt er entweder die Rückbesinnung auf die nationalen Institutionen oder, soweit ihm der illusionäre Charakter eines solchen Rückzugs bewusst ist, die Ausdehnung der demokratischen Rechte auf die europäische Ebene. Damit steht neben der Erweiterung die Demokratisierung der Europäischen Union auf der Tagesordnung.

Angesichts unterschiedlicher Bedürfnisse und Bewusstseinsstände wird sie nicht einfach zu haben sein. Sie bedarf konzeptioneller Klärung und politischer Anstrengung. Dennoch stehen die Chancen gut, dass im Zuge der anstehenden Auseinandersetzung die europäische Dimension von Identität stärker ins Bewusstsein rückt und die europäische Gesellschaft an Artikulationsfähigkeit gewinnt. Erstens lassen die Realitäten der Internationalisierung dazu keine plausible Alternative mehr übrig, und zweitens hält die gemeinsame europäische Tradition durchaus genügend Anregungen für die Gestaltung eines europäischen Kollektivs bereit.

4. Historische Grundlagen europäischer Identität

Europäische Identität kann sich auf eine Abfolge mehrerer historischer Schichten gründen. Diese kommen keineswegs geographisch zur Deckung, und insofern kann auch keine kontinuierliche Evolutionsgeschichte europäischer Identität geschrieben werden. Gleichwohl stellen sie einen kulturellen Zusammenhang dar, an die die Gemeinschaftsbildung in Europa anknüpfen konnte (Oexle 1991; Eisenstadt 1987; Hall 1985; Mann 1988).

Dieser kulturelle Zusammenhang beginnt mit dem Alten Orient, als wesentliche Grundlagen unserer modernen Kultur entstanden – Staat, Religion, Wissenschaft, Schriftlichkeit, Militär und Krieg. Vieles davon prägt noch heute den Alltag: das Alphabet, die Art der Zeiteinteilung, das Münzwesen und die Einteilung des Geldes, die Rede vom Stadtviertel, in dem man lebt, technische Errungenschaften wie Glas und Brückenbau, kulturelle Erfindun-

---

2   Vgl. Loth 2001.

gen wie die Kirchenmusik oder der Militarismus. Die europäische Zivilisation ist nicht ohne die ersten Hochkulturen denkbar; sie war für lange Zeit Teil eines kulturellen Zusammenhangs, der sein Zentrum im Alten Osten hatte.

Aus der Antike übernahm die europäische Kultur zunächst die Idee der Polis freier und gleicher Bürger, die gemeinsam entscheiden und Ämter auf Zeit vergeben; sodann die Idee der Wahrheitsfindung durch Dialog, die Anerkennung der Kraft des Arguments und die Einsicht in die Notwendigkeit der Autonomie von Wissenschaft; weiter, vermittelt durch die Ausbreitung des Imperium Romanum und der lateinischen Sprache, die Rationalität des Römischen Rechts; und schließlich die Orientierung an einem Konzept geisteswissenschaftlicher, vorwiegend literarischer Bildung, den „studia humanitatis", das im wesentlichen auf Cicero zurückgeht und in der lebenspraktischen Ausrichtung der römischen Kultur wurzelt.

Im weströmisch-lateinischen Mittelalter, das etwa zu Beginn des 12. Jahrhunderts eine gewisse Einheitlichkeit in der Zivilisation erreicht hat, hat sich unter Heranziehung dieser Grundlagen ein Strukturprinzip entwickelt, das für die europäische Kultur bis heute mehr als alles andere prägend geworden ist: das vielzitierte Prinzip der Einheit in der Vielfalt. Durch das häufige Zitieren oft zur Leerformel degeneriert, trägt es tatsächlich wesentlich zur Erklärung europäischer Erfolge wie zur Charakterisierung europäischer Identität bei.

Einheit in der Vielfalt kennzeichnete zunächst die Form europäischer Staatenbildung: Trotz vielfacher imperialer Anstrengungen gab es immer einen Plural von Königreichen. Der beständige Wettbewerb zwischen den einzelnen Staatsgebilden um erhöhte Machtgeltung führte nie bis zu ihrer Vereinigung in einem Universalreich, doch blieben die Konkurrenten dabei stets in dem Bewusstsein verbunden, der einen universalen Christenheit anzugehören.

Darüber hinaus ergab sich Einheit in der Vielfalt aus der Trennung von geistlicher und weltlicher Gewalt, von regnum und sacerdotium, die wechselseitig aufeinander angewiesen blieben und sich damit in ihrer Macht beschränkten. Kaiser und Könige benötigten transzendentale Legitimation, die ihnen aber auch wieder entzogen werden konnte; Päpste und Bischöfe mussten sich auf weltliche Macht stützen, die ihnen nie unangefochten zur Verfügung stand. Dies hat die Konkurrenz der Staaten ebenso gefördert wie die Organisation der Kirche nach den Prinzipien von ständischer Partizipation und Repräsentation. Dem Papst standen die Konzilien gegenüber, den Bischöfen die Synoden.

Aus der Konkurrenz der einzelnen staatlichen Gebilde untereinander folgte zum einen, was man als Elemente des „modernen" Staates bezeichnet hat: die Entstehung der Idee der Souveränität; die fortschreitende Intensivierung und Rationalisierung der Staatlichkeit, das heißt die Entstehung des „Anstalts"-Staats mit einer rational organisierten Verwaltung; und schließlich die Idee der Gesetzgebung mit dem Begriff des Gesetzes, das durch Schriftlichkeit und formelle Konstituierung definiert ist.

Zum anderen stehen mit der Staatswerdung Vasallentum und Verbrüderungen (Conjurationes) eng zusammen, also Verträge zwischen Ungleichen und Verträge zwischen Gleichen. Die Vasallität führte zur Etablierung des Dualismus von König und Parlament, damit zum Prinzip der Repräsentation und zum Grundsatz rechtsstaatlichen Verfahrens, der Rechtssicherheit des Individuums, seines Schutzes vor Willkürakten. Die Idee der Conjuratio wiederum ermöglichte freiwillige Zusammenschlüsse, die gerade aufgrund der ausgeprägten Staatsferne produktiv waren: Das gilt für die Kaufmanns- und Handwerkergilden ebenso wie Kommunen und ihre Bünde und auch für die okzidentale Universität mit Kooptationsrecht und Satzungsautonomie. Genossenschaften, Vereine, Verbände, Parteien und Gewerkschaften sind moderne Folgewirkungen dieses Organisationsprinzips.

Es ist leicht zu sehen, dass die Erfolge Europas in der Neuzeit auf diesen Strukturprinzipien beruhten:

• Nachdem die Glaubensspaltung den grundsätzlichen Pluralismus der abendländischen Kultur noch einmal um eine wesentliche Dimension erweitert hatte, war der Boden für die Ausbreitung von Aufklärung, Rationalismus und moderner Wissenschaft bereitet.

• Die Konkurrenz der Staaten und Herrschaften förderte die Entwicklung moderner Technik. Gleichzeitig fanden Wissenschaftler, Philosophen und Reformer, die wie überall in der Welt auch in europäischen Ländern aus Angst vor Neuerungen von ihren Herrschern vertrieben wurden, immer wieder in anderen Ländern Unterschlupf – gewöhnlich, weil sich deren Herrscher davon Vorteile gegenüber ihren Rivalen versprachen. Die Rolle der Hugenotten bei der Entwicklung Preußens ist dafür ein prominentes Beispiel.

• Schließlich bot die Konkurrenz der Staaten, die sich alle dem gleichen Zivilisationsbegriff verpflichtet fühlten, in Verbindung mit der Relativierung der Herrschaftsverbände durch Repräsentation, Kommunen und Universitäten gute Voraussetzungen für die Entwicklung der modernen Emanzipationsbewegungen, die auf Partizipation und sozialen Aufstieg zielten. Demokratie und moderner Wohlfahrtsstaat haben hier ihre Wurzeln.

All dies gehört zweifellos zum Bewusstsein der heutigen Europäer von sich selbst und zu ihrer habituellen Prägung.[3] Dabei werden die Schattenseiten von planender Rationalität, arbeitsteiligem Fortschritt und technischer Effektivität in der Regel nicht übersehen – haben doch die ungeheuren Möglichkeiten der Machtakkumulation und des Machtmissbrauchs, die daraus resultieren, die europäische Geschichte der letzten 200 Jahre zu einer Kette von

---

[3] Vgl. an neueren Systematisierungen Morin 1988, Schulze 1990, Brague 1993, Girault 1994. Zur Geschichte der Europa-Debatte: Kaelble 2001.

Katastrophen werden lassen. Allerdings scheint es heute zum Grundkonsens der europäischen Gesellschaften zu gehören (man muss das mit einiger Vorsicht formulieren), die Instrumente, die die europäische Kultur bereitstellt, dazu zu nutzen, um eine Wiederholung solcher Katastrophen zu verhindern.

„Freiheit als Überwindung von Willkür; individuelle Selbstbestimmung im Rahmen und mit den Möglichkeiten kollektiver sozialer Bewegungen; unbeschränktes, schrankenloses Denken als Grundmodell des intersubjektiven Diskurses; gewaltlose Konfliktlösung durch Institutionenbildung; Öffentlichkeit als ubiquitäres Kommunikationsprinzip"

– so oder ähnlich formuliert (Grebing 1995: 113), können sich Strukturprinzipien einer europäischen Gesellschaft jedenfalls weitgehender Zustimmung erfreuen. Es dürfte auch breiter Konsens darüber herrschen, dass sie vor irgendwelchen besonderen nationalen Werten oder Errungenschaften rangieren.

Das „Projekt Europa" führt, jedenfalls in absehbarer Zeit, nicht zu einem Absterben der Nationalstaaten. Vielmehr bildet es die Voraussetzung für ihr Überleben, das allerdings nur ein Überleben in veränderter Form und eingeschränkter Funktion sein kann. Europäische Identität wird darum auch die nationalen Identitäten in absehbarer Zeit nicht einfach ersetzen. Statt dessen zeichnet sich ab, dass die Menschen in Europa mit einer mehrschichtigen Identität leben, einer Identität, die regionale, nationale und europäische Momente in sich vereint.

Ob und wie lange noch die nationale Identität stärkere Bindungswirkungen behaupten kann als die europäische, muss dabei grundsätzlich offen bleiben. Es gibt keinen plausiblen Beleg für die Behauptung, *allein* der Nationalstaat sei imstande, Tiefenbindungen der gesellschaftlichen Kräfte zu schaffen (Dahrendorf 1994). Wie die Priorität der europäischen Werte und die zunehmende Transnationalität der Lebensstile zeigen, weisen die empirischen Befunde schon jetzt in eine andere Richtung. Mit der Ausweitung der Gemeinschaftsaufgaben und der Demokratisierung europäischer Politik werden die Gemeinsamkeiten der Europäer zweifellos noch stärker hervortreten.

Literatur

Anderson, Benedict: Die Erfindung der Nation. Zur Karriere eines folgenreichen Konzepts. Frankfurt a. M.: Campus, 1993
Assmann, Jan/Hölscher, Tonio (Hrsg.): Kultur und Gedächtnis. Frankfurt a. M., 1988
Assmann, Jan: Das kulturelle Gedächtnis. Schrift, Erinnerung und politische Identität in frühen Hochkulturen. München: Beck, 1992

Berding, Helmut (Hrsg.): Nationales Bewußtsein und kollektive Identität. Studien zur Entwicklung des kollektiven Bewußtseins in der Neuzeit 2. Frankfurt a. M.: Suhrkamp, 1994

Berger, Peter L./Luckmann, Thomas: Die gesellschaftliche Konstruktion der Wirklichkeit. Eine Theorie der Wissenssoziologie. Frankfurt a. M.: Fischer, 1980

Bitsch, Marie-Thérèse/Loth, Wilfried/Poidevin, Raymond (Hrsg.): Institutions européennes et identités européennes. Bruxelles: Bruylant, 1998

Brague, Remi: Europa. Eine exzentrische Identität. Frankfurt a. M./New York, 1993

Brunn, Gerhard (Hrsg.): Region und Regionsbildung in Europa. Konzeptionen der Forschung und empirische Befunde. Baden-Baden: Nomos, 1996

Dahrendorf, Ralf: Die Zukunft des Nationalstaates. In: Merkur (1994)48, S. 751-761

Dann, Otto: Nation und Nationalismus in Deutschland 1770-1990. München: Oldenbourg, 1993

Dumoulin, Michel (Hrsg.): Plans des temps de guerre pour l'Europe d'après-guerre 1940-1947. Bruxelles: Bruylant, 1995

Eisenstadt, Shmuel N.: European Civilization in a Comparative Perspective. A Study in the Relations Between Culture and Social Structure. Oslo/London, 1987

Girault, René (Hrsg.): Identité et conscience européennes au XXe siècle. Paris, 1994

Grebing, Helga: Nationale und zivilisatorische Identität in Europa. In: Gewerkschaftliche Monatshefte (1995)46, S. 110-120

Halbwachs, Maurice: Das Gedächtnis und seine sozialen Bedingungen. Frankfurt a. M.: Suhrkamp, 1985

Halbwachs, Maurice: Das kollektive Gedächtnis. Frankfurt a. M., 1985

Hall, John A.: Powers and Liberties. The Causes and Consequences of the Rise of the West. Oxford, 1985

Hardtwig, Wolfgang: Nationalismus und Bürgerkultur in Deutschland 1500-1914. Göttingen: Vandenhoeck & Ruprecht, 1994

Hobsbawm, Eric J.: Nationen und Nationalismus. Mythos und Realität seit 1780. Frankfurt a. M., 1992

Horsman, Mathew/Marshall, Andrew: After the Nation State. Citizens, Tribalism and the New World Disorder. London, 1994

Kaelble, Hartmut: Auf dem Weg zu einer europäischen Gesellschaft. Eine Sozialgeschichte Westeuropas 1880-1980. München: Beck, 1987

Kaelble, Hartmut: Europäer über Europa. Die Entstehung des europäischen Selbstverständnisses im 19. und 20. Jahrhundert. Frankfurt a. M./New York: Campus, 2001

Lindner, Rolf (Hrsg.): Die Wiederkehr des Regionalen. Über neue Formen kultureller Identität. Frankfurt a. M./New York, 1994

Lipgens, Walter (Hrsg.): Documents on the History of European Integration. Vol. I: Continental Plans for European Union, 1939-1945. Berlin/New York: de Gruyter, 1985

Lipgens, Walter (Hrsg.): Documents on the History of European Integration. Vol. II: Plans for European Union in Great Britain and in Exile, 1939-1945. Berlin/New York: de Gruyter, 1986

Loth, Wilfried: Der Weg nach Europa. Geschichte der europäischen Integration 1939-1957. Göttingen: Vandenhoeck & Ruprecht, 1996

Loth, Wilfried: Der Prozess der europäischen Integration. Antriebskräfte, Entscheidungen und Perspektiven. In: Jahrbuch für Europäische Geschichte (2000)1, S. 16-30

Loth, Wilfried (Hrsg.): Das europäische Projekt zu Beginn des 21. Jahrhunderts. Opladen: Leske + Budrich, 2001

Mann, Michael: European Development: Approaching a Historical Explanation in Europe and the Rise of Capitalism. Oxford/New York, 1988

Maurer, Michael: ‚Nationalcharakter' in der frühen Neuzeit. Ein mentalitätsgeschichtlicher Versuch. In: Blomert, Reinhard u.a. (Hrsg.): Transformationen des Wir-Gefühls. Studien zum nationalen Habitus. Frankfurt a. M., 1993, S. 45-84

Morin, Edgar: Europa denken. Frankfurt a. M., 1988

Morley, David/Robbins, Kevin: Spaces of Identity. Global Media, Electronic Landscapes and Cultural Boundaries. London/New York, 1995

Oexle, Otto Gerhard: Mittelalterliche Grundlagen des modernen Europa. In: Calließ, Jörg (Hrsg.): Was ist der Europäer Geschichte? Beiträge zu einer historischen Orientierung im Prozeß der europäischen Einigung. Loccum, 1991, S. 17-60

Renan, Ernest: Oeuvres complètes. Band 1. Paris, 1947, S. 887-906

Schödl, Günter: Die Dauer des Nationalen. Zur Entwicklungsgeschichte des „neuen" Nationalismus im östlichen Europa. In: Winkler, Heinrich August/Kaelble, Hartmut (Hrsg.): Nationalismus-Nationalitäten-Supranationalität. Stuttgart, 1993, S. 123-155

Schulze, Hagen: Die Wiederkehr Europas. Berlin: Siedler, 1990

Annäherung und Abgrenzung im Europa der Aufklärung: Sprachenlernen, nationale Identität, Verstehen des Anderen

Wiebke Röben de Alencar Xavier

1. Einleitung

Metaphern leisten als rhetorische Figur laut Isidor Ducasse, Comte de Lautréamont (1846-1870), „größere Dienste als sich gewöhnlich jene vorzustellen bemühen, die von Vorurteilen oder falschen Ideen durchsetzt sind" (Lautréamont 1988: 172). Zu seinen bekanntesten Metaphern gehören die *„beau comme"*-Metaphern aus dem 6. Gesang seines Prosagedichts *Les Chants de Maldoror* (1869), so auch „die unvermutete Begegnung einer Nähmaschine und eines Regenschirms auf einem Seziertisch" (Lautréamont 1988: 223).

Mit dieser Synästhesie, die das Außergewöhnliche der Empfindung durch willkürliche Verknüpfung von Vorstellungsgebieten wiedergibt, erzeugt Lautréamont durch die Überlagerung und ungewohnte Verbindung von Elementen und Begegnungen Zweideutigkeiten, stellt Wahrnehmungen in Frage und widersetzt sich damit jeder Zuordnung. In seiner Bedeutung für die moderne Literatur wurde er postum aber erst von den französischen Surrealisten erkannt, die eben diese *„beau comme"*-Metaphern zu einer ihrer signifikantesten Parolen machten. André Bréton sah darin in seiner das realistische Prinzip umkehrenden Perspektive dementsprechend die Annäherung von zwei mehr oder weniger voneinander entfernten Wirklichkeiten: Je entfernter die Beziehungen dieser Wirklichkeiten zueinander sind, desto stärker werde das Bild sein (Bréton 1992: 50). In dieser Perspektive erlaubt die oben zitierte Metapher auch im Hinblick auf Annäherung und Abgrenzung über Literatur und Sprache mehrere Assoziationen:

Auf den ersten Blick könnte sie lediglich eine Anspielung auf die augenscheinliche Abweichung dieses Beitrags von aktuellen Fragen zu Identität und kultureller Differenz in Europa sein. Dem ist aber nicht so, denn gerade weil die Aufklärung in Diskussionen zu Identitätsbildungsprozessen im heutigen

189

Europa immer wieder eine wichtige Rolle spielt, sind gegenseitige Wahrnehmungen und Zuordnungen entsprechend in Frage zu stellen, auch sprachlich. Die Synästhesie Lautréamonts wird hier also vielmehr aufgegriffen, um Wahrnehmungen insgesamt als selektiv und somit relativ zu entlarven, indem verschiedene Vorstellungsgebiete miteinander verknüpft werden sowie ungewohnte Überlagerungen und Verbindungen von Elementen und Begegnungen zwischen Geschichte und Gegenwart geschaffen werden.

Folgt man diesem Blickwinkel, dann erlaubt die eingangs zitierte „*beau comme*"-Metapher Lautréamonts auf den zweiten Blick zumindest begrifflich im weitesten Sinne Assoziationen zu nationaler Identität und kultureller Differenz als Fremd- und Eigenwahrnehmungen: Im Sinne der Konkreta „Nähmaschine" und „Regenschirm" könnte man – selektiv in diesem Kontext wahrgenommen – mit der Nähmaschine dementsprechend Vorgänge der Annäh(er)ung, gleichzeitig aber auch der Abtrennung oder Begrenzung assoziieren, wie auch der Regenschirm ein Gegenstand ist, mit dem man sowohl Abschirmung, gleichzeitig aber auch, je nach Wahrnehmung, Annäherung oder Schutz verbinden könnte. Geht man noch einen Schritt weiter, dann könnte man mit ihrer „unvermuteten Begegnung auf einem Seziertisch" vor dem aktuellen Hintergrund der Diskussion um die Möglichkeiten und Grenzen einer europäischen Zivilgesellschaft im übertragenen Sinne sogar die Auseinandersetzung über das grundlegende, aber auch problematische Spannungsverhältnis zwischen der Herausbildung gemeinsamer Werte und Identifikationsmöglichkeiten und der weiteren Ausdifferenzierung sprachlicher und kultureller Vielfalt in Europa assoziieren.

Kulturelle Integration ist nur zwischen einander als gleichberechtigt anerkennenden europäischen Kulturen möglich. Das bedeutet im weitesten Sinne aber gleichzeitig, dass es eigentlich nicht mehr um eindeutige Zuordnungen von Identität und kultureller Differenz gehen kann, sondern um die Bewusstmachung der Vielfalt möglicher und sich überschneidender Wirklichkeiten von Identitäten und kulturellen Differenzen, also um die Akzeptanz des dynamischen Spannungsverhältnisses zwischen Prozessen der Annäherung und Abgrenzung in allen seinen Zwischentönen. Das betrifft sowohl den Bereich des Literaturtransfers als auch die Vermittlung sowie das Erlernen von Fremdsprachen und sprachenbezogenen Fähigkeiten. Letzteres steht gerade im Mittelpunkt des von der EU und vom Europarat veranstalteten „Europäischen Jahrs der Sprachen 2001", dessen Internet-Informationskampagne optimistisch mit der Kernbotschaft wirbt „Sprachen lernen öffnet Türen – jeder kann es!" (Sprachen 2001: 2) Schon diese Kernbotschaft impliziert aber gleichzeitig auch die Gegenbewegung, dass nämlich längst nicht jeder bereit ist, sich den sprachlich und somit auch kulturell Anderen gegenüber zu öffnen. In dieser kritischen Perspektive rückt dann vor allem das permanente bestehende dynamische Spannungsverhältnis von Identität und kultureller

Differenz, also von Vorgängen der Annäherung und Abgrenzung, in den Vordergrund des Interesses. Beschäftigt man sich diesbezüglich mit Wahrnehmungsmustern, stereotypen Vorstellungen und Bildern von anderen Literaturen und Sprachen innerhalb und zwischen europäischen Kulturen, dann richtet sich der Blick vorrangig auf die Erforschung der Ursachen, Hintergründe und Motivationen ihrer Entstehung, auf Perzeptionsverschiebungen und deren Einfluss auf menschliches Denken und Handeln.

Eine Analyse von Wegen und Prozessen der Annäherung und Abgrenzung über Literaturtransfer und Fremdsprachenvermittlung beziehungsweise -erwerb im Zusammenhang der Aufklärung ist besonders interessant, weil zu diesem Zeitpunkt aufgrund von Vorurteilen und Unwissenheit keine gleichberechtigte Wertschätzung zwischen den Kulturen gegeben war, sondern eine Dominanz der französischen Kultur in Europa. Das Bild von deutscher Literatur und Sprache stand dagegen unter dem Verdikt „barbarisch".

Vor diesem Hintergrund bietet sich als Untersuchungsgegenstand gerade ein historisches Fallbeispiel aus dem deutsch-französischen Kontext an, an dem sich zum einen zeigen lässt, wie und warum sich Personen – hier aus der deutschsprachigen Kultur – „identitätsstiftend" verhalten haben, als sie sich durch einen als leitend vermittelten und wahrgenommenen – französischen – Kulturzusammenhang und dessen europaweiten Einfluss „ungerecht" beurteilt fühlten. Zum anderen wird daran sichtbar, dass ein bestehendes Ungleichgewicht in der gegenseitigen, teilweise „gelenkten" Wahrnehmung, sobald es als solches erkannt wurde, hinsichtlich des Verhältnisses von Fremd- und Eigenwahrnehmung zu Transformationsprozessen führte.

Die entsprechenden Prozesse spiegeln sich konkret in Korrespondentennetzen, in kulturvermittelnden Tätigkeiten und Produkten wider, wie zum Beispiel Übersetzungen, Imitationen und deutsch-französischen Sprachlehrwerken sowie deren Rezensionen, weiter in unterschiedlich motivierten Reise- und Berufsaktivitäten und natürlich im europaweiten Buch- und Kunsthandel der Aufklärungszeit. Vor allem in der Perspektive des deutsch-französischen Kulturtransfers (Espagne/Werner 1988: 11-34; Lüsebrink/Reichardt 1997: 9-26) richtet sich die Aufmerksamkeit auf diese innere Dynamik der vielfältigen Kulturkontakte, auf kulturelle Transformationen und interkulturelle Perzeptionsverschiebungen.

2. Fremd- und Eigenwahrnehmung deutscher Literatur und Sprache

Literatur und Sprache sind ebenso wie persönliche Erfahrungen des Handelns, des Reisens und des Arbeitens wesentliche Bereiche, über die Fremd- und Eigenbilder bis heute entstehen und sich verändern. Zu ihrer Ergründung bedarf es vor allem des *regard croisé*, also des überkreuzten Blickes auf gegenseitige Fehleinschätzungen und durch diese motivierte und vermittelte Fremd- und Eigenwahrnehmungen hinsichtlich des Wesens beziehungsweise des oft „konstruierenden" Bildes in Literatur und Sprache.

Die französische Literatur hatte insbesondere an den absolutistischen Höfen und in den Residenzen des Alten Reiches eine „geschmacksleitende" Funktion, wie auch die französische Sprache gesellschaftlich gesehen ebenfalls nicht nur von höfischer Seite selbstverständlich als neuere *lingua franca* des Handels und der Diplomatie in Europa galt. Gleichzeitig dominierte bis zur Mitte des 18. Jahrhunderts im europäischen Kulturleben jenes negative Bild einer barbarischen deutschen Sprache, das sich – in Fremd- und Eigenwahrnehmung – hauptsächlich aus stereotypen Vorstellungen über ihre literarische und sprachästhetische Bedeutungslosigkeit im Bereich der Dichtung zusammensetzte.

Um die Mitte des 18. Jahrhunderts begann dann im Hinblick auf dieses Bild von deutscher Literatur und Sprache der Prozess einer erstmals positiven Perzeptionsverschiebung. Dieser Vorgang ist zum einen sicherlich bereits als erfolgreiches Ergebnis aufklärerischer Erziehung einzuschätzen, zu deren wichtigsten Zielen der Abbau von Vorurteilen und der „Ausgang des Menschen aus seiner selbst verschuldeten Unmündigkeit" (Kant 1993: 53) mittels des Verstandes zählte. Zum anderen waren es aber viel konkreter die Vernetzungen der personalen Kontakte und wirtschaftlichen Interessen sowie die konkreten Praktiken und Strategien des Literatur- und Sprachentransfers, die diese Veränderungen bewirkten. Gerade hier zeigt sich dann aber auch, dass persönliche Eitelkeiten und Konkurrenzdenken zwischen vermittlerisch tätigen Personen, Institutionen und Publikationsorganen und damit die Aspekte „gelenkter" Wahrnehmungsverschiebung nicht zu unterschätzen sind.

Im französisch-deutschen Spannungsfeld gehörten zu den kulturvermittelnd wirksamen Persönlichkeiten vor allem Französischlehrer, oft französische Protestanten aus Hugenottenfamilien, aber auch Gelehrte, Architekten, Literaten und Künstler, die sich in den deutschen Territorialstaaten, insbesondere am Hof Friedrichs des Großen, aufhielten. Umgekehrt entstand – allerdings weniger sichtbar – seit der Jahrhundertmitte auch in Paris, das als Zentrum des europäischen Kulturlebens galt, eine regelrechte „deutsche Kolonie" von Handwerkern, Soldaten, Kaufleuten, Autoren und Künstlern, die weitgehend in die Pariser Gesellschaft integriert waren (Espagne/Werner 1987: 263-281; Mondot/Valentin/Voss 1992). Vor allem die Künstler und Autoren hatten mit ihren personalen und institutionellen Austauschbeziehungen, zum Beispiel über die Mitgliedschaft in französischen Akademien oder das Mitwirken an französischen, aber europaweit rezipierten Publikationsorganen, wesentlichen Anteil an der Bekanntmachung und am Abbau von Vorurteilen gegenüber deutscher Literatur und Sprache. Selbst integriert in die dominierende französische Kultur, aber auch konfrontiert mit dem negativen Bild von *littérature germanique* sowohl in Frankreich als auch in weiten Kreisen ihrer Ausgangskultur, begannen diese Persönlichkeiten, wie zum Beispiel der Kupferstecher Johann Georg Wille, der Prinzenerzieher und Journalist Friedrich Melchior Grimm, der Übersetzer und Erzieher Jakob Heinrich Meister oder auch die Übersetzer und Sprachlehrer Michael Huber, Georg-Adam Juncker und Adrién-Chrétien Friedel, in Abhängigkeit von ihrer jeweiligen Lebensgeschichte und aus verschiedenen Beweggründen, – bewusst oder unbewusst – ihre eigene Literatur und Sprache zu vermitteln (Espagne/Werner 1996). Ihre von ideellen und kommerziellen Interessen geleiteten Vermittlertätigkeiten, wie zum Beispiel Sprachenunterricht, Übersetzungsarbeiten und journalistische Tätigkeiten, sind aber nicht nur im Zusammenhang mit der jeweiligen persönlichen Lebenssituation zu sehen, sondern ebenfalls vor dem Hintergrund des vorrevolutionären Nebeneinanders von kosmopolitischem Denken und der sich in Auseinandersetzung mit der französischen Kultur herausbildenden und zum Teil verstärkenden patriotischen Denkweise.

Am Preußischen Hof Friedrichs des Großen wurde in dem Bewusstsein der Vorbildfunktion französischer Kultur lebhaft über den Zustand und die Stellung deutscher Literatur und Sprache diskutiert. In diesem Umfeld führte beispielsweise Jacob Friedrich Freiherr von Bielfeld im Rahmen seiner Schrift *Progrès des Allemands dans les Sciences, les Belles-Lettres & les Arts, particulièrement dans la Poësie et l'Éloquence* (1752) das negative Fremd- und Eigenbild von deutscher Literatur und Sprache bereits zurück auf die fehlende Wechselseitigkeit der Kulturrezeption, insbesondere auf die mangelnden Sprachkenntnisse, aber auch auf den „ungeschliffenen" Zustand der deutschen Sprache selbst. Auf den – wahrscheinlich durch Besucher am Hof Friedrichs des Großen – häufig an ihn herangetragenen Satz „Mais vos livres ne sont point traduits" reagierte er dann auch mit einer fast rechtfertigenden Darstellung der Präferenzen hinsichtlich des Fremdsprachenlernens in den deutschen Territorialstaaten: seit langem sei Latein und Griechisch die Sprache der Gelehrten gewesen, wenige Privilegierte hätten sich in der verbleibenden Zeit zusätzlich noch mit Französisch, Englisch und Italienisch beschäftigt, während die Beschäftigung mit der Muttersprache lange als Zeitverlust angesehen, vernachlässigt und daher nicht verbessert worden sei (Bielfeld 1752: 17).

Fast zeitgleich mit dem Erscheinen von Bielfelds Schrift beginnt sowohl über deutsche Sprachlehrer als auch über französischsprachige Übersetzungen von deutschsprachiger Poesie in Paris im personalen Umkreis der *Encyclopédie* (1751-1780) von Diderot und D'Alembert eine Verschiebung der Verhältnisse im deutsch-französischen *commerce littéraire*.

Für die damit verbundene und daraus resultierende, erstmals positive Wahrnehmung deutschsprachiger Literatur kam der französischen Sprache eine Multiplikatorfunktion zu, denn sie wurde im Zuge sowohl aufklärerischer als auch patriotisch motivierter, literarischer und sprachlicher „Emanzipationsbestrebungen" deutschsprachiger Autoren zunehmend zu einer sprachlichen „Brücke", um auch in deutschsprachigen Rezipientenkreisen, die vom französischen Geschmack geprägt waren, wahrgenommen, gelesen und „gerechter" beurteilt zu werden. Der französische Kulturzusammenhang wurde regelrecht instrumentalisiert für die angestrebte positivere Fremd- und zunehmend auch Eigenwahrnehmung von deutscher Literatur und Sprache. Der konkrete Weg führte meistens über Pariser Literaturkritiker, die in Geschmacksfragen als Kunstrichter fungierten, beziehungsweise umgekehrt über personale Kontakte deutschsprachiger Autoren zu jenen erwähnten kulturvermittelnden deutschsprachigen Persönlichkeiten in Paris.

Am 1. Januar 1762 – also fast zehn Jahre nach Bielfelds Publikation über den Fortschritt der deutschen Sprache und Dichtung – kündigte Friedrich Melchior Grimm vor dem Hintergrund des Erfolges von Albrecht von Hallers *Poësie* (1759), Salomon Gessners *La Mort d'Abel* (1760) sowie im Kontext der gerade erscheinenden Übersetzung von Gessners *Idylles et Poëmes champêtres* (1762) in seiner handschriftlich herausgegebenen Zeitschrift *Correspondance littéraire, philosophique et critique* enthusiastisch an, dass Deutsch in Paris regelrecht Mode werde, wie es Englisch schon seit einigen Jahren geworden sei:

„Déjà on étudie la langue allemande comme une langue savante, et plusieurs amateurs de la littérature y ont fait beaucoup de progrès. Comme on se livre à Paris avec une chaleur extrême à ses goûts, je prévois que dans trois ou quatre ans d'ici personne ne pourra se montrer en bonne compagnie sans savoir l'allemand, et sans avoir lu les poëtes de cette langue. Je me hâte donc par intérêt pour ma réputation de rapprendre ce que j'en pourrais avoir oublié, afin de ne point paraître barbare en ignorant la langue à la mode. Cette révolution n'est pas la moins étrange de celles qu'on voit arriver. Si l'on avait parlé à Paris, il y a douze ans, d'un poëte allemand, on aurait paru bien ridicule. Ce temps est bien changé." (Grimm 1762: 11)

Das nun folgende Beispiel aus der Praxis der deutsch-französischen Literatur- und Fremdsprachenvermittlung im Zeitalter der europäischen Aufklärung stammt aus jenen Jahren um 1762. Es reflektiert zum einen die konkreten vermittlerischen Tätigkeiten eines deutschen Sprachlehrers in Paris, vor allem aber seine Handlungsstrategien und -motivationen. Zum anderen wird daran übergreifend die Gleichzeitigkeit von kosmopolitischem und patriotischem Denken und Handeln eines deutschsprachigen Aufklärers in Paris und seiner kulturellen Identität sichtbar. Es zeigt insgesamt, wie über Literatur- und Sprachentransfer im Zeitalter der Aufklärung versucht wurde, Einfluss zu nehmen auf Formationen beziehungsweise Transformationen von Fremd- und Eigenwahrnehmungen, also auf die Dynamik zwischen Annäherung und Abgrenzung über Literatur und Sprache, gerade in Abgrenzung und als Reaktion auf ein einseitig negatives, aber als dominant wahrgenommenes, „offizielles" Werturteil über das sprachlich und somit auch kulturell Andere.

3. Der Sprachlehrer Georg-Adam Juncker: Ein aufklärerisch wirksamer, „weltbürgerlicher Patriot" in Paris

Georg-Adam Juncker (1720-1808) war zunächst Rektor der Evangelisch-Lutherischen Schule in Hanau, später Hofmeister, bekam 1754 seinen Doktor der Philosophie und wurde Mitglied der Königlich-deutschen Akademie in Göttingen. Seit ungefähr 1760 war er sowohl Mitarbeiter an der Zeitschrift *Journal étranger* als auch *Professeur de langue allemande* in Paris an der dortigen *École Royale Militaire* (Döring 1983: 415-16). Bereits im *Journal étranger* vom September 1761 publizierte er einen *Essai sur la Poésie Allemande* (Juncker 1761: 96-148), der im ersten Band seines kurz darauf erscheinenden zweibändigen Sprachlehrwerkes *Nouveaux Principes de la langue Allemande, pour l'Usage de l'École Royale Militaire* (1762) wiederabgedruckt wurde.

Junckers vermittlerische Intentionen als kosmopolitisch und patriotisch denkender Aufklärer werden schon in diesem *Essai* sichtbar. Konfrontiert mit dem negativen Bild von deutscher Literatur und Sprache hat er darin bereits einen alphabetischen Katalog mit Kurzbeschreibungen zu mehr als fünfzig zeitgenössischen deutschsprachigen Autoren und ihren bis dahin bekannten Werken in der Absicht erstellt, offensichtliche Vor- und Fehlurteile beziehungsweise falsche literaturgeschichtliche Einordnungen durch französische Autoren und Literaturkritiker auszuräumen. Die deutschsprachigen Produktionen im Bereich der anakreontischen Lyrik, der Fabeln, der Schäferpoesie sowie der Satire hält Juncker aufgrund ihrer Originalität – seinem wichtigsten Beurteilungskriterium – für sehr gut, insbesondere die Werke Lessings, Klopstocks sowie Salomon Gessners *Idyllen* (1756). Fast alle von ihm besprochenen Werke gab es zum Zeitpunkt seines *Essai* aber noch nicht in französischer Sprache, so dass er also Literatur kommentiert, die den französischen Lesern praktisch kaum zugänglich war. Deren Bild von deutschsprachiger Literatur wurde also erst durch seinen *Essai* geprägt. Betrachtet man den daraufhin genauer, dann wird „gelenkte" Fremdwahrnehmung deutlich:

Juncker, entschiedener Gegner Johann Christoph Gottscheds im Literaturstreit mit den Schweizern Bodmer und Breitinger, ging es insbesondere darum, die positiven literarischen Entwicklungen nach Gottsched zu zeigen. Obwohl er wie Gottsched aber gerade in der dramatischen Kunst wegen fehlender Originalität deutschsprachiger Autoren noch viele Schwächen sieht, grenzt sich an dieser Stelle seine Kritik von Gottscheds Auffassung über die deutsche Schaubühne ab, vor allem von dessen Aufforderung an die deutschsprachigen Dichter, in der dramatischen Kunst die französischen Autoren als Vorbilder zu imitieren. In deutscher und französischer Perspektive wirbt Juncker vielmehr, Lessings Auffassung folgend, sowohl für eine vom französischen Geschmack unabhängigere Produktion als auch umgekehrt vor dem Hintergrund der französischen Rezipienten des *Essai* insgesamt für eine „gerechtere" Beurteilung deutschsprachiger Dichtung als Originale einer anderen Nation (Juncker 1761: 101).

Neben den *Nouveaux Principes* und der *Introduction à la Lecture des Auteurs Allemands, pour l'Usage de l'École Royale Militaire, servant de suite aux Nouveaux Principes de la Langue Allemande* (1763) stellte Juncker dann unter anderem den zweibändigen *Choix varié de poésies philosophiques et agréables, traduites de l'Anglois et de l'Allemand* (1770) zusammen und übersetzte in Gemeinschaft mit dem Abbé Liébault zahlreiche deutschsprachige dramatische Werke ins Französische. Im Mittelpunkt der folgenden Ausführungen stehen aber nicht so sehr seine übersetzerischen Aktivitäten, sondern vielmehr seine Motivationen und didaktisch-methodischen Strategien, mit denen er als Sprachlehrer mit der deutschen Sprache auch Literatur vermittelt. Diese Strategien zeigen sich insbesondere in seinen *Nouveaux Principes* und in seiner *Introduction* (Juncker 1762[1]; 1763).

Die aus heutiger Sicht vielleicht als unbedeutend erscheinende Diskussion um die Wahl der Drucklettern – Antiqua oder Fraktur – spielte im 18. Jahrhundert insgesamt eine sehr wichtige Rolle für die positive Wahrnehmungsverschiebung im französischen Bild von deutschsprachiger Literatur. In der von lateinischen Buchstaben beherrschten europäischen Bücherwelt der Aufklärung zeugten nämlich mit deutschen Lettern gedruckte Bücher von schlechtem Geschmack, was dazu führte, dass deutschsprachige Bücher in Fraktur schon wegen ihres Schriftbildes negativ beurteilt wurden. Nicht zuletzt deshalb betont Juncker schon im Vorwort der *Nouveaux Principes* die Wahl der Antiqua statt Fraktur, also die Drucklegung in lateinischen statt in deutschen Buchstaben (Juncker 1762: 3-26). In der Antiqua sieht Juncker einen wünschenswerten Druckstandard, an den sich alle deutschen Buchdrucker anpassen sollten, um über diese Annäherung der Buchgestaltung an die übliche Form auch von den anderen europäischen Nationen respektiert und wertgeschätzt zu werden.

„Je ne doute pas que l'usage du caractère rond ou latin ne devienne même en Allemagne plus commun qu'il n'y a été jusqu'ici. Zürich en a donné l'exemple; on imprime des livres Allemands en caractères Romains à Berlin: il est à espérer que toute l'Allemagne se conformera à la fin au bon goût des autres Nations de l'Europe." (Juncker 1762: 25)

Umgekehrt lässt Juncker aber in demselben Sprachlehrwerk auch das Alphabet in deutschen Buchstaben und einen deutschsprachigen Lesetext in Fraktur abdrucken, also etwas für seine französischen Leser kulturell Anderes, mit

---

[1] Dieses Sprachlehrwerk ist in erster Auflage bereits 1760 in Hanau beziehungsweise in 2. Auflage 1762 bei Fleischer in Frankfurt erschienen mit dem verkürzten Zusatz *à l'usage des Français*. In Paris ist es dann in Anpassung an Junckers Tätigkeit als Deutschlehrer an der *École Royale Militaire* ebenfalls 1762 in modifizierter Form als *nouvelle édition* in zwei Teilen erschienen.

dem Argument, ihnen deutschsprachige Bücher auch im Original näherbringen zu wollen.[2] Das entspricht wiederum ehcr seiner Intention aus dem *Essai*, bei den französischen Rezipienten für die Akzeptanz der Eigenheiten der deutschen Literatur zu werben, das heißt für das kulturell Andere ohne vergleichende Bewertung.

Das Thema Schrift – Fraktur oder Antiqua – nimmt Juncker im Vorwort seiner *Nouveaux Principes* außerdem wiederum strategisch geschickt für seine Auseinandersetzung mit dem Leipziger Gelehrten Gottsched zum Anlass, gegen die Mängel von dessen bei Breitkopf in Leipzig in Fraktur erschienener *Grundlegung einer Deutschen Sprachkunst* (1762)[3] zu polemisieren (Gottsched 1978). Während Juncker die *Sprachkunst* Gottscheds trotz aller Detailkritik noch wegen ihrer Verdienste für die deutsche Sprache lobt, erlebt die Auseinandersetzung zwischen beiden Sprachlehrern in Junckers *Sendschreiben an Herrn Professor Gottsched* (1766) wohl ihren Höhepunkt (Juncker 1766: 4-5). In diesem *Sendschreiben* äußert sich Juncker auch darüber, warum er für das französische und deutsche Lesepublikum unterschiedliche Versionen seines Sprachlehrwerkes konzipiert hat: Während die Grammatik den französischsprachigen Lesern angeblich vorrangig zum Fremdsprachenerwerb dienen sollte, zielte die für das deutschsprachige Lesepublikum ausgerichtete Version derselben Grammatik auf die Verbesserung der eigenen Sprache ab. Gottscheds „Konkurrenzgrammatik" zieht Juncker dabei immer wieder als negatives Beispiel zum Vergleich mit seinem auch für Selbstlerner angelegten Werk heran. Seine Kritik betrifft nicht nur die Widersprüchlichkeit einzelner Grammatikregeln, sondern vor allem mangelnde Eignung für den Fremd-sprachenerwerb insgesamt; für Ausländer sei Gottscheds Grammatik viel zu allgemein und regelhaft konzipiert, um nützlich zu sein (Juncker 1762: 4-17).

Juncker, der sich im *Sendschreiben* immer wieder direkt auf Textpassagen aus dem Vorwort Gottscheds zur 5. Auflage der *Sprachkunst* (1762) bezieht, wo Gottsched wiederum die *Nouveaux Principes* kritisiert hatte, widerspricht außerdem der Behauptung, Gottscheds *Sprachkunst* sei auf Französisch das Handbuch aller in Deutschland lebenden Franzosen und in Paris das allge-meine Lehrbuch der deutschen Sprache. In Paris werde es im Gegenteil weder im fünfjährigen Deutschunterricht der königlichen Kriegsschule noch in großen Kost- und Erziehungshäusern verwendet, auch nicht im Privatunter-

---

2   Neben dem unpaginierten Alphabet in Fraktur wurde eine zentrale Textstelle aus dem Erstdruck von Salomon Gessners Hirtenroman *Daphnis* (1754) als neugesetzter Nachdruck mit deutschen Lettern publiziert als „Deutscher Text, zur Uebung im Lesen. Aus dem Daphnis Des Herrn Geßners" (Juncker 1762: unpag. (1)-(4) zwischen 256-57).

3   Diese Edition von Gottscheds bereits seit 1748 erscheinenden Grammatik wurde kurz nach der *nouvelle édition* von Junckers *Nouveaux Principes* in 5. Auflage publiziert. Seit 1753 gab es dieses Werk auch in französischer Übersetzung.

richt der ihm bekannten Deutschlehrer (Juncker 1766: 20).[4] Einige Privat-
lehrer, so gibt Juncker allerdings zu, verwendeten dessen Grammatik jedoch,
weil sie angeblich deutscher sei als seine, da in Gottscheds „Buche das Deutsche mit schöner Mönchsschrift gedruckt ist" (Juncker 1766: 19f.).
    Kann man etwa schon aus der Wahl der Grammatik in deutscher oder la-
teinischer Typographie auch auf die Art der patriotischen Gesinnung der
Sprach- und Literaturvermittler schließen? Aus Junckers Entscheidung zugunsten der lateinischen Buchstaben ließe sich zumindest folgern, dass er mit
weltbürgerlich geprägter Gesinnung und als strategisch geschickter Patriot
versucht, nicht durch abgrenzende Betonung des kulturell Differenten, sondern durch Annäherung an das den Lernenden Vertraute, nämlich über die lateinischen Buchstaben, den Zugang zum ihnen kulturell Fremden zu erleichtern.

4. Didaktische und rhetorische Strategien zur Förderung
des „Geschmacks an der deutschen Sprache"

In der Gesamtkonzeption von Junckers mehrteiligem Sprachlehrwerk für den
Deutschunterricht an der *École Royale Militaire* werden drei wesentliche Intentionen des Werkes genannt: der offizielle Nutzen, das heißt die französischen Soldaten sollten sprachlich so weit ausgebildet werden, dass sie sich im
Kriegsdienst in deutschen Landen mit der Bevölkerung verständigen beziehungsweise das Preußische Exercitium auf deutsch verstehen könnten, der
Abbau von Vorurteilen gegen die deutschsprachige Literatur sowie die kom-
mentierte Vermittlung eines Kanons „lesenswerter" deutschsprachiger Autoren der Zeit (Juncker 1762: 3-4). Gleich nach dem Vorwort – angeblich auf
Wunsch vieler Franzosen – lässt Juncker, wie schon gesagt, nochmals seinen
bereits im *Journal étranger* erschienenen *Essai* abdrucken (Juncker 1762: 27-
60). Dahinter sind nicht nur die aufklärerischen Beweggründe des Pädagogen
zu vermuten, sondern vor allem auch seine wahrnehmungslenkenden Möglichkeiten als kulturvermittelnde Persönlichkeit in Paris. Dadurch, dass ein
großer Teil der aufgeführten Werke dieser Autoren noch nicht ins Französische übersetzt war und trotz der „deutschen Mode" in Paris nur wenige Franzosen ausreichende Deutschkenntnisse hatten, um die Originale lesen und beurteilen zu können, waren seine ästhetischen Urteile von französischer Seite

---

4   Um diese Behauptungen besonders glaubwürdig klingen zu lassen, nennt Juncker den in
     Paris lebenden Michael Huber, den wohl bekanntesten Deutschlehrer in Paris, als
     möglichen Zeugen, der kurz vor seiner Abreise nach Leipzig stehe und somit Gottsched
     bald persönlich die Richtigkeit des Gesagten bestätigen könnte (Juncker 1766: 20). Huber
     reiste 1766 tatsächlich von Paris nach Leipzig, um dort seine neue Sprachlehrerstelle zu
     übernehmen.

kaum in Frage zu stellen. Deshalb ist zu vermuten, dass Juncker in seiner Funktion als *Professeur de langue allemande* auf diesem Weg zur erstmals positiven Perzeptionsverschiebung im französischen Bild von deutscher Literatur und deutschsprachigen Autoren erheblich beigetragen hat.

Junckers rhetorische Strategien als Pädagoge zeigen sich vor allem im dritten Teil seines Sprachlehrwerkes, also in der *Introduction à la lecture des auteurs allemands* (1763). Im Vorwort zu dieser eher didaktisch-methodisch aufbereiteten Textsammlung schildert Juncker zunächst aus der Perspektive des *Professeur de langue allemande* seine Erfahrungen mit den Schwierigkeiten, die einem Lernenden beim Studium der deutschen Sprache und Literatur begegnen: Da es keine guten deutsch-französischen Wörterbücher gebe, und der Lernende wenigstens eine Viertelstunde brauche, um ein Wort zu suchen – ohne letztlich seine richtige Bedeutung zu finden – könne derselbe weder die Erläuterungen eines deutschsprachigen Autors verstehen noch mit Hilfe seines *Maître* nachvollziehen, welchen literarischen Hintergrund dieser Autor selbst hat. Die Schüler würden sich also langweilen, und aus dieser Langeweile resultiere ihr Missfallen. Juncker verweist bei dieser Gelegenheit gleich wieder auf den anwendungsbezogenen Nutzen seines Sprachlehrwerkes auch für Selbstlerner. Methodisch setzt Juncker dafür als Annäherung der deutschen Sprache an die französischen Rezipienten zunächst französische Akzente auf die deutschen Wörter als Betonungshilfe. Dazu verdeutlicht er in den Fußnoten den deutschen Satzbau durch „faire la construction", das heißt er übernimmt zunächst die französische Satzstellung mit den entsprechenden deutschen Wörtern. Je weiter man allerdings im Buch vordringt, desto weniger Erklärungen werden gegeben. Darin sieht er den Selbstlerneffekt (Juncker 1762: 4-5).

Die derart aufbereitete Textsammlung beginnt mit Auszügen aus Christian Fürchtegott Gellerts Fabeln und Erzählungen und endet schließlich in einem fiktiven philosophischen Gespräch zwischen zwei Franzosen A und B über negative Werturteile bezüglich der deutschen Sprache und Literatur (Juncker 1763: 289-340).

In diesem philosophischen Gespräch, das Juncker als „espece de Dissertation en faveur de la Langue Allemande" (Juncker 1763: 6) bezeichnet, geht es entsprechend dem aufklärerischen Bildungsideal und Toleranzgedanken vor allem darum, Vorurteile abzubauen und für das Erlernen des Deutschen zu werben, um ein „gerechteres Urteil" zu erreichen.

Das philosophische Gespräch, hier ein Dialog zwischen zwei Personen, war aus aufklärerisch-pädagogischer Perspektive als Textsorte besonders geeignet, weil es sich einsetzen ließ als „Verhandlung von Themen aller Art in direkter Auseinandersetzung der Meinungen mit dem Anspruch auf Denk- und Redefreiheit und als genuines Medium eines grundsätzlich mehrstimmigen Philosophierens" (Fries/Weimar 1997: 355). Durch das Prinzip der Dialogizität wurde somit die Befreiung des Denkens und des Individuums gefördert, aber gleichzeitig auch der Wille zu gemeinschaftlichem Denken (Wildbolz 1958: 253; Fauser 1991: 147ff.). Im aufklärerischen Gespräch ging es also weniger „um den Transport gesicherten Wissens von einem Subjekt zum anderen ..., sondern um den Anfang der Vernunft und den Eintritt in selbständige Wissensbildungsprozesse, kurz: um eine philosophische Orientierung" (Mittelstrass 1984: 18).

Dieses fiktive Gespräch, das Juncker zwei Franzosen während eines gemeinsamen Spaziergangs im Jardin du Luxembourg führen lässt, übrigens ein vertrautes und damit „annäherndes" Bild für die französischen Rezipienten, das rhetorisch eine Identifikation mit den kommunizierenden Personen erleichtern soll, beginnt mit den stereotypen Vorstellungen über die deutsche Sprache, die jeweils als Vor- und Fehlurteile entlarvt werden. Der Gesprächspartner A tritt sozusagen als „Verteidiger" der deutschen Sprache und Literatur mit aufklärerischer Haltung auf. Dahinter ist wohl Juncker selbst zu suchen. Der andere ist lange voller Vorurteile, läßt sich am Ende jedoch durch die Argumentation von A überzeugen.[5]

Als negative Werturteile begegnen dem Leser zu Beginn des Gesprächs die wesentlichen zeitgenössischen Vorurteile im Fremd- und Eigenbild von deutscher Sprache, die im französischen Kulturzusammenhang vorherrschten und die auch der Preußenkönig schon in seiner *Histoire de mon temps* (1746) formuliert hatte (Lévy 1950-52: 156ff.). Das betrifft insbesondere den angeblich harten Klang und den „ungeschliffenen" Zustand der deutschen Sprache vor allem in den Provinzen. Im Gespräch wird das „Barbarische" und die als Nachteil interpretierte Vielzahl der deutschen Dialekte und Regionalsprachen festgemacht an der Wirkung deutscher Wörter und besonders der Eigennamen auf französische Ohren:

Der Franzose B erzählt, sein Schwager habe während des letzten Krieges ein Auge auf ein „deutsches Fräulein" aus dem Elsass geworfen, er könne sich aber ihren Namen nicht merken, weil das zu kompliziert sei für jemanden, der nur französische Namen gewöhnt sei (Juncker 1763: 307). Diese Ablehnung – eine Anspielung auf den wegen vieler Konsonanten als grob geltenden Klang der deutschen Sprache – erklärt der Franzose A dann damit, dass letzterer nur ungewohnt sei und kritisiert, eben diese Unkenntnis einer Sprache sei für die Entstehung von Fehlurteilen verantwortlich. Der Franzose B rechtfertigt seine Wahrnehmung mit der Begründung, sein Bild sei dadurch geprägt worden, dass Deutsche auch als Figuren in Komödien mit ihren Namen nur für Lacherfolge sorgten, statt dass ihnen Respekt entgegengebracht werde. Der Franzose A weist aber darauf hin, auch Franzosen sorgten umgekehrt in deutschen Komödien zum Beispiel als Harlekin für Lacherfolge, wenn sie mit mangelhaften Sprachkenntnissen versuchten, Deutsch zu sprechen. Das alles

---

5   Es ist erst dieses gemeinsame Handeln praktizierter Einsicht im dialektischen Gespräch, das die Qualität des Kommunikationsprozesses verändert (Mittelstrass 1984: 18).

beweise für ihn aber nur, dass Sprache vor allem dann lächerlich wirke, wenn Mundart gesprochen werde (Juncker 1763: 309ff.). Im *regard croisé* auf die gegenseitige Fehleinschätzung über Sprache fügt er noch unterstreichend hinzu, dem französischen *jargon* und *baragouin* entspreche das deutsche Welsch oder Kauderwelsch. Es sei außerdem nur ein Vorurteil, dass die deutsche Sprache eine harte Sprache sei, denn in beiden Kulturen gebe es seines Erachtens eben diese Mundarten, die das negative Bild einer Sprache beförderten. Hinter dieser Argumentation erkennt man sehr deutlich Juncker, der sich als Mitglied der Göttinger Akademie der Wissenschaften für eine einheitliche Sprache eingesetzt hat, um auch über diese Art der sprachlichen „Perfektionierung" das negative Fremd- und Eigenbild von deutscher Sprache abzubauen. Die Bezeichnung Welsch nimmt dann der Franzose B wiederum zum Anlass für die Behauptung, den Deutschen fehle Geschmack, wo das Französische doch sanft und lieblich sei. Selbst voller Vorurteile erträgt er also keine negative Fremdwahrnehmung.

Als nächstes argumentiert A, man dürfe die Schönheit einer Sprache insgesamt nicht am Wohlklang messen, sondern an ihrer zweckmäßigen Ausdruckskraft, also an ihren Möglichkeiten zur Mitteilung von Gedanken und als Mittel der Kommunikation. Diese Zweckmäßigkeit einer Sprache folgere konkret aus ihrer Fähigkeit, alle Gedanken ausdrücken zu können, aus ihrer Deutlichkeit der Ausdrücke ohne Verwirrung und Zweideutigkeiten sowie dem Nachdruck, damit Worte und Bild einer Sache übereinstimmen. A ist sogar davon überzeugt, dass keine andere europäische Sprache der deutschen Sprache hinsichtlich ihres Reichtums an Wörtern und Redensarten gleichkomme, was bedeute, dass sie eine für alle Schreibarten geeignete Sprache sei. Hinter dieser Argumentation von A, also Junckers, zeigen sich bereits die ersten Perzeptionsverschiebungen im französischen Bild von deutscher Literatur und Sprache. Das betrifft vor allem die positive Wertung deutscher Literatur und Sprache im französischen Umkreis der *Encyclopédie*. Deutsch gehört beispielsweise in ihrem Artikel *Langue* zwar nicht zu den *langues modernes*, erhielt aber auf dem Gebiet der Philosophie schon eine Vorrangstellung, besonders bezogen auf die Möglichkeit, komplizierte Gedanken in komplexen Worten wiedergeben zu können (Lévy 1950-52: 162f.).

Der Franzose A verhält sich im Gespräch insgesamt nicht nur rhetorisch, sondern auch didaktisch geschickt und berichtet von seinem eigenen Lernprozess. Auch er habe nämlich früher Vorurteile gehabt, sei dann aber vor allem durch seine nun schon zehnjährigen Erfahrungen mit der fremden Sprache klüger geworden, also im aufklärerischen Sinne lernfähig gewesen. Dementsprechend sehe er sich auch nicht als Anwalt der deutschen Sprache, sondern als „Liebhaber der Wahrheit" (Juncker 1763: 325), dem es inzwischen darum gehe, die Vorurteile seiner französischen Landsleute zu widerlegen, die im Handel und im Kontakt mit den Deutschen zu ihrem Nachteil seien (Juncker 1763: 325-26).

Im Gespräch tritt nun also die praktische Nützlichkeit der Sprache in den Vordergrund. Dabei geht es dem Franzosen A vor allem darum, die französische Annahme zu widerlegen, aufgrund der verbreiteten Französischkenntnisse der Deutschen bestehe umgekehrt keine Notwendigkeit mehr zum Erlernen der deutschen Sprache. Die Französischkenntnisse hätten zwar der Adel und die wohlhabenden Bürger, nicht aber die Handelsleute, die schon Mühe hätten, französischsprachige Korrespondenz zu führen. Urschriften und Staatssachen seien ebenfalls auf Deutsch geschrieben (Juncker 1763: 328). Aber nicht nur als Kaufmann, Krieger und Staatsmann, sondern auch als Gelehrter müsse man Deutsch können, denn:

„Fast die ganze deutsche Literatur ist ein uns verschlossener und unbrauchbarer Schatz. Ich nenne sie mit Recht einen Schatz, denn man kann nicht leugnen, daß diese Nation sich längst in der Kenntniss der Alterthümer, in der Geschichte und Erdbeschreibung, in der Staatswissenschaft, in der Naturlehre ... so sehr als irgend ein anderes heutiges Volk hervorgethan hat. ... Was die schönen Wissenschaften, die Beredsamkeit und Dichtkunst anlanget, so sind diese zu unserer Zeit von den Deutschen ebenfalls sehr weit getrieben worden. Utz, Gleim, Gellert, Gesner, Weiss, Rabener, Lessing, Schlegel, Kleist, Hagedorn, Haller, Klopstock und andere mehr haben vortreffliche Werke geliefert, die man mit dem größten Vergnügen liest." (Juncker 1763: 330f.)

Neben der wissenschaftlichen Nützlichkeit nennt A – ganz im Sinne Junckers – also vor allem die Leistungen deutschsprachiger Dichter, die dem französischen Leser ohne Deutschkenntnisse entgehen würden. An dieser Stelle wird ein Teil des Kanons deutschsprachiger Dichter aus Junckers *Essai* erneut wiederholt und im Rahmen dieses dialogischen Lesetextes weitervermittelt. Die von Juncker zusammengestellte Auswahl deutschsprachiger Autoren wird dadurch im Bewusstsein der Fremdsprachenlernenden nachdrücklich als „lesenswert" verankert.

Im zweiten Teil des Gesprächs geht es dann auch dementsprechend weniger um die Vorteile der deutschen Sprache für Franzosen sowie die Notwendigkeit ihres Erlernens, sondern um weitere Vorurteile aus dem zeittypischen Repertoire, nämlich die Bedeutungslosigkeit der deutschsprachigen dramatischen Dichtkunst, begründet mit der fehlenden kulturellen Hauptstadt, dem fehlenden Nationaltheater sowie dem Desinteresse der fürstlichen und königlichen Mäzene an ihrer eigenen Literatur und Sprache. Der Franzose A versucht dabei in seiner Argumentation, aus dieser Fremd- und Eigenwahrnehmung der kulturellen Verhältnisse in den deutschen Territorialstaaten heraus das negative Werturteil über deutsche Literatur und Sprache zu widerlegen:

Bei dem Franzosen B stößt vor allem die ablehnende Haltung Friedrichs des Großen gegenüber dessen eigener Kultur auf Unverständnis im retrospektiven Vergleich zum Engagement Ludwigs XIV. für die französische Literatur und Sprache, und es erstaunt ihn, dass der Preußenkönig trotzdem so beliebt bei deutschen Gelehrten und Literaten ist. Diese Argumentation kehrt der Franzose A wiederum als Qualitätsbeweis für die deutsche Sprache um und

behauptet, deutsche Autoren hätten sich sogar erst in Abgrenzung und als Reaktion auf dessen einseitig negatives und „ungerechtes" Werturteil nicht ent-
mutigen lassen, sondern hätten sich dadurch erst recht entfalten und darüber
eigenständige literarische Produktionen entwickeln können. In dieser Auseinandersetzung sieht der Franzose A vielmehr einen weiteren Beweis für die
Nützlichkeit der deutschen Sprache als kommunikatives Instrument und den
richtigen „dialogischen" Weg, um insgesamt eine „gerechtere" Beurteilung
von deutscher Sprache und Literatur zu erreichen. Der Franzose B gibt ihm
schließlich im Prinzip recht, sieht es für sich selbst aber als zu schwierig an,
Deutsch zu lernen. Als aufklärerischer Pädagoge beendet der Franzose A
dann das Gespräch, indem er darauf hinweist, dass man dann eben früh mit
dem Lernen anfangen müsse, weil Kinder am leichtesten lernten (Juncker
1763: 332-337).

5. Ausblick: Sprachenlernen heute

Das Beispiel Georg-Adam Junckers zeigt insgesamt den engen pädagogischen
Zusammenhang von literarischer Übersetzertätigkeit und Sprachenvermittlung
beziehungsweise -lernen, deren Zusammenspiel bereits im Zeitalter der Aufklärung einen wesentlichen Anteil an kulturellen Fremd- und Eigenwahrnehmungen von Nationen hatte. Für den deutsch-französischen Kontext der Aufklärung ist außerdem anhand dieses Beispiels deutlich geworden, dass die
Wahrnehmung, Vermittlung und Hervorhebung einer Kultur als „ge-
schmacksleitend" nicht nur Annährungsprozesse hervorgerufen beziehungsweise gefördert hat, sondern auch stärkere Abgrenzungs- und Polarisierungs-
tendenzen zur Folge hatte. Über das Bildungsideal, andere Sprachen zu vermitteln und zu lernen, um Vorurteile abzubauen und andere Kulturen besser
zu verstehen, sowie neben der Förderung des kosmopolitischen Toleranzge-
dankens, die Eigenheiten jeder Sprache unabhängig von vergleichenden
Werturteilen zu akzeptieren, verstärkte sich zugleich der nationalkulturell
wertende Blick.
    Perspektiviert man vor diesem dynamischen Spannungsverhältnis von
Annährungs- und Abgrenzungsprozessen über Literatur und Sprache im
Zeitalter der Aufklärung aktuelle Tendenzen von Identitätsbildungsprozessen
und Wahrnehmungsverschiebungen zwischen europäischen Kulturen, dann
wird deutlich, dass man ähnlich dynamische Prozesse der Annäherung und
Abgrenzung im heutigen Europa beschreiben könnte. Vergleicht man dementsprechend zum Beispiel die Themen des „Europäischen Jahrs der Sprachen
2001" mit der aufklärerischen Argumentationsstrategie des Franzosen A aus
dem philosophischen Gespräch, dann fühlt man sich am Ende fast wörtlich an
die Kernbotschaft „Sprachen lernen öffnet Türen – jeder kann es!" erinnert.
Die Akzeptanz sprachlicher Vielfalt steht als Kernstück des europäischen

Kulturerbes im Mittelpunkt dieses Projektes. Mit dem besonderen Angebot zum Fremdsprachenlernen sollen aber nicht nur ganz pragmatisch die Ausgangspositionen des Einzelnen auf dem europäischen Arbeitsmarkt verbessert werden, sondern es soll ebenfalls geworben werden für das jeweilige Verständnis gegenüber anderen Kulturen in Europa. Dahinter steht wie schon in dem fiktiven philosophischen Gespräch die Grundidee, dass man Menschen und ihre Kultur nur wirklich verstehen und schätzen kann, wenn man auch ihre Muttersprache versteht (Sprachen 2001: 2). In dieser aufklärerischen Perspektive hatte bereits der Sprachlehrer Juncker wesentliche persönliche, materielle und ideelle Argumente zur Förderung des „Geschmacks an der deutschen Sprache" genannt, die man auch heute nennen könnte als individuelle, ökonomische, politische und kulturelle Gründe für den Nutzen des Fremdsprachenlernens insgesamt. Das sind beispielsweise

- persönliche Beziehungen,
- Sprache als adäquates Ausdrucksmittel für Gedanken und Mittel zur Kommunikation,
- ökonomischer Nutzen von Fremdsprachenerwerb zum Beispiel für Handelskorrespondenz,
- Sprache auf dem literarischen Markt in Form von Wörterbüchern, Übersetzungen, Grammatiken, Sprachlehrwerken,
- ästhetische Gründe, also die subjektiv wahrgenommene Ausdruckskraft einer Sprache – vergleichbar vielleicht mit „Modeerscheinungen",
- Neugier auf das kulturell Andere sowie
- Staatsgeschäfte.

Wie der Franzose A begegnet man heute aber ebenfalls den negativen Werturteilen über andere Sprachen, die auf Vor- und Fehlurteilen sowie auf Unkenntnis beruhen oder aus nationalkulturell einengendem Blickwinkel erfolgen. Sie resultieren vor allem aus der

- Reduktion von Sprache auf das subjektive Empfinden von Schönheit,
- Ignoranz gegenüber anderen Sprachen,
- Ablehnung von Fremdsprachen sowie fremder Kulturen, weil man fälschlicherweise davon ausgeht, dass die eigene Muttersprache ausreichende Kommunikation ermöglicht,
- Selbstüberschätzung und fehlende Kritik gegenüber eigenen kulturellen Produktionen sowie aus der
- Unfähigkeit aufgrund mangelnder Sprachkenntnisse, mit den kulturell Anderen in offiziellen, privaten und beruflichen Situationen zu kommunizieren.

Neben einem überwiegenden Optimismus für das zusammenwachsende und gleichzeitig kulturell und sprachlich vielfältige Europa ist also nicht zu vergessen, dass Annäherungen und Abgrenzungen sowie die Suche nach Gemeinsamkeiten beziehungsweise nach identitätsstiftenden Unterschieden über Sprache einer ständigen Dynamik unterliegen. Das Beispiel der Aufklärung zeigt, dass neben Kosmopolitismus als handlungsmotivierendem „Leitgedanken" das Bedürfnis nach nationaler Identitätsbildung über kulturelle Differenzierung beziehungsweise Abgrenzung vom Anderen dann ausgelöst beziehungsweise verstärkt wird, wenn Wertschätzungen unbefragt vorab vertieft sind. Es hat umgekehrt aber auch gezeigt, dass gerade Sprachenlernen Türen zum Verstehen des Anderen öffnet.

Literatur

Bielfeld, Jacob Friedrich Freiherr von: Progrès des Allemands dans les Sciences, les Belles-Lettres & les Arts, particulièrement dans la Poësie et l'Éloquence. Amsterdam, 1752

Bréton, André: Manifest du Surréalisme (1924). In: Bréton, André: Manifestes du Surréalisme. Paris: Gallimard, 1992, S. 13-60

Döring, Heinrich: Juncker, Georg-Adam. In: Ersch, J.-G./Gruber, J.-G. (Hrsg.): Allgemeine Encyklopädie der Wissenschaften und Künste. Zweite Sektion. Unveränderter Nachdruck der 1851 bei F. A. Brockhaus in Leipzig erschienenen Ausgabe. Graz: Akademische Druck- und Verlagsanstalt, 1983, S. 415-416

Espagne, Michel/Werner, Michael (Hrsg.): Frankreichfreunde. Mittler des französisch-deutschen Kulturtransfers (1750-1850). Leipzig: Universitätsverlag, 1996

Espagne, Michel/Werner, Michael: Deutsch-französischer Kulturtransfer als Forschungsgegenstand. Eine Problemskizze. In: Espagne, Michel/Werner, Michael (Hrsg.): Transferts. Les relations interculturelles dans l'espace franco-allemand. Paris: Ed. Recherche sur les Civilisations, 1988, S. 11-34

Espagne, Michel/Werner, Michael: Figures allemandes autour de l'*Encyclopédie*. In: Dix-huitième siècle (1987)19, S. 263-281

Fauser, Markus: Das Gespräch im 18. Jahrhundert. Rhetorik und Geselligkeit in Deutschland. Stuttgart: M & P, Verlag für Wissenschaft und Forschung, 1991

Fries, Thomas/Weimar, Klaus: Dialog. In: Weimar, Klaus/Fricke, Harald (Hrsg.): Reallexikon der deutschen Literaturwissenschaft, Bd. 1. Berlin und New York: De Gruyter, 1997, S. 354-356

Gottsched, Johann Christoph: Grundlegung der deutschen Sprachkunst vor die Deutschen. 5. Aufl., Leipzig: Breitkopf. In: Mitchell, P. M. (Hrsg.): Johann Christoph Gottsched. Ausgewählte Werke. Achter Bd., Erster Teil. Deutsche Sprachkunst. Bearbeitet von Herbert Penzl. Berlin, New York: de Gruyter, 1978

Grimm, Friedrich Melchior: Correspondance littéraire, 1. janvier 1762. In: Tourneux, Maurice (Hrsg.) (1887): Correspondance littéraire, philosophique et critique, Bd. V, Paris: Garnier, 1762, S. 11

Juncker, Georg-Adam: Essai sur la Poésie Allemande. In: Journal étranger, septembre 1761, S. 96-148

Juncker, Georg-Adam: Nouveaux Principes de la Langue Allemande, pour l'Usage de l'École Royale Militaire. Nouvelle édition. Première Partie. Paris: Musier fils, 1762

Juncker, Georg-Adam: Introduction à la lecture des auteurs allemands, pour l'usage de l'École Royale Militaire, servant de suite aux Nouveaux Principes. Paris: Musier fils, 1763

Juncker, Georg-Adam: Hn. Junckers, Königlichen Professors der deutschen Sprache auf der Kriegsschule zu Paris, Sendschreiben an Hn. Professor Gottsched zu Leipzig. Über des letzten Erinnerung wegen der fünften Auflage seiner deutschen Sprachkunst. Paris am 28. des Erntemonats, 1766

Kant, Immanuel: Beantwortung der Frage: Was ist Aufklärung? In: Weischedel, Wilhelm (Hrsg.): Werkausgabe, Bd. XI: Schriften zur Anthropologie, Geschichtsphilosophie, Politik und Pädagogik 1. Frankfurt a. M.: Suhrkamp, 1993, S. 53-61

Lautréamont, Isidore Ducasse comte de: Die Gesänge des Maldoror, Dichtungen (Poésies)/Briefe. Das Gesamtwerk. Aus dem Französischen und mit einem Nachwort von Ré Soupault. Reinbek: Rowohlt, 1988

Lévy, Paul: La langue allemande en France. Pénétration et Diffusion des Origines à nos jours. Lyon: IAC, 1950-52

Lüsebrink, Hans-Jürgen/Reichardt, Rolf: Kulturtransfer im Epochenumbruch. Fragestellungen, methodische Konzepte, Forschungsperspektiven. In: Lüsebrink, Hans-Jürgen/Reichardt, Rolf zus. mit Keilhauer, Annette/Nohr, René (Hrsg.): Kulturtransfer im Epochenumbruch. Frankreich – Deutschland 1770 bis 1815. Leipzig: Universitätsverlag, 1997, S. 9-26

Mittelstrass, Jürgen: Versuch über den sokratischen Dialog. In: Stierle, K./Warning, R. (Hrsg.): Das Gespräch. München, 1984, S. 11-27

Mondot, Jean/Valentin, Jean-Marie/Voss, Jürgen (Hrsg.): Deutsche in Frankreich. Franzosen in Deutschland. 1715-1789. Institutionelle Verbindungen, soziale Gruppen, Stätten des Austauschs. Sigmaringen: Jan Thorbecke Verlag, 1992

Sprachen. Das Europäische Jahr der Sprachen 2001. http://europa.eu.int/comm/education/languages/de/actions/year2001.html, (Stand vom 07.05.2001), S. 1-4

Wildbolz, Rudolf: Dialog. In: Kohlschmidt, Werner (Hrsg.): Reallexikon der Literaturgeschichte, Bd. 1. Berlin: De Gruyter, 1958, S. 251-255

Pluralisierung der Zivilgesellschaft, Individualisierung der Identitäten: Europa zwischen nationaler Schließung und globaler Öffnung

Richard Münch

Die Herausbildung einer von den Bürgern der Europäischen Union empfundenen europäischen Identität muss in den Kontext der zwei entgegengesetzten Kräfte der nationalen Beharrung und der über Europa hinausgehenden globalen Öffnung gestellt werden. Die Beharrungskraft der nationalen Identitäten wird durch die Zunahme des grenzüberschreitenden Verkehrs im europäischen Binnenmarkt und im liberalisierten Weltmarkt geschwächt, ohne dass allerdings die nationalen Identitäten von einer starken europäischen Kollektividentität aufgesogen werden. Die Europäisierung der Identität der Unionsbürger ist vielmehr ein Prozess, in dem die Unterschiede zwischen den Nationen abgebaut werden, während sich gleichzeitig die Unterschiede innerhalb der Nationen vergrößern. Äußere Angleichung und innere Pluralisierung sind zwei Seiten ein und derselben Medaille. Dieser Prozess reicht über die Grenzen Europas hinaus und bewirkt, dass die Annäherung zwischen den europäischen Nationen nicht mit einer Abgrenzung von den Nationen außerhalb Europas einhergeht, sondern sogar mit einer zusätzlichen Angleichung der Europäer an die Nicht-Europäer im Rahmen einer einheitlichen, gleichwohl pluralistischen Weltkultur. Die Besonderheit dieses weltweiten Pluralismus besteht darin, dass er tendenziell nicht Nationen voneinander trennt, sondern quer zu den Nationen verläuft. Gleichzeitig wird ein immer größerer Teil der Pluralität für die einzelnen Individuen verfügbar, so dass sich die Spielräume ihrer Selbstentfaltung und Individualisierung vergrößern. Die Bürger Europas kommen sich insofern durch ihre Emanzipation von nationalen Identitäten und ihre entsprechende Individualisierung näher, was sie aber nicht exklusiv miteinander verbindet, weil sie sich gleichzeitig auch den Nicht-Europäern durch Individualisierung öffnen. Dieser Prozess der nur schwachen europäischen Identitätsbildung im Kontext einer wachsenden Pluralisierung und damit korrespondierenden Individualisierung von Identitäten soll im Folgenden untersucht werden.

Die Pluralisierung der Identitäten wird in konkreten Projekten der zivilgesellschaftlichen Assoziation vorangetrieben, weil Identitätsbildung eine Sache der konkreten Interaktion und Vereinigung zwischen Akteuren ist. Das gilt für die Herausbildung kollektiver Identitäten und korrespondierend dazu für die Entwicklung persönlicher Identitäten. Die Identitäten verändern sich mit den Strukturen der Zivilgesellschaft. Einerseits pluralisiert sich die Identität nationaler Kollektive durch die Zunahme grenzüberschreitender Aktivitäten, auf der anderen Seite individualisiert sich die persönliche Identität der einzelnen Bürger in dem Maße, in dem ihnen eine größere Zahl von Vereinigungen mit größerer Reichweite offenstehen. Identitätsbildung und zivilgesellschaftliche Vereinigung müssen deshalb in ihrem Zusammenhang miteinander untersucht werden.

1. Spillover-Effekte der ökonomischen Integration: Die aktuelle Relevanz des Neofunktionalismus

Europa ist ein politisch induziertes Projekt der europäischen Integration, das mit der Schaffung des europäischen Binnenmarktes und der europäischen Wirtschafts- und Währungsunion seinen bisherigen Höhepunkt erreicht hat. Die weitere Entwicklung wird vorrangig von der Erweiterung des Binnenmarktes nach Ostmitteleuropa und von der Erweiterung des Euro-Raumes geprägt. Über die ökonomische Integration hinausreichende Projekte der politischen Integration – etwa in Gestalt einer Föderation – sind höchst umstritten und auf absehbare Zeit nicht realisierbar. Der deutsche Traum vom föderalen europäischen Bundesstaat stößt insbesondere in Frankreich und erst recht in Großbritannien auf größte Skepsis, weil dieses Modell grundsätzlich nicht mit den dort historisch gewachsenen Vorstellungen über eine funktionsfähige politische Einheit vereinbar ist (Fischer 2000; Fischer/Chevenement 2000; Blair 2000; Le Monde 2000; The Times 2000; Vedrine 2000). Da indessen die Kongruenz von Ökonomie, Staat und Nation vor dem Hintergrund der historischen Entwicklung der europäischen Wohlfahrtsstaaten weithin als Erfolgsbedingung für soziale Integration betrachtet wird, herrscht in Bezug auf die Zukunft der Europäischen Union eine gewisse Ratlosigkeit und Skepsis. Es wird befürchtet, dass der ökonomische Erfolg mit einem erheblichen Maß der wohlfahrtsstaatlichen Desintegration ohne Kompensation auf der europäischen Ebene bezahlt werden muss.

Immerhin hat es Ernst Haas (1958) schon sehr früh gewagt, zu prognostizieren, dass die ökonomische Integration durch Spillover-Effekte zwangsläufig die politische, soziale und kulturelle Integration nach sich ziehen werde. Dieser sogenannte neofunktionalistische Integrationsansatz ist vor allem mit dem Argument heftig kritisiert worden, dass er das Interesse der nationalen Regierungen an der Erhaltung ihrer Macht und die Beharrungskraft der Nationen unterschätze (Taylor 1982; Moravcsik 1991). Dieser Aspekt ist vom Ansatz des Intergouvernementalismus in den Vordergrund gerückt worden (Nye 1965; Hoffmann 1966; Haas 1975).

Bei der Beurteilung der neofunktionalistischen Spillover-These bleibt leider in der Regel völlig unspezifiziert, über welchen Zeitraum und über welche Qualität des Spillover gesprochen wird. Setzt man den Zeitraum relativ kurz an und erwartet man die Nachbildung der politischen Strukturen, des nationalen Zusammengehörigkeitsgefühls und der starken kollektiven Identität – etwa gemessen am Nationalstolz – der nationalen Repräsentativdemokratien, dann wird man sehr leicht zu einem negativen Urteil über die Bestätigung der Spillover-These durch die reale Entwicklung gelangen. Völlig anders sieht es jedoch aus, je länger der betrachtete Zeitraum ist und je weniger eine getreue Nachbildung der nationalstaatlichen Repräsentativdemokratien erwartet wird. Aus einer solchen Perspektive muss man zunächst feststellen, dass die These von der verweigerten Machtabtretung der nationalen Regierungen an sich angesichts der Einführung des qualifizierten Mehrheitsentscheids in der Einheitlichen Europäischen Akte von 1986 eher widerlegt ist. Für einen souveränen Nationalstaat bzw. dessen Regierung kann es durchaus rational im Sinne des Machterhalts sein, sich auf eine supranationale Zusammenlegung von Ressourcen und damit auf die Abtretung von unmittelbarer Macht an supranationale Institutionen einzulassen, wenn dadurch Wohlstandssteigerungen und mehr supranationale politische Gestaltungskraft nach innen und außen erreicht wird. Indem der „liberale Intergouvernementalismus" dieser Nutzensteigerung durch supranationale Institutionenbildung Rechnung trägt, nähert er sich wieder dem Neofunktionalismus an (Moravcsik 1993; 1998).

Der Prozess der europäischen Rechtssetzung hat insbesondere seit der Einheitlichen Europäischen Akte in einem Umfang Fortschritte gemacht, dass zumindest im Bereich des Wirtschaftsrechts von einem weitgehend einheitlichen europäischen Recht gesprochen werden kann, das außerdem in andere Rechtsgebiete ausstrahlt (Capelletti/Seccombe/Weiler 1986; Green/Hartley/ Usher 1991; Weatherhill 1995; Weiler 1999: 3-101). Das ist ganz ohne Zweifel ein beträchtlicher Spillover-Effekt. Es ist deshalb kein Wunder, dass die neofunktionalistische Integrationstheorie nach einer längeren Zeit der fortschreitenden Integration wieder salonfähig geworden ist (Mattli 1999: 23-28). Man sollte deshalb darüber nachdenken, welche Spillover-Effekte die ökonomische Integration auf die nationalen Zusammengehörigkeitsgefühle, Identitäten und Zivilgesellschaften hat. Auch hier kann die These von der Beharrungskraft der Nationen (enduring nations) bezweifelt werden (Zetterholm 1994).

2. Annäherung der Nationen durch Pluralisierung

Der Binnenmarkt verringert die Distanzen zwischen den Nationen durch den Abbau aller Hindernisse für den grenzüberschreitenden Wirtschaftsverkehr. Es teilen sich jetzt Menschen denselben Wirtschaftsraum, die vorher durch Schranken voneinander ferngehalten wurden. Es nehmen die grenzüberschreitenden Interdependenzen und Beziehungen zu. Im Sinne von Durkheim (1977: 296-323) steigt die materielle Dichte: Zahl der Menschen innerhalb ein und desselben Raums ohne innere Grenzen, die dynamische Dichte: Zahl der Interdependenzen und die moralische Dichte: Zahl der Beziehungen. Es verschärfte sich dadurch die Konkurrenz, die umso mehr zur Spezialisierung zwingt, je weniger Gewaltanwendung zwecks Beherrschung von Konkurrenten, Auswanderung oder Resignation als wählbare Strategien offenstehen. Mit der Spezialisierung geht dann eine immer größere Dichte grenzüberschreitender Beziehungen des Handels und der Arbeitsteilung einher. Gleichzeitig nimmt die innere Differenzierung der Nationen infolge der immer weiteren Spezialisierung und feineren Verzweigung der Arbeitsteilung zu. Die Struktur der Erwerbstätigkeit wird immer vielfältiger, alte Tätigkeiten in der industriellen Produktion verschwinden durch technische Rationalisierung, gleichzeitig entsteht ein immer differenzierteres Muster von Tätigkeiten in Industrie, Handel und Dienstleistungen. Ebenso differenziert sich der Rhythmus der Arbeitszeiten. Die Vertragsformen vervielfältigen sich; das Vollzeitnormarbeitsverhältnis gilt nur noch für einen Kern der Erwerbstätigen; Betriebsmitgliedschaften, Job, Wohnort, Partnerschaften, Konfessionszugehörigkeiten, Parteipräferenzen und Lebensstile werden häufiger gewechselt (Zillian/Flecker 1998). Diese Pluralisierung und Individualisierung der Lebensverhältnisse tritt in allen Mitgliedstaaten ein, und zwar umso tiefgreifender, je mehr sie in den grenzüberschreitenden Wirtschaftsverkehr inkludiert sind. Die Nationen verlieren dadurch ein erhebliches Maß ihrer Homogenität und kollektiven Identität, und zwar ganz klar als Folge ihrer Durchdringung durch den Binnenmarkt. Ein Spillover-Effekt vom Binnenmarkt auf die Struktur und kollektive Identität der Nationen findet demnach ganz unzweifelhaft statt (Kaelble 1997).

Die Nationen gleichen sich durch ihre innere Pluralisierung an. Damit einher geht eine nationenübergreifende Standardisierung der Lebensverhältnisse. Es ist eine Standardisierung in der Pluralisierung zu beobachten. Es nimmt beispielsweise die Vielfalt der in einer Stadt angebotenen Küchen unterschiedlicher nationaler Herkunft zu, gleichzeitig werden die Speisen in einer standardisierten Form angeboten, so dass in der ganzen Welt das Essen beim Italiener, Griechen, Türken oder Chinesen ein und dasselbe ist. Wer zum Essen ausgeht, hat überall in der Welt eine größere Auswahl aus unterschiedlichen nationalen Küchen als zuvor, das Angebotene ist aber tendenziell überall dasselbe. Im gleichen Zuge verlieren die heimischen Küchen ihren für die kollektive Identität prägenden Charakter. Auch in die Küchen der einzelnen Haushalte ziehen über das immer vielfältigere Angebot an Kochbüchern die unterschiedlichsten Esskulturen in standardisierter Form ein. Über eine gemeinsame Esskultur können deshalb Kollektivitäten kaum noch identifiziert werden. Wegen der starken regionalen Differenzierung der Esskulturen, handelt es sich hier um einen Wandel, der weniger die nationalen und mehr die subnationalen regionalen Identitäten betrifft. Da jedoch im Außenverkehr spezifische regionale Esskulturen als Repräsentanten der nationalen Kultur dienen, ist dieser Wandel auch für die nationale Identität relevant.

Nach oben handelt es sich hier um einen Prozess, der über Europa hinausgeht und weltweit wirksam ist. In vollkommen standardisierter Form äußert er sich in den Fast-Food-Ketten, die dem von McDonald's eingeführten Muster folgen. Ein anderes Beispiel sind Jugendkulturen. Sie haben sich überall in der Welt vervielfältigt, sind aber an jedem Ort der Welt fast dieselben mit entsprechenden Kleiderordnungen und Verhaltensmustern (Ueltzhöffer 1999). Dasselbe gilt für die Freizeitkulturen. Theater, Musical, Film, Konzerte, Raves, Erlebnisparks, Fernsehen, Sport vom Krafttraining zu Mountainbike, Rollerblade, Tennis, Squash oder Golf bilden grenzenlos das gleiche vervielfältigte Angebot. Auch die Freizeitkulturen taugen nicht mehr für die Kennzeichnung nationaler Kollektividentitäten.

Die Angleichung durch Pluralisierung reicht ebenso tief in die Arbeitswelt hinein. Technische Rationalisierungsprozesse, zunehmende Direktinvestitionen im Ausland mit entsprechenden Produktions- und Vertriebseinheiten, die Globalisierung des Diskurses über Managementstile, multinationales Führungspersonal, rascher Strukturwandel, Differenzierung der Beschäftigungsstruktur und business re-engineering sorgen überall in der Welt für eine Standardisierung der Organisationsstrukturen und -kulturen. Gleichzeitig haben sich die Verhältnisse intern erheblich differenziert. Die Wirtschaft eines Landes wird nicht mehr durch eine dominante Industriestruktur mit spezifischen Branchen repräsentiert, sondern wird durch das Aufkommen neuer Industrien und Dienstleistungen (Biotechnologie, Software, Finanzdienstleistungen, Information und Kommunikation) pluralisiert. Dasselbe gilt für die Struktur der Erwerbstätigkeiten, die Struktur der Beschäftigungsverhältnisse und die Struktur der Arbeitsbeziehungen. Die industriellen Beziehungen zwischen Arbeitgebern und Arbeitnehmern auf betrieblicher, sektoraler und dachverbandlicher Ebene weisen in jedem Land eine historisch gewachsene, identitätsprägende Struktur auf. Auch diese nationalen Identitätsmerkmale verblassen in zunehmendem Maße, indem sich in jedem Land ein Trend zur Schwächung der Gewerkschaften mit Mitgliederverlust, zur Dezentralisierung der Verhandlungen mit Verlagerung auf die betriebliche Ebene und zur Flexibilisierung von Tarifabschlüssen eingestellt hat. Die Angleichung zwischen Nationen durch Pluralisierung und Flexibilisierung der Arbeitsverhältnisse wird in der einschlägigen Literatur als „desorganisierter Kapitalismus" oder als „Neovoluntarismus" beschrieben (Lash/Urry 1987; Streeck 1996).

Das religiöse Bekenntnis ist im europäischen Staatsbildungsprozess nach dem Prinzip „cuius regio, eius religio" zu einem bestimmten Merkmal der kollektiven Identität der Nationen geworden (Schilling 1991). Nationen mit Konfessionsspaltungen hatten erhebliche Probleme bei der Bewältigung der damit verbundenen Spannungen. Großbritannien hat dieses Problem in Nordirland bis heute noch nicht lösen können. Das ist aber auf lange Sicht gesehen eine Ausnahme. Die lange Sicht sagt, dass sich konfessionell unterschiedliche Nationen durch Säkularisierung, Bedeutungsverlust der großen Kirchen für die Lebensführung und religiöse Pluralisierung mittels einer Erweiterung des Spektrums von vor Ort zugänglichen religiösen Gemeinschaften angleichen. Und so ist es mit den Werthaltungen, die der Lebensführung zugrunde gelegt werden. Der Trend zum Abbau von Autoritarismus, blindem Gehorsam, Intoleranz und Fremdenfeindlichkeit und zur Pflege von Freiheit und Selbstverwirklichung, Chancengleichheit für alle, Toleranz und Offenheit gegenüber Fremden schleift die Eigentümlichkeiten von Nationen ab und macht sie auch in dieser Hinsicht weniger unterscheidbar (Ashford/Timms 1992; Barker, Halman/Vloet 1992; Ester/Halman 1994; Meulemann 1999). Das gilt für die große Mehrheit trotz der in der jüngeren Vergangenheit im Gefolge von erhöhter Zuwanderung aufgetretenen fremdenfeindlichen Aktionen radikaler Gruppen. Es ist kaum noch möglich, Verhaltensmuster zu identifizieren, die für die kollektive Identität einer Nation charakteristisch sind, weil sich die Verhaltensmuster vervielfältigt haben, weil in jedem Land nahezu dieselbe Vielfalt an Verhaltensmustern zu beobachten ist und weil diese Vielfalt zugleich in standardisierter Form in jedem Land verbreitet ist. McDonald's gibt es eben überall in gleicher Qualität. McDonald's ist jedoch nur ein Beispiel unter vielen. Neben McDonald's steht eine Vielzahl anderer Fast-Food-Ketten und eine Vielzahl anderer überall in standardisierter Form angebotener Esskulturen. Dieses Prinzip durchzieht das gesamte gesellschaftliche Leben. Es gibt dementsprechend immer weniger, was der Deutsche mit allen anderen Deutschen teilt und was ihn von Engländern, Franzosen oder Italienern unterscheiden würde.

Diese innere Pluralisierung der Werthaltungen und Verhaltensmuster reicht tief in die Zivilgesellschaft hinein und äußert sich im Vereinigungsverhalten. Die großen Kirchen und Verbände mussten Platz für eine immens gewachsene Zahl kleinerer und kleinster Vereinigungen, Initiativen und Selbsthilfegruppen machen. Das heißt auch, dass die großen Kirchen und Verbände weniger beanspruchen können, die Nation in großen Teilen zu repräsentieren. Diese Schwierigkeit, die gewachsene Vielfalt zu repräsentieren, schlägt auch auf die Parteien und schließlich auf die Regierungen im Außenverkehr durch. Was soll das nationale Interesse sein, das eine Regierung bei supranationalen Verhandlungen repräsentieren soll, wenn die entsprechende Interessenbündelung immer schwieriger wird. Es gibt immer mehr kurzfristige Initiativen oder auch dauerhaftere Vereinigungen, die sich um ein Spezialproblem kümmern und die Fesseln des von der Zusammenarbeit zwischen Kirchen, Großverbänden und Staat geprägten Neokorporatismus sprengen. Gerade in diesem Feld der neuen zivilgesellschaftlichen Initiativen ergeben sich im Vergleich zur ganz überwiegend national organisierten Arbeit der Kirchen und Großverbände neue Chancen der Öffnung über die nationalen Grenzen hinweg. Ein wachsender Teil der entsprechenden Aktivitäten fließt in der Tat in die Arbeit von internationalen Organisationen der Entwicklungshilfe, des Umweltschutzes und des Kampfes für Menschenrechte. Greenpeace und Amnesty International haben durch ihre Aktionen die größte Aufmerksamkeit in der Öffentlichkeit erreicht, sind aber nur zwei Beispiele einer Vielzahl solcher International Nongovernmental Organizations (INGOs) (Boli/Thomas 1999; Keck/Sikkink 1998; Risse/Ropp/Sikkink 1999).

Die Aktivisten dieser Organisationen sind die Pioniere des Aufbaus einer internationalen Zivilgesellschaft. Entscheidend ist, dass die Umstrukturierung der Nationen und der nationalen Zivilgesellschaften und das Entstehen einer internationalen Zivilgesellschaft zwei Seiten ein und derselben Medaille sind. Beide bedingen sich gegenseitig. Ohne den Abbau nationaler Identitäten und die Pluralisierung der nationalen Zivilgesellschaften wäre die Internationalisierung der Zivilgesellschaft nicht möglich, und letztere verstärkt wiederum den nationalen Pluralisierungsprozess. Innere Pluralisierung und äußere Verflechtung schaukeln sich in einen katalysatorischen Prozess gegenseitig auf. Was auf den ersten Blick als eine Entsolidarisierung innerhalb der Wohlfahrtsstaaten erscheint, zeigt sich auf den zweiten Blick auch als ein Prozess der Herausbildung transnationaler Solidaritäten. Transnationale Integration und nationale Desintegration sind untrennbar miteinander verknüpft (Heitmeyer/Anhut 2000).

3. Annäherung der Personen durch Individualisierung: Der europäische Kult des Individuums

Wie lassen sich die soweit entwickelten Überlegungen weiterführen, wenn wir uns jetzt gezielt der Frage der Annäherung der Personen durch die Europäisierung zivilgesellschaftlicher Aktivitäten zuwenden? Es fällt zunächst auf, dass der beschriebene Prozess der Ausdifferenzierung eines Raumes für die zivilgesellschaftliche Selbstorganisation jenseits nationaler Grenzen an den Grenzen Europas nicht haltmacht. Er geht darüber hinaus und ist tendenziell global. Die innere Pluralisierung der Nationen öffnet die Menschen zwar für Europa, aber nicht nur für Europa, sondern für die ganze Welt. Die innere Pluralisierung der Nationen und die Individualisierung der Lebensverhältnisse baut bisherige Schranken ab, erleichtert die innereuropäische Kooperation und schafft Beziehungen über die Grenzen hinweg. Das gilt aber auch für die Kooperation über die Grenzen Europas hinaus. Die Frage ist dann, was die spezifisch europäische Kooperation und die daraus hervorgehende gemeinsame europäische Identität fördert. Das ist die Verdichtung der Netzwerke innerhalb des europäischen Raumes, die aus dem Binnenmarkt und seiner Regulierung durch die EU-Institutionen resultiert (siehe schon Friedrich 1972; weiterhin Mazey/Richardson 1993; Pedler/van Schendelen 1994; Lahusen/ Jauß 2001). Die Zahl innereuropäischer Beziehungen übersteigt deutlich die Zahl außereuropäischer Beziehungen. Allerdings ist die Dichte dieser Beziehungen eingebettet in einen Komplex von Beziehungen, die einerseits über Europa hinausgehen, andererseits innerhalb nationaler und subnationaler Grenzen verharren. Es entsteht also ein Mehrebenennetzwerk zivilgesellschaftlicher Aktivitäten, in dem die spezifisch europäischen Aktivitäten nur eine Ebene darstellen (König/Rieger/Schmitt 1996). Im Vergleich zu den nationalen Zivilgesellschaften auf dem Höhepunkt wohlfahrtsstaatlicher Integration mit ihrer hohen nationalen Verdichtung von Aktivitäten ist dementsprechend die europäische Zivilgesellschaft viel bescheidener ausgeprägt und wird auch niemals dieselbe Verdichtung erreichen können, weil sie immer nur eine Ebene im Mehrebenennetzwerk von der lokalen bis zur globalen Ebene einnehmen kann.

Europa kann nicht die äußere Abgrenzung und innere Homogenisierung mittels Zentralisierung, rechtlicher Vereinheitlichung und bürokratischer Durchdringung bewerkstelligen, wie die Nationalstaaten. Während sich die Nationalstaaten nach einer Logik der politischen Integration entwickelten, folgt Europa einer Logik der wirtschaftlichen Integration, und diese Logik sprengt alle äußeren und inneren Fesseln. Sie erweitert den europäischen Binnenmarkt um den freien Weltmarkt und sperrt sich gegen eine Regulierung, die innere Differenzierung, Pluralisierung und Individualisierung unterbindet. Die Europäisierung der kollektiv geteilten Identität stellt deshalb die kollektiv geteilten nationalen Identitäten nicht einfach auf eine höhere Ebene, sie ist vielmehr nur ein Teil der globalen Ausdifferenzierung eines mehrschichtigen Arrangements kollektiver Identitäten, die das einzelne Individuum insgesamt unabhängiger machen und dessen Individualität und damit einhergehende Abstraktion des moralischen Bewusstseins stärkten. Die Menschen werden in diesem Prozess nicht mit Haut und Haaren Europäer von der Qualität ihrer alten nationalen Identität, sondern autonome Individuen, die unterschiedliche Kollektivmitgliedschaften und damit verbundene Loyalitätserwartungen in zunehmendem Maße in einem abstrakten Rahmen zu relativieren und zu koordinieren verstehen. Die europäische Bürgerschaft ist nur ein Teil eines komplexen Gefüges von Bürgerschaften auf lokaler, regionaler, nationaler und globaler Ebene (Meehan 1993; Soledad 1993; O'Leary 1996). Die vertikale Differenzierung in unterschiedliche Ebenen der Kollektivmitgliedschaft wird außerdem noch ergänzt durch die Pluralisierung von Mitgliedschaften auf horizontaler Ebene, etwa nach Geschlecht, ethnischer Herkunft, Religion, Milieus, sowie spezifischen Idealen und Interessen. Dementsprechend pluralisiert sich die Zivilgesellschaft. Das Ensemble von Kirchen und Großverbänden, das bislang die Szene beherrscht hat, sieht sich immer mehr ergänzt durch neue Vereinigungen, Initiativen und Selbsthilfegruppen. Die Europäisierung der Zivilgesellschaft bedeutet deshalb nicht einfach nur die Herausbildung von europäischen Dachverbänden der vorhandenen nationalen Großverbände, sondern gerade auch die Forcierung neuer Vereinigungen, Initiativen und Selbsthilfegruppen im Rahmen des erweiterten Handlungsspielraumes.

Das Entstehen europäisch vernetzter Initiativen trägt ein Stück zur inneren Pluralisierung der nationalen Zivilgesellschaften bei und lenkt die Entwicklung einer europäischen Zivilgesellschaft in die Bahnen des Pluralismus einer Vielzahl einzelner Initiativen. Eine besondere Bedeutung haben dabei die innereuropäischen Grenzregionen. Ein Beispiel bietet die Grenzregion von Elsaß, Lothringen, Belgien, Luxemburg, Niederlande, Baden-Württemberg, Saarland, Rheinland-Pfalz und Nordrhein-Westfalen. Hier, in einer Grenzregion, in der gerade zwischen den deutschen Bundesländern und den angrenzenden Regionen von den beiden Weltkriegen her noch besondere wechselseitige Vorbehalte bestehen, bilden sich in den grenzüberschreitenden gemeinsamen Projekten Verdichtungen einer europäischen Zivilgesellschaft. Europa wird also eine Zivilgesellschaft der vielen kleineren grenzüberschreitenden Projekte sein und insgesamt den Pluralismus der zivilgesellschaftlichen Vereinigungen steigern. Dabei wird ein größeres Gewicht der zivilgesellschaftlichen Selbstorganisation zufallen, weil sich der gewachsene Pluralismus nicht wie in den Nationalstaaten in das Gehäuse eines zentral organisierten Nationskultes einsperren und auch nicht auf die Ebene eines europaweiten öffentlichen Diskurses heben lässt (Gerhards 1993, 2000). Weder das streng republikanische noch das deliberative Modell erscheinen für die Entwicklung einer europäischen Zivilgesellschaft angemessen. Gegen den Kult einer europäischen Nation spricht die Tatsache, dass Europa nur ein Teil eines zunehmend vielschichtigeren Arrangements kollektiver Identitäten ist. Alles, was man in dieser Richtung tun mag – Wahl eines europäischen Präsidenten, Stärkung des europäischen Parlaments, jährliche Ansprachen des Präsidenten zur Lage der „europäischen Nation", ein europäischer Feiertag – wird nichts an der Tatsache ändern, dass sich die Menschen nicht exklusiv von der europäischen Kollektivmitgliedschaft vereinnahmen lassen werden, auf keinen Fall in einem Ausmaß, das uns von der Geschichte der europäischen Wohlfahrtsstaaten bekannt ist. Europa ist viel eher ein wesentlicher neuer Stützpfeiler eines Kultes des Individuums (Durkheim 1973a; 1973b), der auf die Beseitigung jeglicher Formen der Diskriminierung ausgerichtet ist und in dieser Richtung die nationalen Rechtstraditionen unter Veränderungs druck setzt, mit der Folge der Erweiterung individueller Handlungsspielräume in allen Lebensbereichen.

Bestehende Kollektivzwänge auf nationaler Ebene werden durch die Europäisierung der Rechtsprechung zurückgedrängt. Dieses Modell einer europäisch induzierten Stärkung der Rechte des Individuums und einer dadurch forcierten Pluralisierung der Zivilgesellschaft mit einer entsprechenden Verlagerung der Gewichte weg von der staatlichen und hin zur zivilgesellschaftlichen Produktion der Wohlfahrt durch Selbstorganisation könnte eher noch durch ein deliberatives Element des öffentlichen Diskurses als durch den Kult einer europäischen Nation ergänzt werden. Man könnte sagen, dass der Europäische Gerichtshof die Rolle der diskursiven Grundlegung der auf die Autonomie des Individuums abstellenden europäischen Rechtsordnung im Rahmen der vom europäischen Vertragswerk vorgesehenen Binnenmarktphilosophie ausübt (Dehousse 1998). Er führt stellvertretend einen Diskurs über eine auf der Autonomie des Individuums aufbauenden Rechtsordnung, dies allerdings bislang noch in einer von der Öffentlichkeit wenig wahrgenommenen Expertenrunde. Eine Europäisierung der Öffentlichkeit könnte auch nicht direkt auf die Arbeit des EuGH bezug nehmen, sondern allenfalls einen Hintergrund bilden, vor dem erst die Rechtssetzungsprozesse in der Europäischen Kommission, im Europäischen Ministerrat und im Europäischen Parlament stattfinden könnten. Gegen die Möglichkeit einer solchen repräsentativen europäischen Meinungsbildung spricht wieder die unausweichlich bleibende Vielschichtigkeit der kollektiven Identitäten, der eine Vielschichtigkeit der Arenen öffentlicher Deliberation korrespondiert. Auch die zunehmende Herausbildung von Plattformen der europäischen Deliberation wird nichts daran ändern, dass diese Plattformen horizontal nach Issues differenziert sein werden und in vertikaler Hinsicht nur eine unter mehreren Ebenen darstellen werden. Dem Pluralismus der zivilgesellschaftlichen Selbstorganisation wird der Pluralismus und die Vielschichtigkeit von Arenen der öffentlichen Deliberation entsprechen (Eder/Hellmann/Trenz 1998; Eder/Kantner 2000).

Es spricht vieles dafür, dass weder das republikanische noch das deliberative Modell der Kompensation des zivilgesellschaftlichen Partikularismus für die Strukturierung der europäischen Zivilgesellschaft geeignet sind. Das verhindert allerdings nicht, dass das Verhältnis der Europäischen Kommission zu den zivilgesellschaftlichen Vereinigungen in der Vergangenheit mit der Methode der sektoralen Konzertierung am ehesten dem französischen Modell der gezielten Zusammenarbeit mit privilegierten europäischen und nationalen Verbänden gefolgt ist. Die im Vergleich zur französischen Administration viel geringeren Ressourcen an eigener Expertise in den Abteilungen der Kommission hat dabei die an der sektoralen Konzertierung mitwirkenden Verbände in eine noch bessere Position als auf der nationalen Ebene gebracht. Die Kommission ist mangels eigener Ressourcen in erheblichem Maße auf das Wissen der Verbände angewiesen und damit von ihrer Mitarbeit abhängig. Die Verbände haben dadurch besonders gute direkte Einflussmöglichkeiten, ohne sich in der Öffentlichkeit rechtfertigen zu müssen, zumal es nur eine gering ausgeprägte Kontrolle durch das Europäische Parlament und durch einen europäischen öffentlichen Diskurs gibt (Mazey/Richardson 1993; Pedler/van Schendelen 1994; Lahusen/Jauß 2001). Es ist deshalb nicht überraschend, dass die Kommission im Frühjahr 1999 ins Zwielicht der Korruption geraten ist und nach vergeblichen Versuchen der Abwiegelung zurücktreten musste. Insbesondere die Vergabe von Fördermitteln erfolgte in Gestalt der Privilegierung von Projekten, deren Initiatoren einen besonders guten persönlichen Draht zu den entsprechenden Stellen der Kommission hatten. Man kann hier die krassen Auswüchse eines Systems erkennen, in dem der zivilgesellschaftliche Partikularismus ohne Filter einer Rechtfertigung im öffentlichen Raum direkten Zugang zu den Schaltstellen der Macht hat. Hier rächt sich die mangelnde Kontrolle der europäischen Verwaltung durch das Parlament und der mangelnde Zwang zur öffentlichen Rechtfertigung von Verfahren der Mittelzuwendung. Inzwischen hat die Kommission Transparenz und Öffnung ihrer Entscheidungsprozesse für ein größeres Spektrum von zivilgesellschaftlichen Vereinigungen und Initiativen zum Programm erklärt. Was insbesondere erforderlich wäre, ist ein Verständnis der zivilgesellschaftlichen Selbstorganisation und der Beteiligung an politischen und administrativen Verfahren als öffentliche Angelegenheit, für die es einer entsprechenden breiten Öffnung für Vereinigungen und Initiativen und der Einrichtung von Plattformen des öffentlichen Diskurses bedarf. Damit würde man sich von dem französischen Modell der sektoralen Konzertierung in der direkten Zusammenarbeit der Kommission mit privilegierten Verbänden, Vereinigungen und Projekten entfernen und sich ein Stück weit einem mit deliberativen Elementen durchsetzten liberal-pluralistischen Modell nähern. Das Modell der sektoralen Konzertierung ohne Kult einer europäischen Nation steigert die staatliche Privilegierung partikularer Interessen noch über das in Frankreich zu beobachtende Ausmaß hinaus. Sie ist die reale Basis des seit der Debatte über den Maastrichter Vertrag von 1991 zum Problem erhobenen Misstrauens gegenüber einer weiteren Verlagerung von Kompetenzen nach Brüssel. In der Rede vom „demokratischen Defizit" der Europäischen Union geht es im Kern um die geringe öffentliche Kontrolle der Verflechtung zwischen zivilgesellschaftlichem Partikularismus und administrativer Macht (Lepsius 1991; Bach 1999; Neunreither/Wiener 2000).

Da aber die Gestaltung des Binnenmarktes mit seiner Ausstrahlung in alle Lebensbereiche hinein eine parallele Ausdifferenzierung einer europäischen Zivilgesellschaft verlangt, ist die Rückverlagerung der zivilgesellschaftlichen Integration und ihrer Einbeziehung in politische und administrative Entscheidungsverfahren auf die nationale Ebene kein gangbarer Weg. Eine dem Nationalstaat nachgebildete Verknüpfung von europäischer Zivilgesellschaft und europäischer Repräsentativdemokratie, die der neokorporatistischen Zusammenarbeit von Verbänden und Staat die zentrale öffentliche Meinungsbildung und parlamentarische Willensbildung zur Begrenzung des Partikularismus mittels öffentlichem Rechtfertigungszwang entgegensetzt, ist unter den Bedingungen der Vielschichtigkeit und Pluralität kollektiver Identitäten aber nicht möglich. Realisierbar ist deshalb nur ein Modell, das die Vielschichtigkeit und Pluralität der Zivilgesellschaft und der Identitäten positiv aufnimmt und durch eine parallele Vielschichtigkeit und Pluralität von grundsätzlich offenen und transparenten politischen und administrativen Entscheidungsverfahren und Arenen des öffentlichen Diskurses, das heißt von entsprechenden „Teilöffentlichkeiten" ergänzt. In diesem Sinne würde das französisch geprägte europäische Modell der sektoralen Konzertierung durch Elemente des liberal-pluralistischen Modells unter Einbeziehung deliberativer Verfahren erweitert. Angesichts der bestehenden Verwurzelung des Modells der sektoralen Konzertierung kann es sich dabei allerdings nur um eine pfadabhängige Erweiterung, nicht um einen radikalen Wandel hin zur amerikanischen Realität des Pluralismus handeln. Die Pluralisierung der Mitgliedschaften und die Individualisierung der Lebensverhältnisse drängen zudem in die Richtung eines Rückzugs der staatlichen Wohlfahrtsproduktion zugunsten der zivilgesellschaftlichen Selbstorganisation, dies allerdings wiederum pfadabhängig als Verlagerung der Gewichte und nicht als radikaler Paradigmenwechsel.

Es stellt sich in diesem Zusammenhang die Frage, ob in Europa eine ähnliche Tendenz der Verdrängung des individualistischen Pluralismus durch den Gruppenpartikularismus wie in der jüngeren Vergangenheit in den Vereinigten Staaten auftreten wird (Schlesinger 1992). Eine solche Tendenz könnte dadurch eingeleitet werden, dass die Politik der Beseitigung von Marktzutrittsschranken und die EuGH-Rechtsprechung der Beendigung von Diskriminierung auf askriptive Merkmale wie Nationalität, Ethnie, Sprache, Religion, Geschlecht oder Heterosexualität versus Homosexualität und auf die Quotierung des Zugangs zum Markt und zu öffentlichen Institutionen eingestellt wird. Die Realität ist davon noch weit entfernt, weil dafür die in den Vereinigten Staaten durch die Bürgerrechtsbewegung eingeleitete Rahmung des öffentlichen Diskurses durch die Teilhabe an den Bürgerrechten nach askriptiven Merkmalen fehlt. Das liegt vor allem daran, dass die Teilhabe ethnischer Minderheiten an der Gesellschaft bislang überwiegend nicht als eine Frage der Integration ganzer Gruppen behandelt wurde, sondern als eine Frage der Integration des einzelnen Individuums (Joppke 1999). In Frankreich hat man auf Assimilation gesetzt und die ethnischen Kulturen als Privatangelegenheit definiert, in Deutschland hat man bis vor kurzem gar nicht mit einem dauerhaften Verbleiben der ethnischen Minderheiten gerechnet. Erst in der jüngsten Vergangenheit hat ein Paradigmenwechsel stattgefunden, nach dem jetzt auf individuelle Integration durch erleichterten Zugang zur Staatsbürgerschaft mittels Zuwanderungsgesetz umgestellt wird. Das geplante Zuwanderungsgesetz ist auf die Strukturierung der Zuwanderung nach Kriterien der erwartbaren erfolgreichen Integration aufgrund von Verwandtschaft, Sprachkenntnissen und Bildungsqualifikationen ausgerichtet. In Großbritannien allerdings folgt die Integrationspolitik dem Muster der Toleranz gegenüber der Kultur ethnischer Minderheiten. Sie sollen als Gruppe nicht diskriminiert werden. Die lokalen Race-Relations-Councils sollen ein harmonisches Zusammenleben der ethnischen Gruppen gewährleisten. Dieses Modell weist Ähnlichkeiten zum amerikanischen Modell auf, unterscheidet sich davon aber durch die größere Bedeutung, die der informellen voluntaristischen Organisation des Zusammenlebens ethnischer Gruppen unterhalb gesetzlicher Regelungen und rechtlicher Auseinandersetzungen gegeben wird. Der Kampf um Quoten ist noch nicht so weit fortgeschritten wie in den Vereinigten Staaten, weil die Beseitigung von Diskriminierung immer noch mehr als Toleranz gegenüber dem anderen in seiner eigenen Welt und weniger als Teilhabe des anderen an der ursprünglich von den Weißen beherrschten Welt definiert wird. Im europäischen Vergleich besteht allerdings in Großbritannien am ehesten das Potential für ein Umschlagen des Pluralismus in einen ausgeprägten Gruppenpartikularismus. Man muss dabei sehen, dass die Barrieren gegen die Tendenzen zum Zerfall der Zivilgesellschaft in den Gruppenpartikularismus in Europa vor allem durch die unbefragte Dominanz der alteingesessenen Bevölkerung mit ihrem jeweiligen Lebensstil aufrechterhalten werden, auf dem Kontinent wie auch auf den britischen Inseln. Sowohl das kontinentaleuropäische Modell der individuellen Integration durch Assimilation als auch das britische Modell der Integration durch Toleranz gegenüber Minderheiten *neben*, aber nicht *in* der weißen Mehrheitsgesellschaft laufen darauf hinaus und unterscheiden sich grundsätzlich vom amerikanischen Modell einer pluralistisch zusammengesetzten Nation, die sich in Richtung des Multikulturalismus bewegt. Deshalb ist auf absehbare Zeit von einer Pluralisierung und stärkeren Selbstorganisation der Zivilgesellschaft im europäischen Mehrebenensystem kein mit den Vereinigten Staaten vergleichbarer Rückfall in den Gruppenpartikularismus zu erwarten.

Im Mehrebenensystem werden sich die in den Mitgliedsstaaten historisch gewachsenen Modelle der Zivilgesellschaft in die Richtung der Inkorporation pluralistischer Elemente erweitern. In diesem Sinne wird sich in Frankreich der Partikularismus der Konzertierung des Staates mit privilegierten Verbänden durch größere Transparenz und Inklusion eines breiteren Spektrums von Vereinigungen und Initiativen, einschließlich ethnischer Minderheiten, verändern, jedoch ohne völlige Preisgabe der Prinzipien des etatistischen Republikanismus. In Deutschland sehen wir die exklusive Zusammenarbeit der Großverbände mit dem Staat und deren Ergänzung durch repräsentative Meinungs- und Willensbildung durch die zunehmenden Aktivitäten neuer Vereinigungen und Initiativen unter Öffnungsdruck. In Großbritannien öffnet sich der Voluntarismus der informellen Regelung zivilgesellschaftlicher Angelegenheiten ebenfalls für neue Vereinigungen und Initiativen. Im Rahmen des Mehrebenensystems verlieren nationale Vereinigungen an Bedeutung, weil sie Platz für europäische und globale Aktivitäten auf der einen Seite und für regionale und lokale Aktivitäten auf der anderen Seite machen müssen. Die europäische Zivilgesellschaft wird eine Ebene zivilgesellschaftlicher Aktivitäten sein, auf der sich das Muster der sektoralen Konzertierung in die Richtung der Öffnung für ein breiteres Spektrum an Vereinigungen und Initiativen, von mehr Transparenz durch die Zugänglichkeit von Informationen über Verwaltungsvorgänge und einer wichtigeren Rolle der öffentlichen Rechtfertigung von Entscheidungen in Arenen von Teilöffentlichkeiten bewegen wird (Eder/ Kantner 2000).

4. Über Europa hinaus: Pluralisierung der globalen Zivilgesellschaft, Individualisierung der Weltbürger

Wenn wir in diesem Zusammenhang einen Blick auf das Entstehen einer globalen Zivilgesellschaft werfen, dann gilt es zu betonen, dass sie derselben Logik folgt wie die Herausbildung einer europäischen Zivilgesellschaft. Sie fügt dem vielschichtigen Arrangement von Ebenen zivilgesellschaftlicher Aktivitäten und kollektiver Identitäten eine weitere Ebene hinzu, und zwar ganz wie auf der europäischen Ebene insbesondere im Kielwasser der globalen ökonomischen Integration. Wieder spielen relativ junge internationale Vereinigungen (INGOs) eine wichtige Rolle beim Vorantreiben der zivilgesellschaftlichen Globalisierung. Weil die etablierten Großverbände von den Problemen der nationalen zivilgesellschaftlichen Selbstorganisation absorbiert werden, entsteht im Prozess der Globalisierung jenseits nationaler und europäischer Grenzen ein Raum für neue zivilgesellschaftliche Aktivitäten. Es handelt sich dabei um unzählige grenzüberschreitende Projekte eines seit den siebziger Jahren enorm gewachsenen Netzwerks von internationalen Organisationen im Bereich von Entwicklungshilfe, humanitärer Hilfe, Menschenrechten und Umweltschutz. Man kann sagen, dass die globale Zivilgesellschaft durch eine immer größere Zahl von oft kleinen und kleinsten Projekten allmählich zusammenwächst. Sie wird immer diesen sehr pluralistischen und projektartigen Charakter haben, weil Zivilgesellschaft kein Abstraktum in den Köpfen der Menschen ist, sondern gelebtes Miteinander und aktive Zusammenarbeit, in diesem Fall zwischen Menschen aus unterschiedlichen Kontinenten über alle Grenzen hinweg, aber eben in der Regel an konkreten Orten, wo es spezifische Probleme zu bewältigen gibt. Dagegen wird die Weltgemeinschaft immer ein Abstraktum bleiben, aus dem bei weitem nicht so viel Solidarität, Mitgefühl und Kooperation herauszuholen ist, wie es die Nationalstaaten mit dem Kult der Nation getan haben. Einen Kult der Weltgemeinschaft kann es nur als Kult der Menschenrechte geben, der das Individuum in den Mittelpunkt stellt und kein Kollektiv. Amnesty International hat sich zu einer immer wirksameren internationalen Vereinigung entwickelt, der es gelungen ist, ein globales Netzwerk von Menschenrechtsaktivisten zu knüpfen und in einer Vielzahl von Einzelprojekten die Aufmerksamkeit der Weltöffentlichkeit auf Menschenrechtsverletzungen zu richten und in konkreten Fällen Hilfe zu organisieren.

Die Verfolgung von Kriegsverbrechen und Verbrechen gegen die Menschlichkeit in den Balkankriegen durch den Internationalen Gerichtshof in Den Haag ist ein Meilenstein der weltweiten Durchsetzung der Menschenrechte. Die Einrichtung des Internationalen Strafgerichtshofes in Den Haag wird diesen Weg weiterführen. Was die Menschen auf dieser Basis der seit der Erklärung der Menschenrechte durch die Vereinten Nationen im Jahre 1948 erheblich fortgeschrittenen weltweiten Durchsetzung der Menschenrechte zur globalen Zusammenarbeit führt, sind immer einzelne Projekte, bei denen es darum geht, humanitäre Hilfe zu leisten, in Notlagen zu helfen, die Voraussetzungen für ein menschenwürdiges Leben zu schaffen, Menschen konkret gefährdende Umweltkatastrophen zu vermeiden. Dafür bietet der Kult der Menschenrechte ausreichende Ressourcen, die von moralischen Unternehmern gebündelt und in konkreten Projekten in Hilfeleistungen umgesetzt werden. Die Aktivisten der internationalen Vereinigungen und Initiativen sind die moralischen Pioniere einer wachsenden globalen Zivilgesellschaft, die nach und nach größere Teile der Menschheit zum Zweck der finanziellen Unterstützung und auch Mitarbeit in konkreten Projekten mobilisieren (Risse/Ropp/Sikkink 1999). Dass sie dadurch moralische Ressourcen von ihrer Bindung an nationale Solidarität loseisen und dadurch ein Stück weit zur Desintegration nationaler Zivilgesellschaften beitragen, ist unvermeidlich. Es wäre jedoch falsch, die Herausbildung einer globalen Zivilgesellschaft und einer entsprechenden globalen Identität der Individuen im Verhältnis zum Erhalt der nationalen Zivilgesellschaften und der nationalen Identität der Individuen als Nullsummenspiel zu betrachten. Es handelt sich hier eher um ein Spiel mit wachsender Summe, weil die globale Kooperation Handlungsspielräume schafft, die es vorher noch nicht gab und aus denen auch ein Nutzen für die Erneuerung der nationalen Zivilgesellschaften gezogen werden kann. Das ist dann der Fall, wenn das Niveau zivilgesellschaftlicher Aktivitäten insgesamt gesteigert werden kann, wenn es mehr Projekte und mehr aktive Menschen gibt als zuvor. Das kann durchaus festgestellt werden. Zwar leiden die Großorganisationen an Mitgliederschwund, statt dessen sind aber eine größere Zahl von Vereinigungen und Initiativen aktiv als jemals zuvor und zwar solche mit globalem Zuschnitt, aber auch ebenso welche, die sich mit lokalen Problemen beschäftigen (Boli/Thomas 1999).

In einem Projekt wie der Agenda 21 finden wir die globale Vernetzung einer sehr großen Zahl lokaler Initiativen. Die neuen Vereinigungen und Initiativen können Menschen mobilisieren, die von den traditionellen Vereinigungen nicht erreicht werden. In diesem Sinne kann in der Tat von einem Wachstum der zivilgesellschaftlichen Selbstorganisation gesprochen werden, das von der globalen Ausdifferenzierung der Zivilgesellschaft forciert wird. Die vielen Einzelprojekte bilden den pluralistischen Kern der globalen Zivilgesellschaft, der auch auf der globalen Ebene wie auf der europäischen und nationalen in die Handlungsräume der Politik und der Wirtschaft ausstrahlt und dort für die Inklusion eines breiteren Spektrums der Weltbevölkerung in politische Entscheidungsprozesse und in die ökonomische Wertschöpfung sorgt. Die globalen Organisationen der institutionalisierten Koordination des Wirtschaftsverkehrs, die Weltbank, der Internationale Währungsfonds und die Welthandelsorganisation sind von internationalen Vereinigungen der Frauenbewegung, des Umweltschutzes und der Menschenrechtsbewegung zur Abhaltung regelmäßiger Dialoge bewegt worden (O'Brien/Goetz/Scholte/ Williams 2000). Die älteste Organisation, die seit 1919 bestehende International Labor Organization, bezieht in ihre International Labor Conference neben zwei nationalen Regierungsvertretern immer schon je einen Vertreter der Arbeitgeber und der Gewerkschaften ein. Typischerweise ist sie dadurch aber gerade für andere Vereinigungen nicht zugänglich. Ihre Effektivität ist bisher gering, weil sie über keine Sanktionsverfahren zur Durchsetzung ihrer Vereinbarungen verfügt. In der jüngeren Vergangenheit hat die Partizipation der INGOs an den internationalen Klimakonferenzen größere Aufmerksamkeit erlangt. Was bisher allein eine Sache der Verhandlungen zwischen Vertretern nationaler Regierungen war, wird zunehmend ergänzt durch den Dialog mit internationalen zivilgesellschaftlichen Vereinigungen, die darauf drängen, Fragen des Umweltschutzes, der globalen Gerechtigkeit und der globalen Durchsetzung der Menschenrechte eine größere Beachtung zu schenken. Es wäre jedoch zu weit gegriffen, davon eine Tiefe der umverteilenden Regulierung auf globaler Ebene zu erwarten, wie wir es von den nationalen Wohlfahrtsstaaten gewohnt sind, weil dafür die entsprechende Dominanz der Loyalität zur Weltgemeinschaft fehlt. Die Identität des Weltbürgers wird nur ein Element im vielschichtigen Arrangement von Identitäten sein. Was in diesen Dialogen erreichbar ist, das ist am ehesten die Verwirklichung von Leistungsgerechtigkeit, Chancengleichheit und Fairness für alle Menschen in der ganzen Welt, weil dafür der Kult der Menschenrechte die entsprechende Legitimation und emotionale Unterstützung liefert.

Neben dieser zivilgesellschaftlichen Durchdringung des globalen politischen Raumes ist an die entsprechende Durchdringung des wirtschaftlichen Raumes zu denken. Sie äußert sich zum Beispiel in Aktionen, in denen internationale Vereinigungen für Menschenrechte, Entwicklungshilfe und Umweltschutz multinationalen Konzernen in öffentlichen Kampagnen und direkten Verhandlungen die Anwendung westlicher Standards in der Beschäftigung von Arbeitnehmern in Entwicklungsländern und die Beachtung von Anforderungen der Menschenrechte und des Umweltschutzes abringen, wodurch diese

Unternehmen neue Standards für die Wirtschaft vor Ort in den Entwicklungsländern setzen (Schneider/Ronit 1999) Solche Initiativen wirken darauf hin, dass auf globaler wie auf europäischer und nationaler Ebene die ausdifferenzierten politischen und ökonomischen Räume in Prozesse der zivilgesellschaftlichen Inklusion der Weltbevölkerung in die Teilhabe an Menschenrechten eingebunden werden. Dabei kann es sich allerdings um nicht mehr als Standards handeln, die für weltweite Leistungsgerechtigkeit, Chancengleichheit und Fairness sorgen. Damit wird ein viel größeres Maß der Resultatsungleichheit einhergehen als auf der nationalen Ebene der europäischen Wohlfahrtsstaaten. Umso bedeutsamer sind die vielen konkreten Einzelprojekte der zivilgesellschaftlichen Aktivitäten internationaler Vereinigungen, die Hilfe in Notfällen leisten, einzelne Menschen unterstützen, Entwicklung zur Selbsthilfe bieten oder die Chancen zur Behauptung im internationalen Austausch verbessern. Globale Solidarität wird weniger eine Sache globaler Regulierung durch internationale Organisationen sein, sondern viel mehr eine Sache vieler kleiner Einzelprojekte zivilgesellschaftlicher Selbstorganisation. Globale Gerechtigkeit kann nicht in die Hände einer „Weltregierung" oder eines „Weltparlaments" gelegt werden; sie kann nur in dem Maße wachsen, in dem die spontane zivilgesellschaftliche Selbstorganisation im globalen Raum voranschreitet (Amnesty International 1997; Human Rights Watch 1997). Was für die globale Ebene gilt, das erhält auch auf nationaler Ebene wachsende Bedeutung. Auch innerhalb der Nationalstaaten wird sich die Verwirklichung von Gerechtigkeit infolge der Relativierung nationaler Solidarität im Mehrebenensystem weniger als staatliche Garantie relativ gleicher Lebensbedingungen für alle und mehr in vielen Einzelprojekten der zivilgesellschaftlichen Selbstorganisation vollziehen, die sich auf die gewachsene Vielfalt individueller Hilfsbedürftigkeit besser einstellen können als staatliche Behörden und Großverbände. Da sich kollektive Identitäten pluralisieren und persönliche Identitäten individualisieren, wird auch die Inklusion der Schwächeren in die Teilhabe an den Menschen- und Bürgerrechten nicht einheitlich und kollektivistisch, sondern pluralistisch und individualisiert erfolgen. Die Pluralisierung der globalen Zivilgesellschaft und die Individualisierung der Weltbürger entwickeln sich Hand in Hand über den Prozess der europäischen Pluralisierung und Individualisierung hinaus. Der europäische Bürger kann nur ein Teil im vielschichtigen Arrangement von Identitäten zwischen dem Gemeindebürger, dem Staatsbürger und dem Weltbürger sein (Münch 1993: 15-104; 1998: 267-324; 2001: 207-43).

Literatur

Amnesty International: Jahresbericht 1997. Frankfurt a. M.: S. Fischer, 1997

Ashford, Sheena/Timms Noel: What Europe Thinks. A Study of Western European Values. Aldershot: Dartmouth, 1992

Bach, Maurizio: Die Bürokratisierung Europas. Frankfurt a. M./New York: Campus, 1999

Barker, David/Halman Loek/Vloet Astrid: The European Values Study 1981-1990. Summary Report. London: Fishburn, Hedges, Boys, Williams, 1992

Blair, Tony: Committed to Europe, Reforming Europe. Rede des Premierministers. Rathaus von Gent, Belgien, 23. Februar 2000

Boli, John/Thomas George M. (Hrsg.): Constructing World Culture. International Nongovernmental Organizations Since 1875. Stanford: Stanford University Press, 1999

Cappelletti, Mauro/Seccombe, Monica/Weiler, Joseph (Hrsg.): Integration Through Law. Europe and American Federal Experience. Bd. 1. Berlin/New York: de Gruyter, 1986

Dehousse, Renaud: The European Court of Justice. Basingstoke: McMillan, 1998

Durkheim, Emile: Individualism and the Intellectuals. In: E. Durkheim: On Morality and Society. Hrsg. von R.N. Bellah. Chicago: University of Chicago Press, 1973a, S. 43-57

Durkheim, Emile: The Principles of 1789 and Sociology. In: Emile Durkheim: On Morality and Society. Hrsg. von R. N. Bellah. Chicago: University of Chicago Press, 1973b, S. 34-42

Durkheim, Emile: Über die Teilung der sozialen Arbeit. Frankfurt a. M.: Suhrkamp, 1977

Eder, Klaus/Hellmann, Kai-Uwe/Trenz, Hans-Jörg: Regieren in Europa jenseits öffentlicher Legitimation? Eine Untersuchung zur Rolle der Öffentlichkeit in Europa. In: Kohler-Koch, Beate (Hrsg.): Regieren in entgrenzten Räumen. Opladen: Westdeutscher Verlag, 1998, S. 321-44

Eder, Klaus/Kantner, Cathleen: Transnationale Resonanzstrukturen in Europa. Eine Kritik der Rede vom Öffentlichkeitsdefizit. In: Bach, Maurizio (Hrsg.): Die Europäisierung nationaler Gesellschaften. Wiesbaden: Westdeutscher Verlag, 2000, S. 306-31

Ester, Peter/Halman, Loek: Empirical Trends in Religious and Moral Beliefs in Western Europe. In: Haller, Max/Richter, Rudolf (Hrsg.): Toward a European Nation. Armonk, New York/London: M.E. Sharpe, 1994, S. 157-82

Fischer, Joschka/Chevenement Jean-Pierre: Streitgespräch Joschka Fischer contra Jean-Pierre Chevenement. In: DIE ZEIT, 21. Juni 2000

Fischer, Joschka: From Confederacy to Federation – Thoughts on the Finality of European Integration. Rede von Joschka Fischer an der Humboldt-Universität Berlin. 2000

Friedrich, Carl J.: Europa – Nation im Werden? Bonn: Europa Union Verlag, 1972

Gerhards, Jürgen: Westeuropäische Integration und die Schwierigkeiten der Entstehung einer europäischen Öffentlichkeit. In: Zeitschrift für Soziologie, 22(1993)96-110

Gerhards, Jürgen: Europäisierung von Ökonomie und Politik und die Trägheit der Entstehung einer europäischen Öffentlichkeit. In: Bach, Maurizio (Hrsg.): Die Europäisierung nationaler Gesellschaften. Wiesbaden: Westdeutscher Verlag, 2000, S. 277-305

Green, Nicholas/Hartley Trevor C./Usher John A.: The Legal Foundations of the Single European Market. Oxford: Oxford University Press, 1991

Haas, Ernst B.: The Uniting of Europe. Stanford: Stanford University Press, 1958

Haas, Ernst B.: The Obsolescence of Regional Integration Theory. Berkeley: University of California Press, 1975

Heitmeyer, Wilhelm/Anhut, Reimund (Hrsg.): Bedrohte Stadtgesellschaft. Soziale Desintegrationsprozesse und ethnisch-kulturelle Konfliktkonstellationen. Weinheim/München: Juventa, 2000

Hoffmann, Stanley: Obstinate or Obsolete? The Fate of the Nation-State and the Case of Western Europe. In: *Daedalus* 95(1966), S. 862-915

Human Rights Watch: Human Rights Watch Report 1997. Events of 1996. New York: Human Rights Watch, 1997

Kaelble, Hartmut: Europäische Vielfalt und der Weg zu einer europäischen Gesellschaft. In: Hradil, Stefan/Immerfall, Stefan (Hrsg.): Die westeuropäischen Gesellschaften im Vergleich. Opladen: Leske + Budrich, 1997, S. 27-68

Joppke, Christian: Immigration and the Nation-State. The United States, Germany and Great Britain. Oxford: Oxford University Press, 1999

Keck, Margaret E./Sikkink, Kathryn: Activists Beyond Borders. Transnational Advocacy Networks in International Politics. Ithaca, NY: Cornell University Press, 1998

König, Thomas/Rieger, Elmar/Schmitt, Hermann (Hrsg.): Das europäische Mehrebenensystem. Frankfurt a. M./New York: Campus, 1996

Lahusen, Christian/Jauß Claudia: Lobbying als Beruf. Interessengruppen in der Europäischen Union. Baden-Baden: Nomos, 2001

Lash, Scott/Urry John: The End of Organized Capitalism. Madison, Wis.: University of Wisconsin Press, 1987

Le Monde: Le projet d'Europe fédérale reçoit un large soutien en Allemagne. 14. Mai 2000

Lepsius, Rainer Mario: Nationalstaat oder Nationalitätenstaat als Modell für die Weiterentwicklung der Europäischen Gemeinschaft? In: Wildenmann, Rudolf (Hrsg.): Staatswerdung Europas? Optionen für eine Europäische Union. Baden-Baden. Nomos, 1991, S. 19-40

Mattli, Walter: The Logic of Regional Integration. Europe and Beyond. Cambridge: Cambridge University Press, 1999

Mazey, Sonia/Richardson Jeremy (Hrsg.): Lobbying in the European Community. Oxford: Oxford University Press, 1993

Meehan, Elizabeth: Citizenship and the European Community. London: Sage, 1993

Meulemann, Heiner: Beyond Unbelief. Religious Uncertainty and Religious Indifference in Countries with Self-induced and Enforced Secularization. In: European Societies 2(1999), S. 167-94

Moravcsik Andrew: The Choice for Europe: Social Purpose and State Power from Messina to Maastricht. London: UCL Press: 1998

Moravcsik, Andrew: Negotiating the Single European Act: National Interests and Conventional Statecraft in the European Community. In: International Organization 45(1991), S. 19-56

Moravcsik, Andrew: Preferences and Power in the European Community: A Liberal Intergovernmental Approach. In: Journal of Common Market Studies 31(1993), S. 473-524

Münch, Richard: Das Projekt Europa. Zwischen Nationalstaat, regionaler Autonomie und Weltgesellschaft. Frankfurt a. M.: Suhrkamp, 1993

Münch, Richard: Globale Dynamik, lokale Lebenswelten. Der schwierige Weg in die Weltgesellschaft. Frankfurt a. M.: Suhrkamp, 1998

Münch, Richard: Offene Räume. Integration diesseits und jenseits des Nationalstaats. Frankfurt a. M.: Suhrkamp, 2001

Neunreither, Karlheinz/Wiener Antje (Hrsg.): European Integration After Amsterdam. Institutional Dynamics and Prospects for Democracy. Oxford: Oxford University Press, 2000

Nye, Joseph: Patterns and Catalysts in Regional Integration. In: International Organization 19(1965), S. 870-84

O'Brien, Robert/Goetz Anne Marie/Scholte Jan Aart/Williams Marc: Contesting Global Governance. Multilateral Economic Institutions and Social Movements, Cambridge: Cambridge University Press, 2000

O'Leary, Siofra: The Evolving Concept of European Citizenship. The Hague, London, Boston: Kluwer, 1996

Pedler, Robin H./van Schendelen Marinus (Hrsg.): Lobbying the European Union: Companies, Trade Associations, and Issue Groups. Brookfield: Dartmouth, 1994

Risse, Thomas/Ropp Stephen C./Sikkink Kathryn (Hrsg.): The Power of Human Rights. International Norms and Domestic Change, Cambridge: Cambridge University Press, 1999

Schilling, Heinz: Nationale Identität und Konfession in der europäischen Neuzeit. In: Giesen, Bernhard (Hrsg.): Nationale und kulturelle Identität. Frankfurt a. M.: Suhrkamp, 1991, S. 192-252

Schlesinger, Arthur M. Jr.: The Disuniting of America: Reflections on a Multicultural Society. New York: Norton, 1992

Schneider, Volker/Ronit, Karsten: Die Quadratur des Kreises? Der Beitrag transnationaler Unternehmensorganisationen zur Produktion globaler öffentlicher Güter. In: Honegger, C./Hradil, St./Traxler, F. (Hrsg.): Grenzenlose Gesellschaft. Opladen: Leske + Budrich, 1999, Teil II, S. 358-73

Soledad, Garciá: (Hrsg.): European Identity and the Search for Legitimacy. London: Pinter Publisher, 1993

Streeck, Wolfgang: Neo-Voluntarism: A New European Social Policy Regime? In: Marks, G./Scharpf, F. W./Schmitter, Ph. C./Streeck, W.: Governance in the European Union. London: Sage, 1996, S. 64-94

Taylor, Paul: Intergovernmentalism in the European Communities in the 1970s: Patterns and Perspectives. In: International Organization 36(1982), S. 741-66

The Times: German threat to isolate Britain. 13. Mai 2000

Ueltzhöffer, Jörg: Europa auf dem Weg in die Postmoderne. Transnationale soziale Milieus und gesellschaftliche Spannungslinien in der Europäischen Union. In: Merkel, Wolfgang/Busch, Andreas (Hrsg.): Demokratie in Ost und West. Für Klaus von Beyme. Frankfurt a. M.: Suhrkamp, 1999, S. 624-52

Vedrine, Hubert: Klassischer Föderalismus oder Föderation von Nationalstaaten? In: Frankfurter Allgemeine Zeitung, 13. Juni 2000

Weatherhill, Stephen: Law and Integration in the European Union. Oxford: Clarendon Press, 1995

Weiler, Joseph H.: The Constitution of Europe. Cambridge: Cambridge University Press, 1999

Zetterholm, Staffan (Hrsg.): National Cultures and European Integration. Oxford/Providence: Berg, 1994

Zillian, Hans-Georg/Flecker, Jörg (Hrsg.): Flexibilisierung - Problem oder Lösung? Berlin: Sigma, 1998

Demokratie, Identität und Konstitutionalismus in Europa: Ein Kommentar zu Richard Münch[1]

Jenny Carl

In Anknüpfung an den Artikel von Richard Münch sollen im Folgenden zwei Stränge seiner Argumentation aufgegriffen sowie einige Punkte hinterfragt und kritisch in Bezug zur weiteren wissenschaftlichen Diskussion gesetzt werden. Ziel dieses Beitrages ist es nicht, eine abschließende Beurteilung des Themas oder gar eine Patentlösung des Problems europäischer Verfassung und Identität zu präsentieren; vielmehr sollen weitere Zugänge zu dieser Thematik dargelegt werden.

Zum einen vertritt Münch die Auffassung, dass Solidaritäten nicht mehr „mechanisch" den räumlichen oder politischen Kategorien entsprechen, sondern sich „organisch" entlang von Interessenlagen und Konfliktlinien herausbilden, die oft gerade quer zu nationalen oder anderen territorialen Grenzen liegen, womit sie abstrakter und weniger greifbar werden und daher auch weniger Massenintegrationskraft entfalten. Gleichzeitig unterstellt Münch, die Zahl der internationalen Organisationen und Projekte nehme zu. Dadurch würden Handlungsspielräume wesentlich erweitert, sowohl auf nationaler wie auf supranational-globaler Ebene. Dies wirke sich auf die Herausbildung einer supranationalen Zivilgesellschaft und einer entsprechenden Identität positiv aus, bedeute aber nicht eine Konzentration kollektiver Identifikation und zivilgesellschaftlichen Handelns zum Beispiel auf der europäischen Ebene, sondern es handele sich „nur" um das Hinzuwachsen einer neuen Ebene, durch die zivilgesellschaftliches Handeln auf den anderen Ebenen ergänzt und erweitert werden könne (Münch). Dies ist in gewisser Hinsicht eine Weiterentwicklung früherer Positionen Münchs, in denen zwar die Auflösung

---

[1] Verweise ohne Kennzeichnung in diesem Kommentar beziehen sich auf den Beitrag von Münch in diesem Band.

traditioneller Gemeinschaften zugunsten supranationaler Netzwerke konstatiert wurde, aber auch grundsätzliche Möglichkeiten zur Bündelung und Konzentration der Identifikationsbereitschaft der Bürger auf supranationaler Ebene gesehen wurden, wodurch sich „das Denken und Handeln von mehr Menschen als zuvor aus einer gemeinsamen Identität heraus aufeinander abstimmen und koordinieren" lasse (Münch 1995; 1998: 313).

Hinsichtlich des Entwurfs eines europäischen Gesellschaftsmodells, das die Anforderungen der liberalen Demokratie erfüllt, bleibt fraglich, wie dieses konkret umgesetzt werden sollte bzw. könnte. Es wird nicht geklärt, welche Implikationen einer solchen Gesellschaftsordnung für die grundlegende Verfasstheit der Nationalstaaten einerseits und die Neu- bzw. Umgestaltung einer europäischen Gesellschaft und politischen Gemeinschaft andererseits bestehen, in der mehr Bürger als bisher politische Teilnahmerechte haben und diese auch zur aktiven Vertretung ihrer Interessen und Bedürfnisse nutzen können. Das heißt: Die Fragen, wie reell die Möglichkeit ist, dass die nationalen Verfassungen diesen Forderungen angepasst werden, und in welchem Rahmen sich ein solcher Prozess vollziehen kann, bleiben weitestgehend unbeantwortet.

Genau genommen muss sogar hinterfragt werden, ob unter den Bedingungen der Zersplitterung der politischen Sphäre und des zurückgehenden Einflusses „traditioneller" politischer Zusammenschlüsse überhaupt von einer Teilhabe der Bürger am politischen Prozess und damit von Identitätsbildung durch demokratisches Engagement gesprochen werden kann. Nach James Tully werden auf nationaler wie auf europäischer Ebene politische Entscheidungen oft weitgehend den Marktkräften und globalen Regelungsregimen überlassen, die von keinem demokratisch legitimierten Staat mehr kontrollierbar sind. Verfassungsänderungen auf nationaler wie auch auf europäischer Ebene folgen dabei meist Vorschlägen nicht demokratisch gewählter Experten oder Ministerialbeamter, und die Öffentlichkeit werde allenfalls durch massenwirksame Werbekampagnen darüber informiert, ohne jedoch Einfluss auf den politischen Diskurs oder auf die Gestaltung der politischen Systeme ausüben zu können (Tully 2000: 6f.). Zwar würden die Möglichkeiten zur Teilnahme am politischen Prozess für einige Menschen bzw. Schichten erweitert, jedoch betreffe dies nur eine kleine mobile, gut ausgebildete und informierte Minderheit. Die große Mehrzahl der Bürger, die in den bisherigen politischen Organisationen engagiert sind, werde hingegen ausgegrenzt, sofern sie nicht über die erforderliche Bildung sowie die wirtschaftlichen und sozialen Ressourcen und Beziehungen verfüge, die für das Mitwirken in den sich neu entwickelnden Netzwerken nötig sind.

Daher ist fraglich, ob es unter diesen Umständen, wie sie auch für die Europäische Union konstatiert wurden, angemessen ist, von einer allgemeinen Erweiterung der demokratischen Teilnahmerechte auszugehen, die bei einer Mehrzahl der Bürger „organische" Identifikation mit dem jeweiligen politischen System, sei es dem nationalen oder dem europäischen, hervorrufen könnten. Denn

„to deliberate alone or in a private group rather than in public with fellow citizens; to deliberate about superficial life politics rather than about matters of common concern and public goods; and to deliberate in order to act within relations over which one has no say rather than in order to act together in exercising political power over those relations – all this is not freedom but freedom's disappearance.[...] At the heart of this critical stance is the view that in constitutional democracy politically important choices are made in conversations with others in relevant institutions, where the relevant institution is also the one that is likely to be coercive with regard to the practices under discussion. Democratic constitutional freedom, then, is the activity that animates a constitutional democracy oriented towards legitimacy." (Tully 2000: 9)

Gerade in diesem Zusammenhang wird oft auf die Notwendigkeit einer europäischen Verfassung verwiesen, welche die nationalstaatlichen Verfassungen ergänzen und transzendieren könne und die somit neue formale Voraussetzungen für die Entwicklung einer europäischen Gesellschaft und Identität schaffen könne, wenn sie die demokratischen Defizite der Nationalstaaten durch neue Definitionen und Umverteilung von Kompetenzen ausgleiche. Doch muss beachtet werden, dass wegen der ausgeprägten gesellschaftlichen und politischen Pluralität und Heterogenität in Europa eine gemeinsame Verfassung im Sinne einer am Ideal der Republik orientierten Staatlichkeit als kaum zu verwirklichen gilt. In Frage kommt in diesem Falle aber ein föderales System, welches das Recht auf kulturelle Selbstbestimmung festschreibt.[2]

Münch hingegen unterstellt, dass „der Europäische Gerichtshof die Rolle der diskursiven Grundlegung der auf die Autonomie des Individuums abstellenden europäischen Rechtsordnung im Rahmen der vom europäischen Vertragswerk vorgesehenen Binnenmarktsphilosophie ausübt" (Münch). Damit impliziert er, die nationale Wohlfahrtsproduktion wie auch nationale Kollektivzwänge würden zunehmend von autonomer Selbstorganisation der Individuen und entsprechender Chancengleichheit (bei gleichzeitiger sozialer „Resultatsungleichheit") und Rechtseinklagbarkeit bei gewährleistetem Schutz

---

[2] Dies ist umso problematischer, als das republikanische Ideal von Verfassung, Gewaltenteilung und Staatlichkeit schon auf nationaler Ebene oft nicht mehr für jedes Problem eindeutig definiert und umgesetzt werden kann. Probleme des Konstitutionalismus, die als Defizite eine europäische Verfassung im Vergleich zu nationalen Verfassungen in der allgemeinen Meinung unmöglich erscheinen lassen, sind demnach keine Probleme der Europäischen Union und ihrer Verfasstheit im Besonderen, sondern Spannungen, die aus dem Prinzipien der Gewaltenteilung und Verfassungsgebung grundsätzlich erwachsen, egal bei welchem Gemeinwesen sie angewendet werden. Die Ursache für die Unsicherheit darüber, wer darüber entscheidet, wer entscheidet, ergibt sich gerade aus dem Zweck des Konstitutionalismus, Macht und Kompetenzen einzuschränken, wobei eben keine endgültigen Lösungen gegeben werden können, weil ständig neue Probleme und Fragen aus dem politischen Prozess erwachsen, auf die eine jeweils eigene Antwort gefunden werden muss (Poiares Maduro 2000: 21, 25).

vor unzulässigen staatlichen Übergriffen ergänzt, wenn nicht sogar abgelöst (Münch).

Wenn Rechts- und Chancengleichheit der Bürger die Fürsorge- und Regelungsfunktion des Staates ersetzen und einen Anreiz schaffen sollen, dass Europäer sich stärker mit Europa als einem zunehmend wichtigen Ort der Interessenformulierung und Partizipation identifizieren sollen, dann muss jedoch auch auf europäischer Ebene mittels einer übergreifenden Kodierung, etwa einer Verfassung, geregelt werden, wer unter welchen Umständen welches Recht bei welcher Instanz einklagen kann. Zudem muss damit auch geklärt werden, in welchem Verhältnis nationale Gerichtsbarkeiten, vor allem Verfassungsgerichte, zum Europäischen Gerichtshof stehen, wenn dessen Funktionen und Kompetenzen erweitert werden (sollen).

Folgt man der Argumentation von Poiares Maduro, gäbe es dann jedoch noch immer einen Konflikt zwischen EU-Recht und nationalem Verfassungsrecht, da beide Instanzen den Anspruch erheben, jeweils Primärrecht bzw. die entscheidende Grundnorm zu sein, welche die untergeordneten Rechtsquellen legitimiere und ihnen Gültigkeit verleihe. Demnach ist, solange die hierarchische bzw. vertikale Auffassung von Gewaltenteilung zwischen EU und Nationalstaaten vorherrscht, eine Lösung des Konflikts um den Anspruch der Vorrangstellung zwischen den jeweiligen Rechtssystemen unwahrscheinlich (Poiares Maduro 2000:20f.).

Poiares Maduro schlägt hierbei als einen Lösungsweg vor, das Prinzip des „kontrapunktischen Rechts" (counterpunctual law)[3] anstatt des hierarchisch gegliederten einzuführen. Der Grundgedanke ist, einen Pluralismus von Rechtssystemen zu ermöglichen, wobei Unterschiede harmonisiert werden sollen, ohne Legitimitätskonflikte zu erzeugen. Weil jedes Rechtssystem eigene Auffassungen über die gleichen Normen habe und dadurch zur Artikulation von Identitäten beitrage, sei es unmöglich, ein einzelnes vereinheitlichendes Normen- und Gesetzessystem gegenüber anderen durchzusetzen (Poiares Maduro 2000:23).

Andererseits solle auch vermieden werden, dass die Kohärenz und Integrität des EU-Rechtssystems verwässert werde, indem nationale Verfassungsgerichte in ihren Urteilen EU-Rechtsprechung zurückweisen oder so stark einschränken, dass ihr ursprünglicher Charakter nicht mehr gewährleistet ist. Um dies zu verhindern, müsse deshalb bei Verfassungsänderungen und verfassungsrechtlichen Entscheidungen, welche die europäische Integration betreffen, berücksichtigt werden, welche Auswirkungen auf die anderen nationalen Verfassungen sowie das EU-Rechtssystem erfolgen könnten.

---

[3] Die Idee ist angelehnt an das musikalische Prinzip des Kontrapunkts, bei dem verschiedene gleichzeitige Melodien ohne eine strenge hierarchische Struktur in Einklang gebracht werden können.

„In other words, national decisions on EU law should not be seen as separated national interpretations and applications of EU law but as decisions to be integrated in a system of law requiring compatibility and coherence." (Poiares Maduro 2000: 24)

Das bedeutet, Entscheidungen der jeweiligen nationalen Verfassungsgerichte würden Teil des EU-Rechts und als solche würden sie von Verfassungsgerichten anderer Länder interpretiert und aufgenommen, so dass die Konsequenzen der Urteile und ihr Einfluss auf die Beziehungssysteme zwischen nationalen Verfassungen und EU-Recht zukünftig schon in die Entscheidung miteinbezogen werden müssten. Dadurch soll verhindert werden, dass nationale Verfassungsgerichte „missbraucht" werden können, um EU-Recht zu umgehen (Poiares Maduro 2000: 23f.).

Um dies zu erreichen und später zu festigen, bedarf es jedoch eines Diskurses über ein solches pluralistisches EU-Rechtssystem zwischen den nationalen Verfassungsgerichten einerseits und zwischen diesen und dem Europäischen Gerichtshof andererseits.

„This discourse between different legal orders and different institutions resulting from the emerging European polity is a further promotion of constitutionalism, broadening its deliberative elements beyond the exclusive deliberative communities involved in each national institution." (Poiares Maduro 2000:25)

Ein solcher Diskurs ist zwar nicht die ultimative Lösung aller verfassungsrechtlichen Probleme, die von der europäischen Integration aufgeworfen werden; es könnte jedoch daraus zumindest ein rechtliches Beziehungssystem hervorgehen, welches letztlich für mehr Transparenz und Rechtssicherheit sorgen würde. Gegenüber einer einmalig festgelegten europäischen Verfassung hätte dies auch den Vorteil, dass immer wieder neu auftretende Probleme und Fragen gelöst und beantwortet werden könnten, ohne jeweils von neuem Änderungen am Verfassungstext vornehmen zu müssen. Besonderheiten der verschiedenen politischen Ebenen und deren Bedürfnisse können in einem solchen dynamischen Prozess besser berücksichtigt werden, und letztlich ist dieses Vorgehen näher an einer Behebung demokratischer Defizite der Europäischen Union als ein republikanisches Verfassungsmodell.

Bei den oben dargestellten Vorschlägen zur Regelung und Ausgestaltung des politischen Systems der EU handelt es sich um weitgehend abstrakte Konzepte, denen man entgegenhalten kann, dass sie wegen ihrer Abstraktheit ebenfalls kaum geeignet sind, Identifikation bei den Bürgern der EU hervorzurufen. Es bleibt daher abzuwarten, ob und inwieweit sich diese Vorschläge aus der akademischen Diskussion überhaupt in die Realität umsetzen lassen bzw. von den Beteiligten anerkannt und aufgegriffen werden.

Dennoch besteht die Möglichkeit, dass ein praktizierter Rechtspluralismus merkliche Auswirkungen auf das Leben der europäischen Bürger und auf die öffentlichen Diskurse über soziale, politische und rechtliche Entwicklungen hat. Ein etablierter europäischer verfassungsrechtlicher Diskurs, der als selbstverständlich und transparent wahrgenommen wird, kann auch die Herausbildung eines als gemeinsam erkannten europäischen Bewusstseins über politische Partizipation befördern. Zumindest was politisch-rechtliche Fragen anbelangt, können dadurch auch gewisse Aspekte des Demokratiedefizits behoben bzw. ausgeglichen werden. Dazu müssen jedoch die entsprechenden politischen Schritte eingeleitet und ein Übereinkommen auf europäischer Ebene darüber erzielt werden, wie die Verhältnisse zwischen europäischem und nationalem Recht zu klären sind. Doch es bleibt fraglich, ob sich dazu in absehbarer Zeit der politische Wille findet beziehungsweise ob unter den gegenwärtigen politischen Bedingungen einem solchen Projekt Priorität eingeräumt wird.

Literatur

Münch, Richard: Das Projekt Europa. Zwischen Nationalstaat, regionaler Autonomie und Weltgesellschaft. Frankfurt a. M.: Suhrkamp, 2. Auflage 1995

Münch, Richard: Globale Dynamik und lokale Lebenswelten. Der schwierige Weg in die Weltgesellschaft. Frankfurt a. M.: Suhrkamp, 1998

Poiares Maduro, Miguel: Europe and the Constitution: What if this is as good as it gets? In: Constitutionalism Web-Papers, ConWEB (2000)5, http://les1.man.ac.uk/conweb/

Schmitter, Phillipe C.: An Excursus to Constitutionalization in Constitutionalism. In: Web-Papers, ConWEB (2000)3, http://les1.man.ac.uk/conweb/

Tully, James: The Unfreedom of the Moderns in Comparison to their Ideals of Constitutionalism and Democracy. In: Constitutionalism Web-Papers, ConWEB (2000)6, http://les1.man.ac.uk/conweb/

Europa voraussagen

Nils Plath

„Nehmen wir an, es gelte auf die Frage nach dem Ursprung zu verzichten, darüber hinaus auf alles, was der Zeit die Macht der Kontinuität und Mobilität zuschreibt, auf dasjenige, was stillschweigend das Denken befördert sowie auch die Sprache in Bewegung versetzt. Nehmen wir an, wir gäben uns selbst (mit spielerischem Eigensinn) das Recht auf eine Sprache, in der jene Kategorien, die diese bislang stützten, ihre Gültigkeit verlieren würden: Einheit, Identität, das Primat des Gleichen, der Anspruch des Ich-Subjekts – Kategorien, deren Fehlen dazu führt, von ihrer Abwesenheit als ihrem Versprechen einer Ankunft im Verlauf der Zeit und durch die Arbeit der Zeit auszugehen."

(Maurice Blanchot 1969: 406)

Eine erste Fassung dieses Textes zeigte sich noch von einer ausdrücklichen Auslassung bestimmt. In ihr fand sich kein einziger Hinweis auf das, was an den verschiedenen Orten und zu unterschiedlichen Zeiten mit „Europa" angesprochen und bezeichnet wurde und wird: unter anderem eine geographische Musterlandschaft mit einem Innen und Außen als dem Produkt eines Beschreibungsmodells, das eine anthropozentrische Weltordnung sicherstellt; eine von einem historischen Bewusstsein beherrschte Denktradition, die die Vorstellung von Einheit und Identität entstehen lässt und noch als Projektionsfläche für Kritik ein weithin bruchloses Sich-Artikulieren in den eingeführten Schemata einer allzu vertrauten Dialektik möglich macht; eine geschichtsphilosophische Idee, die sich einstellenden Schwierigkeiten bei dem Versuch, Historie beschreibbar zu machen, mit einer reaktivierten Teleologie begegnet; ein Mythos, der die Narration von Vergangenheit zum Bezugspunkt für ein Morgen macht; ein politisches Programm, das Zukunft antizipiert, um den präferierten eigenen Politikmodellen bereits gegenwärtig einen legitimierten Ort im Diskurs zu verschaffen. Eines ist solchen Adressierungen von

„Europa" gemeinsam: Sie versuchen, einen Eigennamen von ungesicherter Herkunft zu einem Begriff werden zu lassen – in der Absicht, ihn so in den jeweiligen Diskursen operabel zu machen.

Diskursive Unternehmungen solcher Art sind immer – das war die in den Raum gestellte Behauptung, die sich hier nun vom Ende eines anderen an den Anfang dieses Textes versetzt findet – als Selbstpositionierungen zu lesen. Und jede Bezugnahme auf das eine oder andere „Europa" erweist sich für sie als grundlegend. Zu betrachten sind diese Stellungnahmen ihrerseits als Artikulationen unterschiedlicher Schreibverfahren und Lektüreweisen, in denen sich Weltkonstruktion als angewandte Ideologie spiegelt. Wer sie zu lesen versucht, ohne dabei seinerseits einfach sogleich diszipliniert normgerechte Synthetisierungsleistungen ausstellen zu wollen, nachdem erst einmal entsprechend eingeführter Kategorien klassifiziert worden ist, dem kann es nur sehr schwer fallen, zu einem Ideen- und Begriffshistoriker zu werden, der literarische Europa-Vorstellungen zum Gegenstand seiner literargeschichtlichen Betrachtung macht. „Europa" im „Werden" gilt es hingegen aktuell vielmehr als die Aufforderung zu verstehen, die Positionierung von Lektüre und ihre Repräsentierbarkeit in Zeit und Raum zu reflektieren. So jedenfalls behaupteten es die jetzt einen Anfang dieser Erörterungen inszenierenden ehemaligen Nachbemerkungen. Was dort als Appendix, als eine kalkulierte Anfügung, als ein Postskriptum formuliert wurde, findet sich nun hier an, oder eigentlich: vor einen Anfang platziert.

Dabei ist die entscheidende Frage, ob und in welcher Form überhaupt von einem Text als Postskriptum gesprochen werden kann, von einem Textbestandteil nämlich, der einem Text nachgestellt ist und ihn doch, da als Text außerhalb eines Textes lesbar gemacht, nicht eigentlich Teil dieses Textes und dabei dennoch nicht von seinem Bezug auf ihn zu trennen ist. Fraglos ist nicht mit Gewissheit anzugeben, ob dieser Text als Nachtrag überhaupt tatsächlich dem Text folgt und nachkommt oder ob er nicht erst als nichteigentlicher Teil die Vorstellung von einem eigentlichen, vorangehenden Text ermöglicht und somit zu einer nachträglichen Vorschrift wird. Entscheidend, da sie die Lektüreordnung betrifft, ist die Frage, wie sich miteinander korrespondierende Textteile zu einem Text anordnen, dessen innere Markierungen sich stets bestimmten Ordnungsinteressen verdanken und zugleich nach außerhalb auf die Existenz eines aus vielen Texten bestehenden Kontextes verweisen.[1] Die Bedeutung der Frage nach dem Status von Text und Vortext

---

[1] „Ich möchte vorschlagen, das, was an den Text als anderer Text je anschließbar ist, als Kon-text zu fassen. Kontext ist also auch Text, virtualiter alle anderen Texte, also etwas, das sich nicht begrenzen läßt. Jeder Zugang zu Texten hat es dann damit zu tun, daß hinter jedem einzelnen Text eine prinzipiell unendliche Reihe weiterer Texte steht, eben Der Text. Und jeder Zugang zu Texten erhält sein Spezifikum durch die Art, in der er mit der Differenz von einem Text und Dem Text umgeht." (Fohrmann 1997: 208)

erweist sich gerade auch dort, wo von „Europa" und vom „Werden" die Rede ist. Wenn an dieser Stelle nun die ursprünglich als nachträglich konzipierten Vorbemerkungen dem eigentlichen Anfang dieser Erörterungen vorausgeschickt werden, dazu gedacht, als Umleitung gleich zu Beginn zu einer Infragestellung der selbstversichernden Behauptung beizutragen, der Anfang eines Textes ließe sich ohne Weiteres problemlos markieren, führt das daher sogleich mitten ins Thema: „Europa" und „Werden" zu erörtern (ein Verb, das sich wortgeschichtlich vom mittelhochdeutschen Wort „örtern" ableitet, was soviel wie „genau untersuchen" heißt und auf den Begriff „Ort" im Sinne des lateinischen „terminus" hindeutet. Damit wäre auch bereits das Format dieses Textes als einer Bewegung der Abgrenzung und Positionierung gegenüber anderen Texten zu und über „Europa" bestimmt: wie zugleich als die Aufforderung zur Herstellung von Verbindungen und zu weiteren Lektüren), heißt für den, der hier liest: Überlegungen darüber anzustellen, wie ein von Texten vollzogenes In-Beziehung-Setzen die Verhältnisse instituiert, die die Lektüren dieser Texte bestimmen. „Europa" zum Anlass zu nehmen, „Identität" und „Werden" zu thematisieren, muss dementsprechend heißen, die sich mit jedem Verweis auf „Europa" ergebenden Herausforderungen für eine Lektürepraxis und ihre Repräsentationsweisen zu begreifen zu versuchen, nämlich die Position der eigenen Lektüre und ihre Repräsentierbarkeit in Zeit und Raum nicht einfach als Gewissheit zu betrachten. Jenen Bezeichnungsschwierigkeiten und Zuordnungsproblemen, die dort auftreten, wo immer von „Europa" die Rede ist, gilt es sich zu stellen, indem man „Europa" eben nicht als eine sich selbstverständliche Repräsentation versteht: Sie lassen sich als Frage nach dem Ort der Lektüre formulieren. Das heißt die Frage nach der Selbstverortung von Lektüren in Kontexten stellen, die gerade mittels einer geographischen Metaphorik beschrieben – und das heißt konstruiert – werden; die Frage aufwerfen, wie Zusammenhänge zwischen Texten behauptet werden, indem sie sprachlich bezeichneten Orten zugeordnet werden. Beispielsweise ganz prominent einem Ort namens „Europa".

Voraussetzungslos lässt sich beim Lesen nicht der eine Ort mit Gewissheit bezeichnen, der dem gelesenen Text zuzuschreiben ist: sein Platz im Kontext. Beim Lesen muss offenbar die Lokalisierbarkeit und die Situierbarkeit dessen als gegeben unterstellt werden, was gelesen wird. Und zwar von vornherein, noch vor dem Einsetzen des Lesens. Zum verlässlichen Nachweis werden dann in der Lektüre im Nachhinein Kontextualisierungen vorgenommen. Denn sie muss ebenso die eigene Positionierbarkeit voraussetzen, wenn sie anderen Texten ihre Plätze zuweist. Umgekehrt heißt das folglich, interpretieren wird zur Selbstpositionierung, wenn es das, was es notwendigerweise voraussetzt, immer erst nachholt. Nach Kants Satz aber, Sein sei bloße Position,

„kann Position nur als Exposition und mithin als nie vollends aktualisierte, nie zuende gebrachte Setzung gedacht werden, sondern bloß als Aussetzung und Hinaussetzung aus der Ordnung fertiger Bestände, als Entwurf, Skizze und beginnende Darstellung für anderes. Aussetzung, das heißt fortan Entfernung vom festen Grund wie vom kategorialen Regime der Sprache, Entfernung – und zwar eskalierende, unabmessbare und unabsehbar werdende Entfernung – von allen Versicherungen und Rückversicherungen im Bereich der symbolischen Ordnungen, durch welche Gesellschaften und Ökonomien, Idiome und Sprachkörperschaften zusammengehalten und reproduziert werden können. Da jede Setzung einer anderen, jede Stellung einer weiteren ausgesetzt und keine die letzte, determinierende ist, die auch nicht das Feld *zwischen* den Positionen besetzen könnte, wird die Annahme hinfällig, sie könnten sich zu einem einzigen Gestell versammeln und von dem einen Paradigma einer Universalsprache der Versicherung zusammengehalten werden." (Hamacher 1998: 13f.)

Was hat es zur Folge, so ist zu fragen, wenn das In-ein-Verhältnis-Setzen als die Setzung, als eine Geste der Präsentation eines Selbstbildes zu verstehen ist? Was wird bei der Erörterung der eigenen Position zur Disposition gestellt? Es kann davon ausgegangen werden, dass die Kategorie des Selbst und der Identität damit in einer Art dauerhaft wiederholten Geste auf ein immer wieder Neues – und damit immer wieder neu, das heißt anders und nie einfach in gleicher Weise wiedergegeben – eine Rückkehr zur Selbstdarstellung erzwingt und deren neuerliche Ausstreichung erforderlich macht. Die Frage nach der Präsenz, nach dem Ort und der Zeit, nach der Repräsentanz des eigenen Selbst in der Lektüre ist nie zu beantworten, ohne von der Übersetzung zu sprechen. Mit ihr wird hier eine nie letztlich kontrollierbare Versetzungsbewegung bezeichnet: ein Herstellen von Beziehungen, das Texte in ein räumliches und zeitliches Verhältnis zueinander setzt. Mit anderen Worten:

„Bei der Übersetzung handelt es sich um die Beziehung zwischen zwei Texten über ihre Unterschiede."

Sie ist eine

„Transformation, Selbsttransformation, metagraphisch, wenn es jene Identität gäbe, durch die jene Familienähnlichkeit [zwischen den zwei Texten] sich identifizieren ließe, durch die das Selbst sich außerhalb der Übersetzung bezeichnen könnte. Eine Transformation ohne Identität, und damit in der Wiederholung immer anders – mit anderen Worten." (Leavey 1990: 194, 196)

Übersetzen als Beziehungsbezeichnung ist demnach als eine Bezüge schaffende Praxis zu verstehen, die nie endgültige Beschreibungen liefert, das heißt mit anderen Worten als eine nicht dauerhaft fixierbare Bewegung. Und zwar nicht nur, da sie einmal eine einmalige Verschiebung hervorruft, die dann historisch, kulturell, kontextuell bestimmt rekonstruierbar wäre, sondern durch die Provokation eines unumgänglichen Wiederlesens, Weiterlesens, einer Relektüre, die fortgesetzt Beziehungen zwischen Texten schafft, die nicht in einer einzigen Interpretation abschließend beschreibbar sind.

Das eben ist die Situation, in der sich „Europa" „im Werden" befindet: auf Dauer in einem Zwischenraum, in einer Zwischenzeit, in einem Intervall, zu dem sich in Beziehung zu setzen ist. Intervalle erlauben

„den *Bruch* mit der reinen Reflexion und präsentieren die Wahrnehmung von Raum als eine Folge von Brüchen. Sie konstituieren Unterbrechungen und Eruptionen in der gleichförmigen Oberfläche; sie schaffen einen zeitlichen Hiatus, eine Unterbrechung, eine Distanz, eine Pause, Auslassung, eine Spalte zwischen verschiedenen Zuständen; sie sind das, was an der Schwelle der Repräsentation und von Kommunikation sichtbar wird – was oft an der Haustür auftaucht ... dort, wo die *Öffnung* auch das *spacing-out* des Verschwindens ist. Denn das *Raumschaffen* ist weder ein rein räumliches noch ein rein zeitliches." (Trinh 1999: xiif.)

Und in keinem dieser Intervalle – als ein solches, zwischen den Mauern, gilt es, das „gemeinsame europäische Haus"[2] als „Haus der Sprache" zu betrachten – ist sich dauerhaft einzurichten. Denn sie sind immer im Werden.[3] Und dort, wo vom „Werden" gesprochen wird, werden Beziehungen geschaffen und Verhältnisse gestiftet: zwischen dem, was war, und dem, was werden wird – in den Augen eines Betrachters. Nie ist „Werden" als ein momentaner Zustand zu begreifen. Beschrieben werden kann es nur als ein Übergang, als ein Dazwischen, das die Beziehung von zumindest zwei *hier und jetzt* differenten Positionen erfordert. Diese Relation durch Unterscheiden zu bezeichnen, setzt seinerseits notwendigerweise voraus, eine Beobachterposition zu beziehen, von der aus diese Unterscheidung getroffen werden kann. Die Bezeichnung eines solchen Ortes der Reflexion – ebenfalls nur durch Unterscheidung zu bestimmen – erfolgt dabei nie unmittelbar und gegenwärtig, sondern stets mittels und in der Sprache zu einem bestimmten, erst nachträglich als präsent zu bezeichnenden Zeitpunkt.[4] Diese Ort gewordene Selbst-

---

2 Für ein „kleines Belegstellenarchiv" zum „Gemeinsamen Europäischen Haus" siehe den Beitrag von Rolf Parr in „Kulturrevolution. Zeitschrift für angewandte Diskurstheorie", Nr. 23 (1989).

3 Mit realen Folgen, abstrakt beschreibbar, auch für die anderen: „Andererseits wird das zukünftige Europa nicht nur europäisch sein. Durch die Öffnung der Mauer sind die Amerikaner in ihrem eigenen Haus nicht mehr sicher. Das waren sie de facto schon lange nicht mehr, aber das gilt jetzt auch im übertragenen Sinn. Durch den Wegfall der Mauer sind die kapitalistischen Staaten gezwungen, das Andere in sich aufzunehmen. Sie kommen gar nicht mehr zu sich selbst, sondern müssen ständig schlucken, was von außen auf sie zukommt. Vorher war das Andere draußen. Der Feind hatte ein Gesicht, besaß ein Territorium. Jetzt ist alles in Bewegung. Es gibt keine Parameter mehr." (Müller 1991: 93f.)

4 „Vor jedem repräsentierenden Zugriff, vor dem Bewußtsein und seinem Subjekt, vor Wissenschaft, Theologie und Philosophie gibt es das: das *das* jenes Hinweises: *es gibt*. Das ‚es gibt' *ist* selbst keine Präsenz, auf die unsere Zeichen, unsere Beweise und Hinweise zurückgreifen könnten. Man kann weder darauf verweisen noch auf es zurückkommen: es ist immer schon da, aber weder als ‚Sein' (wie eine Substanz) noch als ‚da" (wie eine Präsenz). Es ist da im Werden des Entstehens: Sobald die Entstehung ankommt, löst sie sich auf *und* setzt sich unendlich fort. Die Entstehung ist jener Entzug der Präsenz, durch

bezeichnung trägt dann beispielsweise den Namen „Europa". Es stellt sich sodann die Frage, wie in dem Fall in „Europa" über „Europa" zu sprechen oder von „Europa" aus „Europa" zu beobachten sein wird. Beispielsweise am Beispiel eines Vortextes, so die Antwort, die diese Lektüre vorschlagen will; einem von den vielen, aus denen „Europa" besteht; in diesem Fall einem Text, in dem Grundlegendes vorhergesagt wird: einer Präambel.

Hier jetzt, endlich, ein Anfang:

Am 7. Dezember 2000 proklamierten die Staats- und Regierungschefs der Mitgliedsstaaten der Europäischen Union, die Präsidentin des Europäischen Parlaments und die Präsidenten der Europäischen Kommission in Nizza gemeinsam feierlich eine Charta der Grundrechte. „Im gegenwärtigen Entwicklungsstand der Union ist es erforderlich, eine Charta der Grundrechte zu erstellen, um die überragende Bedeutung der Grundrechte und ihre Tragweite für die Unionsbürger sichtbar zu verankern," so lautete die erklärte Aufgabe, mit der der Europäische Rat im Juni 1999 ein eigens gebildetes Gremium betraut hatte, den Konvent, in dem Beauftragte der Staats- und Regierungschefs, des Präsidenten der Europäischen Kommission, Mitglieder des Europäischen Parlaments und der nationalen Parlamente zusammenkamen und über eine europäische Verfassung berieten. Mit dem vom Konvent ausgearbeiteten und trotz seiner Deklaration bis dato nicht mit formal-juristischer Rechtsverbindlichkeit ausgestatteten Entwurf einer möglichen Verfassung wurde, wie es heißt, ein „gemeinschaftlich festgeschriebenes Fundament von Rechten und Freiheiten für die Bürger Europas" als ein „Zeit überdauerndes und auch universelles Dokument" geschaffen.[5] In 54 Artikeln werden gemeinsame Werte postuliert und unverrückbare Rechte und Freiheiten für die in der Europäischen Union lebenden Menschen und Bürger formuliert. Dieser Garantieerklärung in sieben Kapiteln vorangestellt findet sich eine Präambel. Sie lautet wie folgt:

„Die Völker Europas sind entschlossen, auf der Grundlage gemeinsamer Werte eine friedliche Zukunft zu teilen, indem sie sich zu einer immer engeren Union verbinden. In dem Bewusstsein ihres geistig-religiösen und sittlichen Erbes gründet sich die Union auf die unteilbaren und universellen Werte der Würde des Menschen, der Freiheit, der Gleichheit und der Solidarität. Sie beruht auf den Grundsätzen der Demokratie und der Rechtsstaatlichkeit. Sie stellt die Person in den Mittelpunkt ihres Handelns, indem sie die Unionsbür-

---

den alles Präsenz erlangt. Dieses Kommen ist zugleich ein ‚Weggehen'. Die Präsenz kommt nicht, ohne die PRÄSENZ auszulöschen, die die Repräsentation bezeichnen möchte (ihren Grund, ihren Ursprung, ihr Subjekt). Das Kommen ist ein ‚Kommen-und-Gehen'." (Nancy 1994: 105)

5   Siehe www.europarl.de/aktuell/charta1.htm (Stand 1.1.2002); dort auch eine Geschichte der Idee der Grundrechte-Charta.

gerschaft und einen Raum der Freiheit, der Sicherheit und des Rechts begründet. Die Union trägt zur Erhaltung und zur Entwicklung dieser gemeinsamen Werte unter Achtung der Vielfalt der Kulturen und Traditionen der Völker Europas sowie der nationalen Identität der Mitgliedsstaaten und der Organisation ihrer staatlichen Gewalt auf nationaler, regionaler und lokaler Ebene bei. Sie ist bestrebt, eine ausgewogene und nachhaltige Entwicklung zu fördern und stellt den freien Personen-, Waren- und Dienstleistungs- und Kapitalverkehr sowie die Niederlassungsfreiheit sicher. Zu diesem Zweck ist es notwendig, angesichts der Weiterentwicklung der Gesellschaft, des sozialen Fortschritts und der wissenschaftlichen und technologischen Entwicklungen den Schutz der Grundrechte zu stärken, indem sie in einer Charta sichtbarer gemacht werden."[6]

Charakteristischerweise kennzeichnet Präambeln, so ein Rechtskommentar, „das Moment der Enunziation oder Proklamation, der Appell und die Verheißung." (Badura 1996: 65f.) Auffallend ist auch an dieser Präambel, was aus juristischer Sicht in einer Vielzahl von Präambeln in den Blick fällt: „[...] das hohe Pathos, die Feierlichkeit, das Barocke und Ornamentale, nicht selten Emotionale der Sprache der Präambeln, die von großem Engagement zeugen, ferner die Allgemeinheit der formulierten Inhalte, ihr Generalklauselcharakter, der ins Programmatische weist, sodann eine sehr idealistische, mitunter symbolhafte und -reiche Sprache." (Häberle 1982: 227f.)[7] Auf den ersten Blick macht es den Eindruck, als erläutere die Präambel demnach ganz im Stil dieser Textsorte nicht mehr als das Ziel und den Zweck der ihr nachgestellten Grundrechte-Charta. So erfüllt sie den erklärten Zweck einer Präambel, Identifikation und Legitimation zu ermöglichen.[8] Damit scheint sie ganz der Norm zu entsprechen. Und fungiert offenbar erwartungsgerecht als ein Anzeigentext: als die plakative Sichtbarmachung jener Grundrechte, auf die sich die „Völker Europas" verpflichten – und zwar ausdrücklich angesichts sich verändernder gesellschaftlicher Rahmenbedingungen (der „Weiterentwicklung der Gesellschaft"), angesichts von Umbauten der Sozialsysteme (des „sozialen Fortschritts") und einer fortschreitenden Dominanz von naturwissenschaftlicher Technologie als Leitideologie in allen Lebensbereichen (des Fortschritts der „wissenschaftlichen und technologischen Entwicklungen"). Lesen kann man diese Präambel aber auch anders: als ein Vorwort, als einen Prolog, als einen Prätext – determiniert „hauptsächlich durch den Ort, den Zeitpunkt und die Beschaffenheit des Adressaten" –, dessen Funktion darin besteht, „eine *gute Lektüre des Textes zu gewährleisten.*" (Genette 1989: 190f.)

---

6   Siehe www.europarl.eu.int/charter/pdf/text_de.pdf (Stand 1.1.2002) für den Gesamttext der Grundrechte-Charta.

7   Programmatisch für eine juristische Sicht der Sprache des Rechts heißt es an anderer Stelle im Rechtskommentar: „Die Sprachform der Präambeln ist, wie die Rechtssprache allgemein, vor allem eine Funktion der Inhalte." (Häberle 1982: 229)

8   „Kommunikation, Integration und Möglichkeit der Identifikation („Internalisierung") für den Bürger und damit Legitimation des Verfassungsstaates sind die *Hauptfunktionen* von Verfassungspräambeln." (Häberle 1982: 230)

Die Präambel ist, so gesehen, Lesevorgabe. Im Sinne einer Vorschrift dient sie *vor* der Lektüre als die anleitende und organisierende Instanz, die eine Agenda vorgibt: in ihr findet sich ein Verfügungsgrundsatz formuliert. Als Absichtserklärung, in der von Intentionen zu lesen ist, stellt die Präambel, wie es vom Vorwort heißt, „eines der Instrumente der auktorialen Kontrolle dar." (Genette 1989: 215) Sie gibt vor, dass das, was zu lesen sein wird, von jemandem – mit Autorität – stammt und bestimmt wird. Sie sagt: Es wird etwas folgen, das hier seine Einführung erfährt, in der von den Bedingungen die Rede ist, die das hier und alles Folgende bestimmen werden, wenn es – wie in diesem Fall – um „Europa" geht. So lässt die Präambel auch von den Bedingungen der eigenen Rede lesen. Als Vorwort muss sie dann auch als ein eigentlich ganz unmöglicher Text betrachtet werden. Als ein Text nämlich, der – wie ein umgesetztes Nachwort – zu einem Text gehört und doch einen Unterschied zwischen sich und dem Text markiert, dem er außen vorangestellt ist.[9]

Somit ist die Präambel nicht einfach nur ein Vortext, den man überlesen könnte, nicht einfach nur eine vorgeschobene Erklärung, nicht nur eine Einleitung, die durch Emphase ihre Adressaten zu erreichen versucht. In ihr als einem deklarativen Vorwort wird vielmehr die Grundlage einer institutionellen Ordnung festgeschrieben. Das macht jede Präambel zu einem ausgesprochen grundlegenden Text:

„Das Vorwort ist nicht ein institutionelles Phänomen unter anderen. Es stellt sich selbst als Institution dar durch und durch, als die Institution par excellence. [...] Um ein Vorwort bitten heißt, einer Idee zu vertrauen, die der Signatur und der Architektur eng verbunden ist: das Gesetz der Schwelle, das Gesetz auf der Schwelle oder eher das Gesetz als die Schwelle selbst, und die Tür (eine unermessliche Tradition, die Tür 'vor dem Gesetz'; die Tür anstelle des Gesetzes; die Tür, die das Gesetz bildet, das sie ist), das Recht einzutreten, die Vorstellung, die Titel, die gesetzliche Anerkennung, die, beginnend mit der Eröffnung des Gebäudes, die Namen angibt, eine Perspektive auf das Ganze freigibt, ankündigt, zu Kenntnis bringt, einführt, die Unterbauten situiert, die Ordnung zurück ins Gedächtnis ruft, zurück zur Ordnung des Anfangs und des Endes, der Unterordnung unter Zweckbestimmungen der *arkhè* im Blick auf das *telos* ruft." (Derrida 1989: 68)

Es ist eben dieses Telos, das in der Präambel der Grundrechte-Charta zulässt, überhaupt von etwas – von „Europa" – „im Werden" zu sprechen. Es ist diese durch das Vorwort errichtete Ordnung, die eine designierte Zukunft festlegen und sozusagen zu einer bereits beschlossenen Sache erklären will: zu ei-

---

[9] „Die Präambel ist Teil der Verfassung, aber doch auch wieder von den nachfolgenden Regelungen zu unterscheiden. Typischerweise enthält die Präambel – mehr oder weniger – Aussagen über die historischen und politischen Bedingungen der Verfassung, über den Anlaß und die Grundlage der Verfassungsgebung, über das Selbstverständnis und die Orientierungen des Verfassungsgebers, über wesentliche Ziele des neuverfaßten Staates und schließlich über den Geltungsbereich der Verfassung und damit über die territoriale und personale Reichweite des Staates." (Maurer 1999: 136)

ner bereits gegenwärtig antizipierbaren Zukunft, in der sich Einheit als Vervollkommnung eines Einigungsprozesses einstellen werden wird. Einer Zukunft mit einem Ende.

Zugleich ist die Präambel jedoch auch ein Text, der aber, obgleich er vorschriftsgemäß die Ordnung des Textes errichtet, diese Ordnung im gleichen Moment auch zu verunsichern weiß.[10] Denn wie ein jedes Vorwort stellt die Präambel den eigenen Status – auch den Status des Textzusammenhangs, dessen Teil sie ist – in Frage: indem sie zur Reflexion der in ihr möglich gemachten Repräsentation und Positionierungen geradezu von vornherein auffordert. Damit stört sie den ordnungsgemäßen Ablauf, an dessen Ende „Ende" stehen würde.

Auf ein teleologisches Zeitverständnis zu setzen, das die Ordnung von Vorwort und eigentlichem Text unhinterfragt sicherstellt, hat hingegen Tradition in „Europa". Es ist die Tradition des retrospektiv versichernden Blicks, in der europäische Identität als „zunächst nichts anderes als die Herkunftseinheit Europas aus gemeinsamer Geschichte [verstanden wird]: Herkunftsbewußtsein als konstituierendes Element von Identität. Die europäische Gegenwartskultur ist eine vom historischen Bewußtsein geprägte Kultur." (Weidenfeld 1985: 10) Die Berufung auf ein historisches Bewusstsein entspricht der im Zusammenhang mit Europa allgegenwärtigen Behauptung eines Erbes, das heißt der Anmeldung von Besitzansprüchen, die sich durch den ausdrücklichen Verweis auf etwas als gegeben Behauptetes ableiten – auf geistig-religiöse und sittliche gemeinsame, unteilbare und universelle Werte.[11] Die

---

10 „Auf der einen Seite schließt man die Vorrede aus, doch schreiben muß man sie: um sie zu integrieren, um ihren Text in der Logik des Begriffs auszustreichen, die es nicht vermag, sich nicht vorauszusetzen. Auf der anderen (fast derselben Seite) schließt man die Vorrede aus, doch schreibt man sie noch, indem man sie bereits als Moment des in Gang gebrachten Textes, als Zugehörigkeit zu einer textuellen Ökonomie funktionieren läßt, die kein Begriff vorwegnehmen oder aufheben könnte. 'Moment' und 'Zugehörigkeit' können hier nicht mehr die einfache Einschließung in irgendeine ideale Innerlichkeit der Schrift bezeichnen. Zu behaupten, daß es kein absolutes Text-Außerhalb gibt, heißt nicht, eine ideale Immanenz, die unablässige Wiederherstellung einer Selbstbeziehung der Schrift zu postulieren. Es geht nicht mehr um eine idealistische und theologische Operation, die nach Hegelscher Manier das Draußen des Diskurses, des Logos, des Begriffs, der Idee aussetzt und aufhebt. Der Text *bejaht* das Draußen, markiert die Grenze der spekulativen Operation, dekonstruiert und reduziert alle Prädikate, worüber die Spekulation sich das Draußen aneignet, auf 'Effekte'. Wenn es nichts gibt außerhalb des Textes, so impliziert das zusammen mit der Umwandlung des Textbegriffs im allgemeinen, daß dieser eben nicht mehr das abgedichtete Drinnen einer Innerlichkeit oder eine Identität mit sich sei (wiewohl das Motiv des 'Draußen um jeden Preis' mitunter eine beruhigende Rolle spielen kann: ein gewisses Drinnen kann fürchterlich sein), sondern eine andere Anbringung von Effekten der Öffnung und der Schließung." (Derrida 1995: 42f.)

11 Es sind Ansprüche, die gegenwärtig längst als fragwürdig gelten müssen: „Europa hat sich nicht vereint, es war und ist von Spannung erfüllt und von schmerzhaften Wunden

Legitimität dieser Ansprüche wird durch den Verweis auf die Historie beteuert. Auf diese Weise wird die Voraussetzung für eine eigene Selbstpositionierung in einer Geschichte wie auch für die Artikulation von Stellvertretungsansprüchen geschaffen, die sich artikulieren, wo im Namen „Europas" die Zukunft verkündet wird.

Jedes Sprechen von Identität nämlich, wie das von „Europa", muss auf die Wirkungsmächtigkeit der Repräsentationsmodelle vertrauen, die es in der eigenen Rede erst entwirft. Kein Erbe ohne wiederholende Beteuerung des Erbanspruchs. Solche Wiederholung führt nicht einfach etwas Gegebenes erneut an, sondern muss es in notwendigerweise unabschließbaren Akten weiterer Wiederholungen erst als vorgängig erscheinen lassen und verbirgt so die performative Kraft der eigenen Äußerungen. Ohne sie anzuführen oder namentlich auf sie zu verweisen, zitiert die Präambel denn auch nicht nur einen aus der Geschichte abgeleiteten Anspruch – einen Anspruch, der sich dem Humanismus, dem aufklärerischen Vernunftdenken und dem universalistischen Geist verpflichtet sieht[12] –, sondern auch vielzählige Texte, durch die „Europa" entsteht und die als Vorworte dieser Präambel zu lesen sind. Schon in der Europäischen Konvention zum Schutz der Menschenrechte und Grundfreiheiten von 1950, einem in diesem Zusammenhang naheliegenden Vorläufertext, findet sich jenes „Erbe" erwähnt, das eine damals noch nicht existierende Institution heute anzutreten gedenkt:

„In Erwägung der Universellen Erklärung der Menschenrechte (von 1948) [...] unter erneuter Bekräftigung ihres tiefen Glaubens an diese Grundfreiheiten [...] entschlossen, als Regierungen europäischer Staaten, die vom gleichen Geiste beseelt sind und ein gemeinsames Erbe an geistigen Gütern, politischen Überlieferungen, Achtung der Freiheit und Vorherrschaft des Gesetzes besitzen [...]",

lautet eine einleitende Formulierung. Zweierlei ist aus Sicht des Rechts an dieser Umschreibung des – kulturellen – Erbes bemerkenswert, wie ein Kommentar hervorhebt:

gezeichnet, und zudem besitzt es keine erwähnenswerten Reserven an 'historischem Zement' für den internen Gebrauch. Auch wenn es die erste wirkliche weltumspannende Zivilisation geschaffen hat, indem es seine siegreichen Embleme, die von Freiheit, Vernunft, Dynamik und Fortschritt künden, überall errichtet und seine auf universellen Fundamenten in Form gebrachten, prinzipiell für jedermann gültigen Wissenschaften, Rechtsordnungen, Philosophie und Religion verbreitet hat. Aber wer würde heute noch die klassische Gleichung Europa = Zivilisation = Vernunft = Fortschritt = Dynamik für gültig erachten, in einer Zeit, in der wir uns fragen, ob die universellen Ansprüche hinsichtlich der wissenschaftlichen Wahrheit und der Menschenrechte nicht eine der einfallsreichsten Herrschaftsinstrumente des Eurozentrismus sind, eine hinterhältige Falle, in die die übrigen Bewohner der Welt bereits gegangen sind?" (Bodei 1995: 7f.)

[12] Auf der Internetseite des Europaparlaments, die über die Grundrechte-Charta informiert (http://www.europarl.de/aktuell/charta2.htm; Stand: 1.1.2002), wird sich ausdrücklich auf die englische Bill of Rights von 1689, die französische Deklaration der Menschen- und Bürgerrechte von 1789 und der Bill of Rights von 1791 der Vereinigten Staaten berufen.

„Ihr Ensemble aus Rechtsgrundsätzen und anderen geistigen Gütern einschließlich politischer Überlieferungen geht nicht im bloß Rechtlichen auf; ferner geschieht dies nicht zufällig in der Präambel, die dem übergreifenden Kulturellen am ehesten Raum lässt und die Brücke zum rechtlich Ausgeformten schlägt." (Häberle 1982: 222)

In der sich anfügenden Fußnote wird darauf hingewiesen, daß dieser Konvention die Satzung des Europarates vom 5.5.1949 vorausgegangen war, die in ihrer Präambel „ebenfalls eine Brücke zwischen dem Geistigen und den Rechtsprinzipien schlägt", wenn es darin heißt: „in unerschütterlicher Verbundenheit mit den geistigen und sittlichen Werten, die das gemeinsame Erbe ihrer Völker sind, und der persönlichen Freiheit, der politischen Freiheit und der Herrschaft des Rechts zugrundeliegen, auf denen jede wahre Demokratie beruht." (zitiert ebd.).

Der Hinweis auf ein immer wieder beschworenes „gemeinsames Erbe", auf die „gemeinsamen Interessen und Abhängigkeiten", die „Verpflichtungen gegenüber den übrigen Ländern der Welt" und schließlich auf den „dynamischen Charakter des europäischen Einigungsprozesses" findet sich auch in einem weiteren Vorläufertext, dem von den Außenministern der damaligen neun EG-Mitgliedsstaaten auf einer Sitzung im Dezember 1973 angenommenen Dokument. Beteuertes Ziel der Vereinigung sei es, liest man dort,

„das Überleben einer Zivilisation zu sichern, die [den Mitgliedsstaaten] gemeinsam ist. [...] Diese Vielfalt der Kulturen im Rahmen einer gemeinsamen europäischen Zivilisation, dieses Bekenntnis zu gemeinsamen Werten und Prinzipien, diese Annäherungen der Lebensauffassungen, dieses Bewußtsein ihnen eigener gemeinsamer Interessen sowie diese Entschlossenheit, am europäischen Einigungswerk mitzuwirken, verleihen der europäischen Identität ihren unverwechselbaren Charakter und ihre eigene Dynamik." („Dokument über die europäische Identität", 14. Dezember 1973, zitiert in: Schwarz 1980: 499f.)

Wie man sieht, geht die Berufung auf ein Erbe offenbar unausweichlich mit der Behauptung einher, es gehe in der Gegenwart um die Bewahrung der Zukunft. Einer Zukunft, die ein Versprechen ist, das sich dadurch zu erfüllen hat, dass man gegenwärtig Entschlossenheit an den Tag legt, sie in Realität zu überführen. Es ist das Versprechen, Zukunft zu gestalten, das heißt sich als Subjekt der Geschichte bezeichnen zu können, das jene Texte bestimmt, in denen Erbe und Verantwortung für eine Zukunft „Europas" beteuert werden.

In den Präambeln der beiden großen Vereinigungswerke, der Verträge von Maastricht und Amsterdam, hingegen war offensichtlich kein Platz für Tradition und Erbe. Über die „Identität und Unabhängigkeit Europas" ist in der Präambel des Vertrags von Amsterdam nur im Zusammenhang mit einer geforderten gemeinsamen Außen-, Sicherheits- und Verteidigungspolitik zu lesen, an einer Stelle also, wo es um die Abgrenzung vom Anderen, vom Außen, vom Nicht-Europäischen geht. Und während es in der Präambel des 1992 geschlossenen Vertrags zur Gründung der Europäischen Union, wie sie sich in der modifizierten Fassung vom 2. Oktober 1997 findet, heißt: „Entschlossen, durch diesen Zusammenschluss ihrer Wirtschaftskräfte Frieden und Freiheit zu wahren und zu festigen, und mit der Aufforderung an die *anderen Völker Europas*, die sich zu den gleichen hohen Zielen bekennen, sich diesen Bestrebungen anzuschließen", artikuliert sich der Anspruch, für „Europa" zu sprechen, in der Präambel der Grundrechte-Charta in ausdrücklich selbstbewussteren Worten. Von den *„anderen Völkern Europas"*, die der Amsterdamer Vertrag erwähnt, ist darin nun keine Rede mehr. Anstelle dessen manifestieren nunmehr „die Völker Europas" – in der Gleichsetzung von Staat und Volk und unter Ausschluß der Nicht-Mitgliedsstaaten – ihr als eigenes behauptetes Selbstbewusstsein: die Europäische Union ist „Europa", repräsentiert allein durch die Einheit ihrer Mitgliedsstaaten. So ist die Präambel der Grundrechte-Charta als Vorwort also ein Nachwort zu den Verträgen von Maastricht und Amsterdam und eine selbstversichernde Antwort auf die lange schon vielerorts erhobene Forderung an die EU, von der Identität Europas nicht länger zu schweigen. Dieses Schweigen sei zu beenden, denn, so lässt sich stellvertretend zitieren,

„um der Geschichte der ‚Idee von Europa' eine Tiefendimension zu verleihen, muss es eine Diskussion über das Wesen Europas und seiner Grenzen und Identitäten geben. Damit genau sieht sich die Europäische Union konfrontiert. Wenn die EU nicht irgendwann innehält, um ein paar ernsthafte Überlegungen über das ‚Wesen Europas' anzustellen, wird sie nicht mehr sein können als ein gemeinsamer Markt und niemals zu einer tiefergehenden Einheit finden. Andererseits scheint die Schwierigkeit, dieses Wesen und diese Identität zu bestimmen, genau dazu führen, dass das Thema bislang umgangen worden ist." (Mikkeli 1998: 244)

Der Moment der Verkündigung der Präambel könnte als der hier angemahnte Moment des Innehaltens, die Präambel als das Resultat der geforderten ernsthaften Überlegungen betrachtet werden. Vorgeblich der Zukunft zugewandt, wird die Grundrechts-Präambel jedenfalls zu einer Antwort auf die verunsichernde Frage nach einer europäischen Identität. Und es wird sich in die eigene Herkunftsgeschichte eingeschrieben, die man in der Präambel selbst inszeniert.

Der öffentliche Akt der Versicherung, in einer Traditionslinie zu stehen, dauerhaft lesbar gemacht in allen Sprachen der Europäischen Union, muss aber als eine Selbstbehauptung verstanden werden, die gar nicht so selbstverständlich ist, wie sie erscheinen will. Die Präambel ist eine vorgeschobene und nachgelieferte Zusatzselbstversicherung zu dem, für das die Namen Maastricht und Amsterdam stehen. Sie ist ein Ausdruck der Versicherung eines Selbst, zumindest Ausdruck eines Verlangens, ein Selbst zu sein und als ein solches die eigene Identität zu beteuern. Und sie ist eine selbstbehauptende Äußerung derjenigen, die als namentlich nicht genannte Verfasser im Namen der „europäischen Völker", als entsprechend ermächtigte stellvertretende Repräsentanten der Bürger und Bürgerinnen jener Staaten sprechen, aus denen „Europa" – als Einheit der Differenzen – vorgeblich besteht. In einem Text, in dem in bekenntnishafter Form die Grundsätze eines solchen Selbstverständnisses formuliert werden, drückt sich nichts weniger als der Wille zur Formierung einer Institution aus. Durch Berufung auf ein Erbe, auf die Wurzeln von kulturellen Werten und die daraus abgeleitete Verpflichtung, für die Zukunft zu sorgen, will sich diese Institution selbst, und zwar namentlich als „Europa", legitimieren, nachdem sie politisch und rechtlich durch zwischenstaatliche Verträge real geworden ist.

Insofern ist der Text der Präambel in erster Linie ein Selbstvergewisserungsdokument, das an die im Inneren der Institution adressiert ist: an die, die von dieser Institution als Bürger betrachtet werden und durch ihr kollektives Bewusstsein „Europa", in Gestalt der Europäischen Union, ins Leben rufen und am Leben halten sollen. So ermächtigt sich eine in vorausgegangenen Vertragstexten geschaffene Institution nachträglich mittels eines bis zur Abfassung einer Verfassung vorläufigen Vorworts, mittels eines Textes in einer aus vielen aufeinander Bezug nehmenden Texten bestehenden Geschichte. Dies geschieht in Berufung auf eine zu pflegende und zu bewahrende Tradition, auf ein verpflichtendes Erbe, auf eine universelle Verantwortung für alle Zukunft. Doch unumgänglich wird sich die Institution auch in dieser Zukunft in einem Selbstberechtigungsdiskurs immer wieder neu zu versichern haben und festschreiben müssen. Die Institution wird sich immer wieder zu legitimieren haben. Um sicherzustellen, dass dies gelingen wird, muß es Texte geben, auf die sie sich dazu berufen kann. Darum die Präambel. Was in ihr als Prätext zu einem als Entwurf des noch zu verfassenden Verfassungstextes erdachten Grundlagenpapier dokumentiert wird, ist so auch die ein für alle Mal vorgenommene Fixierung dessen, was dieses so bezeichnete „Europa" sein soll. Durch Ermächtigung über die Vergangenheit wird die Festschreibung von Zukunft gewährleistet. Daraus folgt: Mit der Präambel ist „Europa" schon am Ende. Und zwar gerade weil von einer Zukunft gesprochen wird, die auf die Vergangenheit verpflichtet wird. Wo in den verdiktiven Äußerungen der Präambel nämlich bereits als feststehend behauptet wird, was „Europa" *ist* und was es *sein wird* – und eben nicht darstellt und darstellen werden wird –, wird eine hoheitliche Verfügung über einen Eigennamen verkündet und zugleich ein Anspruch auf alleinige Definitionsmacht zum Ausdruck gebracht, dem nicht daran gelegen ist, dass „Europa" jemals anders und neu zu formulieren sein könnte. Dem gilt es zu widersprechen. Denn wo immer von „Europa" zu lesen ist, liest man, schon immer und auch weiterhin, ein Vorwort, eine vorläufige Version, eine Vorschrift, die allen Totalisierungsunternehmungen Schwierigkeiten voranstellt. Wenn man denn liest.

Literatur

Badura, Peter: Staatsrecht. Systematische Erläuterung des Grundgesetzes für die Bundesrepublik Deutschland. München: Beck, 2., neubearbeitete Auflage 1996

Blanchot, Maurice: Sur un changement d'epoque: l'exigence du retour. In: Blanchot, Maurice: L'entretien infini. Paris: Gallimard, 1969

Bodei, Remo: Historical Memory and European Identity. In: Philosophy & Social Criticism 21(1995)4 (Juli)

Derrida, Jacques: Zweiundfünfzig Aphorismen für eine Vorrede. In: Papadakis, Andreas (Hrsg.): Dekonstruktivismus. Eine Anthologie. Stuttgart: Klett-Cota, 1989, aus dem Französischen von Hans-Dieter Gondek

Derrida, Jacques: Buch-Ausserhalb. Vorreden/Vorworte. In: Derrida, Jacques: Dissemination. Wien: Passagen, 1995, aus dem Französischen von Hans-Dieter Gondek

Fohrmann, Jürgen: Textzugänge. Über Text und Kontext. In: Scientia Poetica. Jahrbuch für Geschichte der Literatur und der Wissenschaften(1997)1

Genette, Gérard: Paratexte. Das Buch vom Beiwerk des Buches. Frankfurt a. M./New York: Campus, 1989, aus dem Französischen von Dieter Hornig

Häberle, Peter: Präambeln im Text und Kontext von Verfassungen. In: Listl, Joseph/Schambeck, Herbert (Hrsg.): Demokratie in Anfechtung und Bewährung. Festschrift für Johannes Broermann. Berlin: Duncker & Humblot, 1982

Hamacher, Werner: Maser. Bemerkungen in Hinblick auf Hinrich Weidemanns Bilder. In: Galerie Max Hetzler (Hrsg.): „ ". Berlin: Galerie Max Hetzler, 1998

Müller, Heiner: Die Reflexion ist am Ende, die Zukunft gehört der Kunst. In: Müller, Heiner: Jenseits der Nation. Heiner Müller im Interview mit Frank M. Raddatz. Hamburg: Rotbuch, 1991, erweiterte Auflage 1997

Leavey, John P.: Lations, Cor, Trans, Re, & c.*. In: Silverman, Hugh/Aylesworth, Gary E. (Hrsg.): The Textual Sublime. Deconstruction and Its Differences. Albany: State University of New York Press, 1990

Maurer, Hartmut: Staatsrecht. Grundlagen, Verfassungsorgane, Staatsfunktionen. München: Beck, 1999

Mikkeli, Heikki: Europe as an Idea and an Identity. Basingstoke, London: Macmillan, 1998

Nancy, Jean-Luc: Entstehung zur Präsenz. In: Nibbrig, Christiaan L. Hart (Hrsg.): Was heißt „Darstellen"? Frankfurt a. M.: Suhrkamp, 1994, aus dem Französischen von Oliver Vogel

Parr, Rolf: Kleines Belegstellenarchiv zum „Gemeinsamen Europäischen Haus". In: Kulturrevolution. Zeitschrift für angewandte Diskurstheorie(1989)23

Schwarz, Jürgen (Hrsg.): Der Aufbau Europas. Pläne und Dokumente 1945-1980. Bonn: Osang, 1980

Trinh, Thi Minh-ha: Beware of Wolf Intervals. In: Trinh, Thi Minh-ha: Cinema Interval. New York, London: Routledge, 1999

Weidenfeld, Werner: Einführung. In: Weidenfeld, Werner (Hrsg.): Die Identität Europas. München: Carl Hanser, 1985

Autorinnen und Autoren

Dr. Patricia Bauer
Dipl.-Politologin, Dipl.-Volkswirtin; Promotion 1998; seit 1999 Hochschulassistentin an der Universität Osnabrück. Forschungsschwerpunkte: europäische Integration, insbesondere Osterweiterung der EU, Außenpolitik der EU und ESVP, deutsche Außen- und Sicherheitspolitik.

Jenny Carl
M.R.E.; B.A. Seit 1999 DFG-Graduiertenkolleg „Europäische Integration und gesellschaftlicher Strukturwandel", Universität Osnabrück. Forschungsschwerpunkte: Theorien kollektiver Identität; Verhältnis von Regionen, Nationen und Europa; Beziehung des Vereinigten Königreiches zu Europa.

Anne Faber
M.R.E.; BSSc. 1998-2001 DFG-Graduiertenkolleg „Europäische Integration und gesellschaftlicher Strukturwandel", Universität Osnabrück. Lehrbeauftragte. Forschungsschwerpunkte: „Integrationstheoretische Debatten in den 90er Jahren" (Diss.), Geschichte der europ. Integration, Verfassungsdebatten.

Nora Fuhrmann
M.A., Pol.wiss., DFG-Graduiertenkolleg „Europäische Integration und gesellschaftlicher Strukturwandel", Universität Osnabrück. Forschungsschwerpunkte: Entwicklung europ. supranationaler Geschlechterpolitik (z.Zt. Promotion), Wohlfahrtsstaatsforschung, Geschlechter-, Arbeitsmarkt- und Sozialpolitik.

Prof. Dr. Maria Green Cowles
Assistant Professor an der American University, Washington DC, USA. Co-Herausgeberin von „Transforming Europe. Europeanization and Domestic Change" (2001).

Holger Huget
Diplom-Sozialwissenschaftler, DFG-Graduiertenkolleg „Europäische Integration und gesellschaftlicher Strukturwandel", Universität Osnabrück. Forschungsschwerpunkte: Europäische Struktur- und Beschäftigungspolitik, Regionalentwicklung, Demokratietheorie und politische Steuerung.

Prof. Dr. Chryssoula Kambas
Professorin für Neuere Deutsche Literatur an der Universität Osnabrück. Forschungsschwerpunkte: Literaturtransfer der Moderne, deutsche Literatur im Kulturenkontakt.

Prof. Dr. Wilfried Loth
Professor für Neuere Geschichte an der Universität Essen, Vorsitzender der Historikergruppe bei der Kommission der EG. Forschungsschwerpunkte: Deutsche und französische Geschichte des 19. und 20. Jahrhunderts, Geschichte des Kalten Krieges und der europäischen Einigung.

Prof. Dr. Walter Mattli
Associate professor of political science at Columbia University. Ph.D. from the University of Chicago. Former Fellow at the EUI in Florence and Princeton. Publications on European legal integration, comparative regional integration, commercial dispute resolution, globalization and governance.

Prof. Dr. Richard Münch
Otto-Friedrich-Universität Bamberg. Forschungsschwerpunkte: Soziologische Theorie, historisch-vergleichende Soziologie, Europäisierung, Globalisierung, soziale Integration. Zahlreiche Publikationen, u.a. „Das Projekt Europa" (1993) und „Nation and Citizenship in the Global Age" (2001).

Nils Plath
Literaturwissenschaftler, DFG-Graduiertenkolleg „Europäische Integration und gesellschaftlicher Strukturwandel", Universität Osnabrück. Forschungsschwerpunkte: Literatur- und Übersetzungstheorie; Europa-Repräsentationen; Stadtdarstellungen in Schrift und Bild; Literatur und Recht; Dokumentarfilm.

Kai Rabenschlag
Diplom-Geograph, DFG-Graduiertenkolleg „Europäische Integration und gesellschaftlicher Strukturwandel", Universität Osnabrück. Forschungsschwerpunkte: geographische Grenzraumforschung mit Schwerpunkt in Mittel- u. Nordosteuropa, Aspekte der Transformation sowie der EU-Osterweiterung.

Prof. Dr. Thomas Risse
Professor für Internationale Politik am Otto-Suhr-Institut der FU Berlin. Lehrte am Europäischen Hochschulinstitut (EUI) in Florenz sowie an den Universitäten Konstanz, Stanford, Yale und Cornell. Co-Herausgeber von „Transforming Europe. Europeanization and Domestic Change" (2001).

Wiebke Röben de Alencar Xavier
Literaturwissenschaftlerin, DFG-Graduiertenkolleg „Europäische Integration und gesellschaftlicher Strukturwandel", Lehrbeauftragte an den Universitäten Osnabrück und Münster. Forschungsschwerpunkte: Deutsch-französischer Literatur- und Sprachentransfer; Europäische Aufklärung; Brasilien-Europa.

Prof. Dr. Ingeborg Tömmel
Professorin für Internationale Politik an der Universität Osnabrück, Jean-Monnet-Chair in European Politics. Lehrte an den Universitäten Nijmegen (Niederlande) und Berlin. Forschungsschwerpunkte: das politische System der EU sowie Policy-Making der EU.